万 镜

MIRROR

FOREST

迎着光的方向

THE AGE OF ADDICTION

ADDICTION

How Bad Habits
Became Big Business

成瘾时代

坏习惯如何变成大生意

[美] 戴维·T. 考特莱特 著
David T. Courtwright

刘天欣 译

上海教育出版社
SHANGHAI EDUCATIONAL
PUBLISHING HOUSE

献给谢尔比·米勒，本书中没有内容适用于他。

也献给约翰·伯纳姆，本书中所有内容都适用于他，

他听得懂这个笑话。

我们都有缺陷，因为我们想要更多。

我们无可救药，因为当我们终于得到自己想要的之后，却又开始怀念曾经的所有。

———唐·德雷柏，电视剧《广告狂人》

目 录

绪论

2010 年夏天，我在剑桥大学基督学院做了一场报告。我讲完1后，一位名叫丹尼尔·伯格的瑞典研究生找我探讨。在报告中，我随口提到了网络成瘾。伯格说，我刚刚提到的只是冰山一角。他在斯德哥尔摩大学读书时，许多男同学都辍了学，住在临时公寓里，沉迷于《魔兽世界》（World of Warcraft）不能自拔。他们说的游戏黑话中的英语比瑞典语还多。他们一直在进行团队作战，无止无休。

"他们觉得自己的境况怎么样呢？"我问道。

"他们感到十分焦虑。"伯格说。

"但他们还是打游戏？"

"还是继续打。"

这种行为看上去确实像上瘾，因为他们满怀悔恨却又无法自拔地追求着对个人和社会都有害的短暂快感。就游戏而言，瑞典男性付出的个人代价最高。伯格说："现在我是经济史研究生中唯一的男生。"[1]

在我的家乡佛罗里达州，我发现电子产品导致的注意力分散对学业的负面影响是普遍存在的，没有明显的性别差异。教室里智能手机随处可见，女生和男生同样频繁地使用它们。当我把伯格的见闻告诉我的学生们时，他们立刻承认有那种人。一位学生承认，自己因为沉迷游戏耽误了一年时间。他说，自己正处在恢复期，不过从他的成绩来看，他的状态仍然不太稳定。另一位学生认识一些打游戏的人，他们会把瓶罐放在电脑旁，用它们节省上厕所的时间。

对我而言，电脑旁的瓶罐象征着成瘾含义的转变。直到20世纪70年代，"成瘾"一词几乎还只是指吸毒成癖。然而，在接下来的40年里，成瘾的概念却变宽泛了。回忆录作者们承认自己对赌博、性、购物、碳水化合物成瘾。德国性学专家称网络色情作品是"入门毒品"（gateway drug），诱使年轻人落入圈套。《纽约时报》（New York Times）的一篇社论称糖令人上瘾，"简直就像毒品一样"。新西兰有位拔光了牙齿的年轻妈妈每天喝10升可乐，最终死于冠心病引发的心律失常，登上了新闻头条。中国江苏一名19岁逃学学生为治疗自己的网瘾将左手砍了下来。中国官方判定该学生14%的同龄人都有类似的成瘾行为，随后建立了网瘾康复中心。韩国和日本纷纷效仿。中国台湾地区决定对放任孩子长时间上网的家长进行罚款，新增了禁止未成年人抽烟、喝酒、吸毒和嚼槟榔的规定。上述习惯中只有最后一个对美国人没什么吸引力。21世纪初的任何一年里都有47%的美国人表现出至少一种行为成瘾或物质成瘾的疾病症状。[2]

通常他们表现出的症状不止一种。医学研究人员发现，物质成瘾和行为成瘾本质相似。它们能产生相似的大脑变化、耐受性模式以及从渴望到沉醉再到脱瘾的经历。它们表现出相似的演变趋势，最终形成相似的人格障碍和强迫行为。躁狂的赌徒和赌场酒吧的常客别无二致。2013 年，新版精神病学"圣经"《精神障碍诊断与统计手册：第五版》(*Diagnostic and Statistical Manual of Mental Disorders: DSM‑5*)描述赌博障碍和吸毒成瘾的用语并无差别。编辑将"网络游戏障碍"(internet gaming disorder)列入观察名单，称其"有待进一步研究"。2018 年，世界卫生组织正式将"游戏障碍"纳入了修订版《国际疾病分类》(*International Classification of Diseases*)之中。[3]

并不是所有人都乐意谈起成瘾。临床医生回避这个概念，担心它会打击患者信心或污名化患者。自由意志主义者①将其视为缺乏纪律的借口，对其不屑一顾。社会科学家批评它，认为这是医学帝国主义。哲学家认为这是含糊其辞，即使用相同词语表述不同事物，误导大众。这些批评人士可以各抒己见。但是，在这里我会继续使用"成瘾"这个概念。"成瘾"一词简洁易懂地表示了一种无法自拔、受环境影响、易于复发且有害的行为。本书旨在解释为什么这种有害的行为模式越来越引人注目且随时间变化而变化。

回顾一下我们对成瘾的了解，不失为一个好的开始。成瘾如未经计划的旅行一般开始，以一系列有害的消费行为告终。行程可能快，可能慢，有时还会被打断。偶然的放纵不一定会导致成瘾。成瘾后，这种状况也不一定是永久的。成瘾的人能够戒瘾，也确实会戒瘾，有人能终身戒掉，有人能在很长一段时间内克制

───────────────

① 自由意志主义者（libertarian）指将自由和自主权奉为核心，反对公权力限制公民自由的人。（本书页下均为编者注。）

欲望。过度消费也不一定都是成瘾。人们可能会经常赌博却不深陷其中，就像人们可能会增重，但不是食物成瘾一样。然而，重点在于规律性的大量消费有可能发展为成瘾，比如，如果一个经常喝酒的人对酒的渴望增加，就会突然成为彻头彻尾的酗酒者。瘾症是一个非常坏的习惯，因为它十分强烈，占据思维，害己害人。至于会产生怎样的危害，则取决于对哪种物质或行为成瘾。无法自控的游戏玩家可能会毁掉自己的学业前程和婚姻大事，但他们的肝脏或肺不会遭到损害。

成瘾过程既是社会性的，也是生物性的。压力、朋辈行为等条件会诱使个人成瘾，不过成瘾过程最终是在个人的大脑里表现出来的。经常饮酒、使用毒品以及类似瘾品的行为会改变神经细胞，包括基因表达。随着时间推移，这些变化会发生在更多、更广的中枢神经系统中，就像一滴滴颜料在拉紧的床单上晕开。这些变化很持久，尤其是对于尚在发育的大脑而言。儿童和青少年越早体验让人上瘾的物质或娱乐活动，就越有可能对曾经使自己感觉很好的行为保有强烈的情感记忆，即使是在戒断之后。[4]

成瘾的本质对于销售习惯性产品的企业有很多影响，更准确地说，应该是充满诱惑。影响之一就是刺激早期消费和频繁消费。酒馆老板常说，好好招待小伙子，等他们成年了，你就可以拥有他们抽屉里的钱了。而且他们喝得越多，利润越多。如今，80%的酒类销量来自消费者中20%的重度饮酒者，这一模式适用于所有利用大脑奖赏机制的生意。超过半数的大麻进入了那些在绝大多数非睡眠时间吸得飘飘欲仙的人的肺里和胃里。大麻或其他瘾品通常主要在穷人、边缘群体、体质虚弱的人群中扩散开来，它们是不平等、不公正以及疾病的来源。然而成瘾与其前兆——大量消费仍然是各种全球商业必不可少的利润中心。[5]

这些事实已经为成瘾研究团体和公共卫生团体所熟知。但鲜为人知的是，我们如何陷入了这般困境，尽管这些团体做出了极大努力，为什么事态还会越来越糟。我认为主要原因在于我称作"边缘资本主义"（limbic capitalism）的概念。边缘资本主义指的是在技术层面上很先进，但在社会层面上却是一种倒退的商业体系，其中，全球产业通常会与政府和犯罪组织串通一气，在其帮助下刺激过量消费，造成成瘾。它们瞄准大脑中负责感觉和快速反应——有别于理性思考——的边缘系统。边缘系统中相互连接的神经元形成了通路，使得愉悦、动力、长时记忆和其他与情绪相关的重要生存功能成为可能。矛盾的是，这些神经环路也可能从有悖生存的活动中获利，商业已经使进化的杰作走上了自取灭亡的道路。

边缘资本主义本身是文化进化的产物，是新奇乐趣以及与之相生相伴的恶习和成瘾加速传播的漫长历史进程的后期发展。与边缘资本主义关系最密切的乐趣、恶习和成瘾来自能够令人沉醉的事物。出于私人利润和国家收入的考虑，政府刺激了酒类和瘾品的消费，而后社会成本①的上涨又迫使政府限制或禁止至少一部分瘾品。我在 2001 年出版的介绍酒类和毒品历史的《上瘾五百年：烟、酒、咖啡和鸦片的历史》（*Forces of Habit: Drugs and the Making of the Modern World*）中论证了这一点。然而，即便如此，我发现这一点不仅仅适用于常见的精神活性物质，它同样适用于边缘资本主义这一新兴体系下密切关联的所有乐趣、恶习和

---

① 社会成本指产品生产的私人成本和给社会带来的负面影响的总和。

成瘾。[6]

　　这个观点并不是首次提出的。维多利亚时代的改革者们就将酒类和用于非医疗用途的毒品视为注定会招致灾祸的诸多恶习的一部分。的确，恶习是个难以明确的范畴。过去的一些中国人将嗅、吸女性小脚视为正常情趣，后来，传教士和主张现代化的人士才将缠足当作陋习。然而，尽管恶习在文化上具有可塑性，维多利亚时代的人们还是认识到了它们的两个重要特点：第一，它们已经变成了大生意；第二，它们是相互关联的。妓院附近几乎不可能没有酒馆，鸦片馆附近也几乎不可能没有赌场。维多利亚时代的人们还认为恶习与神经系统有关，具有先天或后天神经系统缺陷的人最可能染上恶习。[7]

　　最后这个猜想一点也没错。一个世纪后，神经学家和遗传学家在细胞和分子层面上展现了这些联系的样貌。他们发现，不同的物质和活动能够产生类似的大脑奖赏和渴望。他们表示，成瘾者的大脑十分相似，因为奖赏信息会激活毒品成瘾和行为成瘾中相同的通路。研究人员开始使用"病理性学习"（pathological learning）这一术语，来描述成瘾物质或行为促进神经递质多巴胺释放的过程，这使得原本有益的过程变得病态。多巴胺在起始于边缘中脑区内或其附近的通路中发挥奖励和调节作用，边缘中脑区是调节情绪、快感和痛苦的关键区域。快感效果部分取决于多巴胺释放到突触后产生的信号的强度。在神经元中就像在生活中一样，第一印象很重要。人们会一直做大脑告诉自己的能产生高奖赏的事情，即使这些事已经不再能让他们感到快乐，或对他们产生益处。成瘾者不再喜欢某个东西后，还会继续渴望它，即使他们明白这东西有害。"我恨这鬼东西，"一个瑞典海洛因成瘾者这样对医生说，"它没让我感觉多爽。只是，我好像不能没了它。"[8]

　　研究人员发现了常见的风险因素。基因变异和生活环境会使一些人比其他人更易成瘾。其中，生活环境因素包括压力、社交失败、大脑发育关键时期遭到忽视或虐待。这些人无所适从、郁郁寡欢，直到发现了酒类、毒品、糖、赌博、电脑游戏或其他能够短暂消弭郁闷情绪的刺激行为。经常接触这些物质和行为会进一步损伤他们的神经控制系统，通常还会损伤大脑其他部位。维多利亚时代的人们所称的恶习真的是一个恶性循环。各种自我毁灭的习惯在本质上是相互联系的，它们既使人堕落，又具有社会扩张性。恶习的星座中不断有新星升起。[9]

　　"成瘾是一种记忆，是一种反射作用，"精神病学家查尔斯·P. 奥布赖恩总结说，"是用对你自身有害的东西训练你的大脑。"或者说，是让你的大脑接受训练。更深层的真相是，我们生活在一个在名义上追求进步、健康、长寿的世界中，而事实上，我们却被鼓励着采取不进步、不健康、可能危及自己生命的消费方式。理解这种矛盾正是本书的要旨所在，为此，我们需要关注的不仅仅是神经科学、失调的神经元和有缺陷的基因。我们还需要了解新奇乐趣、商业化恶习、大众成瘾的历史和边缘资本主义日益强大的塑造人们习惯和欲望的能力。[10]

　　这段历史总体上和科技史一样，是在漫长时期内的一个加速变化。边缘资本主义并不是突然之间就开始在现代历史的舞台上蓬勃发展的。相反，它起源于原始时期，是人类不断扩充享乐图鉴的结果。对快感的探寻先于文明，而且我想在书中展现的是，它促进了文明的形成。

　　文明反过来对享乐造成了截然不同的影响。（对一些人来说，）它使得学习、音乐艺术、戏剧以及象棋等技巧性游戏这些高级乐趣成为可能。但同时，文明也使得沉醉越来越令人垂涎，恶习越来越诱惑人心，成瘾越来越容易发生，从而令数十亿人染上疾病，陷入贫穷，投降臣服。文明还孕育了技术，后者使全世界追求快感的速度进一步加快。其中最重要的技术是农业的发展和扩张，长途贸易的扩张和货币化，城市、帝国和工业的崛起，以及不久之前数字通信的迅猛发展。

在这一进程中，还有一些小突破带来了大影响，例如吗啡和可卡因等植物瘾品生物碱被人们从植物中分离出来，摄影技术被应用于色情作品的拍摄，加工食品中糖类、脂肪和盐的混合，以及人们从一种消遣方式向另一种消遣方式的快速（现在是虚拟的）转移。诸如此类的创新使企业和国家得以扩展和强化快感，助长恶习，增加了有害消费和形形色色的成瘾。

简而言之，文明的发明创造使享乐产品和消遣成为武器。它们产生的大脑奖赏越强烈，产生大脑奖赏的速度越快，就越有可能造成病埋性学习和渴望的出现，对于那些社会上的弱势群体和具有基因缺陷的消费者而言尤其如此。同时，全球化、工业化和城市化使得这些诱惑人心的商品和服务更容易获得，更经济实惠，这种情况往往发生在有利于社会失范、广告满天飞的匿名环境中。可获得性、可负担性、广告、匿名性和社会失范是大众成瘾的五大动因，它们最终在互联网这个悬浮的世界中找到了最激进的技术表现形式。[11]

尽管互联网助力了边缘资本主义，但它并没有发明边缘资本主义。事实上，没有人发明边缘资本主义。它来自发现、提炼、混合新奇快感的古老探索中。新快感催生了新恶习，新恶习导致了新的成瘾行为——至少对一些人来说是这样。我想再次强调，成瘾行为通常不是大多数人的行为。但是随着企业家将能让大脑启动奖赏机制的商品的贸易合理化，即令其更科学、更高效，此类行为的风险也随之增加。

最终，这种合理化展现出了全球性经济政治体系的特征，因为它是有组织的、相互关联的，在战略方面十分活跃。到了19世纪，企业家就不仅仅是出售偶然发现的和贸易扩大带来的随便哪种新的享乐产品了，他们开始用精心策划的旨在提高需求，使利润最大化的方式来设计、生产、营销可能会使人成瘾的产品。他们学着采用强硬的政治手段。他们将所得利润的一部分用于收买对手。他们发明了游说和公关技巧，以便在20世纪早期的改革大潮中生存下来。到了20世纪中期，他们已经飞黄腾达。这时，一些成瘾行为已被容许，另一些被人们睁一只眼闭一只眼对待，还有一些则仍被压制。冷战结束后，企业日益多样化、合法化、全球化。企业家们不仅仅创造了一个成瘾时代，更创造了一个"精心设计出的成瘾"[12]时代。这个时代既是边缘资本主义的标志，又清晰地表明边缘资本主义颠覆了理性和科学的力量，而正是这种力量使其成为可能。

第一章

新发现的乐趣

　　享乐、恶习和成瘾的历史相互交织。随着乐趣越来越多、快感越来越强烈，恶习的数量和成瘾的机会也随之增多。并非所有新乐趣都是有害的或者会使人上瘾的，其中大多数乐趣是有益的，对社会具有建设性价值。然而在乐趣渐渐拉长的阴影里，恶习和成瘾肆意生长。因此，我们的故事要先从乐趣在人类历史中的发展讲起。

　　一些事情起初发展缓慢，随后却迅速推进。乐趣的发展就是这样。它的发展轨迹呈迅猛态势：开始得缓慢且吃力，然后17至18世纪加速前进，19至20世纪直冲云霄。这一发展过程始于数千年前，那时，人类从自然界中发现了能带来快感的食物（例如甘蔗中的糖），并耕种、交换、混合、提炼它们，将其商品化。人类还发明了自然界中没有的乐趣并将其传播开来，例如靠运气取胜的游戏。此外，人类创造了新环境，通常是具有匿名性的城市环境，在其中他们可以低成本享受新乐趣，遭受社会惩罚的风险也降到了最低。

　　新享乐革命和所有革命一样，都带有几分偶然性。发明新乐子、新消遣的集体实践的进展忽快忽慢。如果没有奥利弗·克伦威尔，英国剧院就不会关门。① 如果没有奥古斯特·埃斯科菲耶②，就没有蜜桃梅尔芭③。然而，革命最终与个人意志无关。它积聚了庞大能量，足以碾压前进道路上的一切事物，如同一些松动的石头引发的一场雪崩。

历史学家称这些石头为"外因"，因为其本质和力量独立于其所推动的乐趣而存在。本章及第二章将探索这些外因，从远古时期的迁徙一直到最近几百年的工业革命、城市革命。尽管这些外因数量繁多，有时甚至相互矛盾，但它们产生了同一种效果。寻找新乐趣曾经是个缓慢渐进、叠加累积的过程，这一过程一般是没有计划的，而这些因素将其转变成了一个快速发展、成倍增长、日趋精心计划的过程。

12

发现所得的乐趣

世界历史由长期的迁徙分散与基于贸易的、相对短暂的融合组成。人类学家和遗传学家探讨着一批批智人是何时开始从非洲向世界扩散的，他们是何时到达了欧亚大陆、大洋洲和美洲各处的，他们与尼安德特人等近亲物种的杂交程度如何。考古新发现，包括表明智人初次走出非洲的时间早于预期的证据，使这些讨论一直如火如荼地进行着。然而，有三点似乎可以肯定。第一，智人的迁徙活动演变成了一场至少持续了五六万年的全球大

---

① 指 1642 年英国内战期间，长期议会颁布法令，强制关停剧院。清教徒、议会军将领克伦威尔及其支持者反对戏剧，认为其轻浮、淫荡、败坏道德。18 年后，英国的剧院才重新开放。
② 奥古斯特·埃斯科菲耶，法国著名厨师、美食家。
③ 指一种加草莓果汁的蜜桃冰淇淋。

移居。第二，随着各批采集狩猎者逐渐适应自己到达的新环境，现代人类经历了大不相同的文化和生物进化。第三，这一全球大迁徙无意间触发了人类浩浩荡荡的寻宝之旅，他们寻找既有用又能带来快感的动植物。[1]

"Pleasure"（乐趣）一词在《牛津英语词典》中的解释为"经历或期待美好或令人满意的事物引发的状态或感受；心满意足或愉悦欣喜的感受；快乐，满足；与'痛苦'（pain）相反"。许多新的"乐事"和"让人满足的事物"有待四处流动的人类发现，这是地球地质历史的遗赠。大约 2 亿年前，泛大陆开始逐渐分裂，为动植物随着不同陆块逐渐分离进而进化出不同性状提供了充足的时间。[2]

13

从野生蜂巢采集蜂蜜图。西班牙巴伦西亚附近阿拉尼亚洞窟内的一幅中石器时代岩画。在人类手中，蜂蜜像其他食物瘾品一样有诸多用途，可以治愈伤口，也可以酿蜂蜜酒。蜂蜡可以用作油灯燃料、雕像材料。荷马告诉我们，蜂蜡还可以用作耳塞，帮助奥德修斯的水手隔绝塞壬的歌声

最终，自然界中形成了各式各样的享乐资源。蜜蜂（学名 *Apis mellifera*）起源于亚洲，随后迅速传遍了非洲和欧洲。随着各智人群体遍及非洲，扩散至亚洲和欧洲，他们如饥似渴地寻找蜂蜜。在西班牙、南非和印度发现的岩画描绘了智人欢庆冒险之旅的场景。但当他们勇敢地继续向东、到达美洲时，他们不得不把蜜蜂留在身后。那些在北美洲东部定居下来的智人从糖槭树汁中发现了一种替代品。那些继续向中美洲和南美洲行进的智人则发现了另一样宝物：能够提供蜂蜜和蜂蜡的无刺蜂群落。[3]

约 45 000 年至 65 000 年前，第一批人类到达了澳大利亚，他们同样利用了无刺蜂。他们还疯狂捕食猎物，可能因此造成了澳大利亚最大规模的物种灭绝。这块土地是世界上面积最小、最荒凉、干旱、贫瘠的可居住大陆，生物多样性相对匮乏，这意味着除了蜂蜜，人类后代只能将就使用相对稀缺的享乐资源。而尼古丁是个例外。土著居民将当地的烟草叶片与木灰混合在一起，通过咀嚼这些叶片获取尼古丁。尽管他们善于用火，但他们几乎从不熏烤烟叶。欧洲人在日记中描述道，他们习惯咀嚼烟叶，就像东印度人咀嚼槟榔一样。除此之外，中石器时代唯一发现烟草的其他民族是美洲的印第安人，他们嗅闻烟草，用火熏烤烟草，也咀嚼烟草。[4]

烟草（学名 *Nicotiana*）能够产生一种复杂的快感，包括产生幻觉等毒性反应。同样如此的还有原产于中美洲的一些曼陀罗属植物和亚马孙河流域生长的卡拔木藤蔓的树皮制成的死藤水。这些能够产生深度幻觉的植物味道苦涩，最早的美洲人却甘之如饴。虽然这似乎有些怪异，但他们信奉的萨满文化却将被改变的意识尊为与灵界沟通、治愈身心、吸纳新人加入神圣仪式的方法。让人不太舒服的副作用都被赋予了良善的目的。例如，在佩奥特掌①仪式上呕吐是为了净化身体。[5]

在人类讲述的关于自身和宇宙的故事语境中，人类体验着新的乐趣。这些故事如今被称为"神话""社会建构"和"想象的现实"，能够创造并传承这些故事是智人的一个关键性认知突破，使他们能够开展大型群体合作，在全球范围内扩张。这一全球扩张以及随之而来的农业革命、工业革命使人类不断发现新的精神活性物质，而社会化学习塑造了这些物质的效果。[6]

15　　美国心理学家蒂莫西·利里和精神分析学家诺曼·津伯格将这一学习过程命名为我们今天熟知的"毒品、心态与环境"。"心态"是心理状态的简称，指毒品使用者的人格、性格和意图。心态会影响毒品使用的性质，吸毒者所处的物理环境和社会环境同样会对其产生影响。虽然利里和津伯格的主要兴趣在于研究吸毒者对麦角酸二乙基酰胺（LSD）、海洛因等强力毒品的反应，但后来的研究表明这一原则广泛适用。生活在法国的阿尔及利亚人会将清新的薄荷茶与儿时记忆、家族仪式联系起来，因此与缺乏文化语境的非阿尔及利亚裔法国人相比，他们在闻到薄荷的味道后神经活动更加活跃。不论是法国人还是其他人，喝葡萄酒的体验都取决于背景音乐。《布兰诗歌》②令一杯赤霞珠干红葡萄酒更显醇厚醉人，而《胡桃夹子》（*The Nutcracker*）中的《花之圆舞曲》（*Waltz of the Flowers*）则令同一杯酒入喉柔和细腻。一个高价标签能够令价值 5 美元的劣质酒成为味蕾上的奇迹。在品酒

---

① 佩奥特掌（peyote）是一种具有致幻作用的仙人掌，主要被用于美洲印第安人的某些宗教仪式。
②《布兰诗歌》（*Carmina Burana*），德国作曲家卡尔·奥尔夫（Carl Orff）创作的大型合唱及管弦乐作品。

者大脑奖赏回路的扫描图像中，我们可以测出这一效果；当晚宴上的宾客以为自己喝的是产自纳帕谷的高档红酒时，我们同样能从他们的称赞声中听得出来。[7]

心态和环境也是安慰剂效应的核心。熟悉的治疗性仪式能够刺激病人大脑释放神经递质，进而影响情绪，增强免疫应答。因为我们的大脑能够学会预测，通过预测激活内啡肽、内源性大麻素、多巴胺等神经递质系统，所以这一过程并不需要能够真正引发特定愉悦效应或治疗性效应的生物化学物质。假设早期人类大脑的工作方式和今天我们大脑的工作方式类似，那么早期的享乐史必然涉及联想，以及意外发现某些动植物，它们含有能够模拟或刺激神经递质释放的分子。[8]

性药是一个很好的例子。人类一直珍视有助于受孕、增强性欲、提高性能力的香料、食物和动物器官。一些性药能够直接产生生理作用，例如《爱经》①中吹捧的油麻藤种子甜饼（"能令成千上万名女子在床上求饶"）。对油麻藤种子的来源刺毛黧豆（学名 *Mucuna pruriens*）进行的对照实验表明，刺毛黧豆对睾酮和精子的活力产生了积极作用。但其他食物的壮阳特性更可能是来自联想。鳄梨果实成对悬挂生长，被阿兹特克人称为"Ahuacatl"，意为"睾丸"。鳄梨沉甸甸的椭圆形果实足以使它们成为广受欢迎的壮阳药。同样，独角鲸长牙、香蕉、芦笋和人参的外形增强了它们的吸引力。人参这种广受喜爱的中草药既有心理功效，又有生物化学功效。人参的外形能引发性联想，它还富含植物雌激素，能够增强性欲，刺激阴茎血管扩张。[9]

人参的例子说明，尽管联想的力量十分强大，但这并不是人

①《爱经》（*Kama Sutra*），古印度关于性爱的经典书籍。

类喜爱某些物质和行为的唯一原因。生物学也发挥着作用。就填饱肚子而言，虽然我们可以后天学着去享受各种食物，但我们天生就喜好甜食。喜好甜食的个体在自然选择中处于有利地位，因为自然界中的甜食营养更高、毒性更小。无独有偶，所有草食性哺乳动物都有类似的倾向。黑猩猩和早期人类一样，为了得到蜂巢中的蜂蜜，甘愿忍受愤怒的蜜蜂，也是同样的道理。[10]

寻找新乐趣之旅循着生物学线索行进。不论可能与何种社会目标和文化建构相关，人类更可能珍视、栽种、传播那些能够刺激神经递质释放，从而引发快感、消除痛苦的植物。植物的功效越强劲，就越有可能受到欢迎。在做决策时，能被记住的快感或痛感的强度比感觉的持续时间更重要，尤其是当快感或痛感出现在一段经历即将结束的时候。我们总能记住阵阵快感，这一原则是神经科学、行为经济学、民族植物学和动物行为学的基础。动物也会大口吞食会令其上瘾的物质，尽管它们几乎没有靠心态和环境指引。经常出现的"麦田怪圈"曾一度令塔斯马尼亚的罂粟种植者困惑不已，最终他们发现，那其实是吃了罂粟后晕头转向的沙袋鼠徘徊的印记。[11]

17　　人类利用新享乐资源的方式五花八门。早期欧洲人非常重视罂粟，因为它们的种子可以食用，可以榨油，又富含生物碱。美洲印第安人用烟草药物和仪式治疗痉挛、腹绞痛、蛇虫叮咬、牙疼、皮肤溃疡等多种病痛，还用此治疗他们的狗的各种病痛。有时他们会吃烟叶，把烟叶放到玉米面包中烘烤。他们抽烟是为了获得快感，也是出于强烈的欲望。没有烟草的时候，他们就啃咬木制烟斗柄，吸食烟斗里的粉末。[12]

一物多用十分普遍。因能够刺激勃起而受到珍视的鳄梨也可以用来治疗耳部感染。蜂蜜能够治愈伤口，消除皱纹，保存儿童尸体。一位寻宝者曾草率地用面包蘸了蘸金字塔附近出土的一罐古代蜂蜜，由此发现了一具儿童尸体。据说亚历山大大帝被放进棺材时全身涂满了蜂蜜。学者推测大帝殒命是因为他之前过量饮用了另一种防腐剂——酒。大麻有时是一种致醉物质，但也能够提供纤维、可食用的种子、大麻油和大麻素混合物，其中大麻素的治疗功效还有待研究人员探明。现代人认为消遣性瘾品、营养食物和治疗药物三者互不相干，这不同于前文明和前工业化时代的人类对这些多用途资源的认识和使用。[13]

人类学家喜欢称这些物质为"食物瘾品"（food-drugs），不论怎么称呼，这些资源在全球的分布并不平均。环境历史学家兼地理学家贾雷德·戴蒙德曾提出了一个颇具影响力的观点，即可供驯化的动植物的不平均分布催生了不同文明，这些文明向外扩张的潜力也不同。这一观点同样适用于能够带来不同快感的动植物。在这一点上，有些文明更走运些，另一些文明则更倒霉些，没有哪一种文明能大获全胜。[14]

例如，巧克力来自原产于亚马孙河上游，后来传至中美洲的陆生可可豆。可可豆经过发酵、烘干、烘烤可以制成巧克力。玛雅人和阿兹特克人（虽然他们可能不是最早这样做的人类）培育了可可树，学会了制作巧克力饮料——一种味道苦涩、富含营养的提神饮品。他们在其中加入木灰、辣椒、香草等香料来调和苦味。从国王的日常甜点到殉葬者的上路饭，巧克力在他们的文化中非常重要，可可豆甚至成了战利品、货币和身份地位的象征。然而，在哥伦布大交换实现东西半球动植物资源的交流之前，美洲热带地区以外没有人享用过这种食物瘾品资源。[15]

　　早期的享乐史基本上就是巧克力的地区变动史。富含蔗糖的甘蔗是巧克力最重要的添加剂，但甘蔗仅分布在南亚和东南亚。被人类捕获并驯化为家鸡的红原鸡也是如此。土著居民食用它们的肉和蛋，用它们的骨头占卜、缝纫、刺青、制作乐器。雄鸡可以用来斗鸡，这是一种古老的运动方式和赌博方式。可乐果曾经只生长在西非的森林中，罂粟只生长在欧洲，大麻只生长在中亚，茶树只生长在中国西南部，黑胡椒只生长在南亚，诸如此类。农业发展、文明进步、长途贸易才使得这些让人愉悦且有用的物质传遍全球。经过几百年的提炼、混合、加工实验，这些物质才比当初充满好奇的人类移居者初尝时更令人满足。[16]

耕种所得的乐趣

　　自然享乐资源四散分布这一规律也偶有例外，那就是酒精中的食物瘾品分子——乙醇。但凡有成熟、经过磕碰的水果的地方都有酒精。空气中自由飘浮的酵母细胞落到水果表面，通过果糖的厌氧发酵，就产生了酒精。库尔特·冯内古特①犀利地写道，酒精是酵母的排泄物，高浓度酒精毒性很强，最终甚至能够杀死生成它的酵母。[17]

　　发酵的水果会吸引从果蝇到驼鹿的各种动物。长期以来，进化生物学家一直疑惑，为什么动物会吃一些让它们生病、头脑混乱、行动笨拙的食物，尽管这些食物也能产生卡路里、营养和快感。因为生病、头脑混乱、行动笨拙这三个特征有损健康，所以

19

---

① 库尔特·冯内古特，德裔美国作家，美国黑色幽默文学代表人物之一，代表作《五号屠场》《没有国家的人》。

按理说，摄入酒精的行为似乎应该在进化中被淘汰掉才是。

即便如此还要摄入酒精，最有可能的原因在于毒物兴奋效应（hormesis）。这一生物学原理在酒类和瘾品的历史上发挥着重要作用，在更广泛的享乐、恶习和成瘾史上也发挥着重要作用。毒物兴奋效应的基础观点非常简单。许多化学合成物小剂量使用时具有营养滋补功效或有益健康，而大剂量使用则有害，甚至致命。（同样的道理适用于赌博等各种行为。偶尔进行这类活动是无害的消遣娱乐，但如果习以为常，就完全是另一回事了。）知名新闻工作者大卫·卡尔曾现身说法，描述了酒精的毒物兴奋效应。"总是酗酒，你的内脏会肿胀，你会看起来像个长着腿的梨。即使器官衰竭没有打垮你，你也可能会食道出血，或者会做蠢事，比如晕过去，脸着地栽倒，再也起不来。"[18]

卡尔或其他酗酒者会脸着地栽倒的可能性部分取决于酒是否容易获得。这一规律适用于所有风险随剂量增加的能带来快感的物质。生物人类学家威廉·C. 麦克格鲁指出，毒物兴奋效应之于酒精和酗酒，就像食盐过量之于高血压，糖类过量之于糖尿病，以及饱和脂肪过量之于冠心病。"上述这些情况，"他写道，"都是自然界稀有的物质在非自然条件下变得容易获得，它们通常是农业驯化动植物或工业技术的副产品。我们人类过度消费乙醇是因为我们成了啤酒、葡萄酒和蒸馏酒的制造者。因此，人类的文化演化带我们从葡萄酒走向啤酒，再走向烈酒。"[19]

也有可能是反过来，酒的消费需求推动了文化演化。人类学家一直对新石器革命发生的原因争论不休。新石器革命是指始于11 000多年前的、人类驯化动植物的渐进过程。归根到底，学者们争论的焦点在于，促进发明的动力究竟是为了追求方便，还是为了满足需求。一些学者强调拉力因素，如采集狩猎者可以有更安全的食物和更多的便利，不必再四处寻找野生食物。另一些学者则强调推力因素，如人口压力增大和气候恶化。1953年起，学者一直争论的第三种可能性是，人类种植谷物不仅仅是为了将其加工成淀粉类食物（玉米粉、玉米粥、面包），更多的是为了制造啤酒这种富含营养、令人陶醉的无菌饮料。大麦等草本植物的种子中含有的碳水化合物经过浸泡、发芽、晾干可以转化成易于酵母消化的麦芽糖。农业是确保全年都有麦芽可供酿酒的一种方法，有些人认为这是唯一的方法。培育酵母也是出于同样的理由。DNA分析表明，人工培育的酵母菌株至少和人工培育的谷物一样古老。[20]

还有一个论据支撑了啤酒先于面包出现的假说：竞争宴飨理论（competitive feasting）。根据这一理论，将要成为首领的人用酒吸引人们参加宴会，从而形成互惠债务、巩固集体信仰和等级制度、加强社会联系，更重要的是，可以引入新食物和新技术。宴会既是政治集会，又是亲友聚会，还是"产品发布会"。他们需要事先筹划，提早准备。在最早出现农业的黎凡特和美索不达米亚地区，这意味着种植并储备足够酿酒的谷物。其他地方发展起来的用于节日的资源，例如中国的米酒或美洲的烟草和可可都是出于同样的提早规划的考虑。至于玉米，"美洲土著居民在开始吃玉米之前就一直在喝玉米酒"[21]。

如果说宴飨刺激了农业的创造性，那么它也改变了等级和社会地位。举办最大宴会的首领掌握着大权。认知科学家格雷格·沃德利和考古学家布莱恩·海登认为，这种社会动力有助于解释为什么不平等随农业一起出现。（定居在某地本身并不能解释社会阶层。一些采集狩猎者定居下来，没有发展出复杂的社会等级，而一些游牧民族却产生了军阀和帝王。）随着农业社会越来越不平等，酒和其他食物瘾品发挥了又一个同样重要的作用，它们成为对承担繁重农牧工作的人们的补偿。它们短暂缓解了压力、疲劳、焦虑和农业社会的流行病，提供了一种稍纵即逝的解脱感、轻松感、相互支持和快感。[22]

它们是上位者的工具，是失败者的慰藉。我们也再次见识到了耕种带来的乐趣具有两面性。尽管酒等食物瘾品有营养、药用和精神价值，它们也带来了陷阱。用达尔文主义的说法就是，它们释放了错误的信号，即它们对健康有很大的益处：这么好的东西一定会对我有好处。它们强化了与愉悦经历相关的仪式和人的重要性，因而也强化了尊重这些仪式和人的必要性。也就是说，它们积极影响了心态和环境，而且人们通过心态和环境，能够对它们产生主观感受。此外，它们让人们渴望重复使用，这种渴望促使农民不断生产过剩的产品，从而推动了文明的兴起，给了统治者永居高位的方法。从生物学上来说，这一切不足为奇。快感无时无处不和诱因联系在一起，因此快感也总是容易被利用。

尽管如此，单是啤酒宴会似乎还不足以解释文明。沃德利和海登欣然承认其他动机，例如，寻求更好的营养也在新石器革命中发挥了作用。不管怎样，新石器革命这一转变都是参差不齐的。它发生在不同时期、拥有不同技术、四散分布的各族群之间，这些族群处于各种各样的气候和环境之中。除非能够穿越时空，否则重构任何早期农业社区缔造者的动机和策略都必然带有猜测的成分。[23]

农业社会建立起来之后发生的事就更加确定了。能够给人类带来快感的植物迅速散布开来，通常比主食传播得还快。因此，需要大量劳动力、会消耗土壤肥力的烟草在耕地争夺战中成功击败了美洲的玉米等有营养的食物。在哥伦布大交换之后，烟草又击败了非洲的小米和亚洲的水稻。烟草印证了考古学家伊恩·霍德所说的"人与物的纠葛"，也印证了历史学家尤瓦尔·诺亚·赫拉利口中更为简洁明了的"奢侈品陷阱"。"历史上为数不多的铁律是，"赫拉利写道，"原本的奢侈品往往最后会变成必需品，而且会带来新的义务。一旦人们习惯了某种奢侈品，就会认为它是理所当然的。接着就开始依赖它。最后，人们没有它就活不下去了。"[24]

从植物物种的角度来看，奢侈品陷阱保障了植物的成功繁殖。人类广泛种植自己青睐的植物，因为如果没有这些植物，他们就无法生存。（他们同样驯养动物，获得了多汁的肉、甘甜的奶、柔软的毛和拉犁的力气。区别在于，这些有知觉的生物为自己物种的成功付出了代价：非自然的监禁、残缺的身体和过早被屠杀。）人类青睐的植物用四个诱饵俘获了人类：快感、美丽、醉人和易于控制。食物史学家迈克尔·波伦说，甜味和苹果酒促进了全世界苹果园的发展。美丽的鲜花催生了修剪整齐的郁金香花田。让人产生飘飘欲仙之感的能力使得富含树脂的新型大麻植物发展起来。而廉价的蛋白质、维生素和碳水化合物解释了人类为什么要种植数百万英亩①的马铃薯。这种易于处理的植物最开始是农民的食物，后来发展成了炸薯条。人为选择人类想要的动植物性状使世界耕种地貌变得单一。追求快感和便利是生物多样性的天敌。[25]

---

① 1 英亩约合 4 047 平方米。

　　果实富含糖类的植物——例如海枣和葡萄——尤其适合传播。它们提供了甜味、酒精、可靠的卡路里来源和营养来源。但如果营养价值稍逊的苦味植物拥有能够刺激精神的生物碱，它们仍然能够成功成为栽培品种。来自古柯树叶的可卡因就是这样一种生物碱。可卡因通过减缓大脑奖赏回路中多巴胺离开突触的速度来增强快感，通过减轻饥饿感和口渴感来缓解疼痛。15世纪，印加人向东扩张时发现了适合广泛种植古柯的土壤和气候，当时，印加帝国本土的古柯长势并不喜人。新种植的古柯既增加了产量，又让王室的赞助得以增加，因为消费古柯是需要王室许可的。快感再次与权力的手段和好处纠缠在了一起。[26]

文明化的乐趣

　　随着人类社会从以家庭为基础的小型群体转变为农业聚落，人类社会变得更庞大，其生活方式逐渐转向定居，社会结构也更加复杂。人类组织劳动力种植、照料庄稼。社会发展出了技工，例如陶工和铁匠；也发展出了排外群体，例如宗族。人类形成了精英阶层，他们主管资源的集中采集与分配，其中一部分资源供给公共建筑和仪式宴会。人们与相距遥远的外人以物易物。卡霍基亚的印第安人在密西西比河流域形成了一个庞大的社会群落，这一群落位于今天的东圣路易斯附近。这些印第安人会南行数百英里①，换得冬青叶，他们会用冬青叶制作一种含咖啡因的饮料，用于净化仪式。这些冬青叶的提供者——佛罗里达东北部的印第安人则会从远至阿巴拉契亚和上中西部地区换得铜饰。[27]

---

① 1 英里约合 1 609 米。

考古学家们更熟知的是美索不达米亚地区苏美尔语系民族的经历。大约 5 000 年前，他们已经发展出了大规模文明，该地区出现了筑有城墙的城市、基于耕犁和灌溉的农业、青铜制品、文字体系（包括已知最早的关于"酒"的单词和最早的啤酒制作方法）以及由马车、船只运输货物的定期贸易。生活在城市里的抄书吏、管理人员、商人、武士和神职人员负责监管这一活动。他们消耗的剩余农产品的比重越来越大，并且几乎消耗了所有的进口奢侈品。欧亚大陆、非洲和美洲随后出现的文明都有类似的社会阶级分化。下层阶级通过上缴粮食或出卖劳动力支付租金，缴纳税款。作为交换，他们获得一定程度的保护，以及饮食、生活方面的特殊待遇，而这些待遇随时都可能被统治者撤销。共识，这一采集狩猎社会的政治规范，此时已被威压所取代。[28]

乐趣的政治同样经历了转变。精英阶层，尤其是男性精英，成为前所未有的享乐主义寡头。近东和地中海文明的统治者们消耗了大部分优质肉类、葡萄酒和香薰。他们享用的部分奢侈品伴随他们到了死后世界。1957 年，一座弗里吉亚古墓在土耳其被发现，里面埋葬着戈尔狄俄斯国王的遗骸。他是米达斯国王的父亲，和米达斯国王几乎同样富有。他的骸骨斜靠在雪松棺材内的染色纺织品上，周围放着青铜饰品、嵌饰家具和装饰性的瓶罐、大锅。沉积物展现了一场奢华的丧葬晚宴：先将绵羊肉或山羊肉去骨后浸泡在蜂蜜、葡萄酒和橄榄油中，然后将腌制好的肉进行烧烤，最后把烤好的肉和小扁豆一起炖煮，加入香料，做成炖菜。戈尔狄俄斯的哀悼者们借着由葡萄酒、大麦啤酒和蜂蜜酒制成的潘趣酒，吞下这顿美食。[29]

除了味蕾特权，男性精英还享有性爱特权。吕底亚国王阿利亚特的陵墓顶上有五根类似生殖器的石柱，其中一根石柱是娼妓建成的。屋大维更喜欢处女。他收养的继子提比略四处宣泄兽欲，连婴儿也难逃其魔爪。大多数统治者喜爱社交名媛，这些貌美女子既巧舌如簧又深谙床笫之道。[30]

　　尽管精英阶层优先享受各种乐趣，但他们并没有将其独占。葡萄园扩张使罗马平民最晚在公元 30 年就享用到了葡萄酒。那些生活在城镇的平民百姓在小酒馆里喝得酩酊大醉，在那里还能吃到廉价的饭菜，以及和娼妓幽会。在罗马和其他帝国内的城市中，酒馆是人们逃离公寓（insulae）的港湾。古罗马公寓是临街而立的一栋栋大楼，街上马车来来往往，车夫骂骂咧咧。据说，街上的喧闹嘈杂让想入睡的人无法入睡。精疲力竭的工人们用酒馆的食物、酒水和掷骰子游戏抚慰自己。国王和贵族（诗人尤维纳利斯告诉我们，他们是罗马唯一有时间休息的人群）十分反感酒馆的掷骰子游戏，因为它会导致人们酒后打架，挑唆犯罪，是一种毁灭性的恶习。这一指控虽符合实际，但不乏虚伪，因为精英们自己就迷恋赌博。罗马帝国皇帝克劳狄一世的马车上装着一块棋盘，方便他出行的时候赌博。剧作家小塞涅卡的讽刺小品描写了克劳狄一世在冥界继续赌博，因为众神惩罚他，让他永远在冥界掷骰子。[31]

　　不论出身高低，罗马和其他古代城市中饮酒作乐的大多是男性。饮酒巩固了男性的地位。在不适当的环境中，饮酒会削弱女性的地位。在家喝啤酒的哺乳期女性是好母亲，而在酒馆喝得酩酊大醉的女人则是妓女。对女性而言，性别角色限制了消费。对平民而言，阶级也限制了消费。供应给罗马士兵和奴隶的葡萄酒里兑了水。只有富人才能经常吃得起山珍海味，品得到醇香美酒，举起银质高脚酒杯和满是泡沫的海螺杯，把酒一饮而尽。难怪痛风成了肥胖、久坐不动的精英的标志性疾病。埃及和希腊的医书中很早就出现了足痛风，这种病症为服侍富人的医生带来了稳定的收入来源。这些医生的服务证明了一个亘古不变的原则：无节制带来的伤痛可以转化为利润。[32]

这一时期也揭示了另一个普遍的原则：正如畜牧业发展，技术进步丰富了乐趣的种类，使其更为复杂。以赌博用具为例，部落社会中的赌博虽然十分普遍，但较为简陋。美洲印第安人抽两面签，这些拥有正反两面的物件由木棍、贝壳、果核和动物牙齿制成。中国人的选择则更多。一座距今 2 300 年的齐墓出土了一枚有 14 个切面的牙质骰子。这种骰子会被用在一种名为"六博棋"的游戏中，让玩家投掷。六博棋材质以象牙为主，其游戏规则虽已失传，但显然颇为复杂。诗人宋玉曾写道："分曹并进，遒相迫些。成枭而牟，呼五白些。"[①][33]

青铜时代近东地区的骰子游戏较为简单。玩家投掷一种四面的距骨，也就是绵羊和山羊被炖煮后剩下的关节骨。直到铁器时代，这种距骨才开始被六面骰子取代。古希腊历史学家希罗多德将这一发明和货币都归功于吕底亚人。公元前 7—前 6 世纪，他们的王国在安纳托利亚西部发展到了巅峰。据传，吕底亚人在一次大饥荒中发明了立方体骰子，设计了相应的游戏。他们每隔一段时间就要禁食，禁食的时候就不停地掷骰子，以使自己不去想饥饿的事。这些游戏似乎不仅仅是闲暇娱乐，它们提供了一种控制情绪、应对逆境的方法。简而言之，它们就像瘾品一样。[34]

尽管许多古老游戏的规则已经失传，但一些人们玩游戏的棋

---

① 引自《楚辞·招魂》，关于《招魂》的作者，历来存在争议，一说为宋玉所作。

盘却流传了下来。这些棋盘也日渐精细。例如，早期乌尔城的皇家陵墓中出土了使用动物形象划分不同区域的棋盘。2 500 年后，罗马人在排列成 3 行的 36 个雕刻字母上比赛，这些字母经过精心编排，组成嘲弄的玩笑。其中一个玩笑写道："骰子上讨厌的圆点让老手也只能依赖运气。"① 这些文字提醒聪明的玩家，要想赢得游戏，即使他们也需要运气。[35]

乐趣的地理分布本身就像是掷骰子。中美洲没有绵羊和山羊，也没有多少可以食用或者能取距骨来制作骰子的家畜。他们没有鸡，也没有马，所以无法斗鸡和赛马。然而，在大约 3 500 年前，他们将自己拥有的一种资源——橡胶制成了球，发明了快节奏的团队比赛，在装饰繁复的工字形球场上比赛。比赛日是举办仪式、进行运动和赌博的日子。观众和选手都对结果下注，有时会用自己的性命做赌注。这再次显示了智人最独一无二的享乐资源：他们能够利用手边的任何材料创造出有趣的娱乐活动，通过丰富的想象力创造抽象的规则和仪式来支配这些活动。[36]

纪律性的乐趣

当我们想到乐趣，我们通常会想到强烈的调动感官的形式，而不是会话、音乐和解决问题等各种常见的形式。对商业化恶习和大众成瘾起源的关注不可避免地加剧了这一倾向。为匡正偏见，引入什么是社会可接受的乐趣这一问题，我想先审视一些文明对人类乐趣更不易察觉的贡献。[37]

从"心流"说起不失为一个好的选择。当人们专注于一个极

---

① 原文为拉丁语。

具挑战性的任务时，就会感受到心流。他们忘却了日常烦恼，内心平静祥和，甚至忘记了时间流逝。他们清楚需要做什么，并且相信自己有能力完成。从焦虑和无聊中解放出来后，他们发现心流本身具有奖励性。技巧越精湛，任务越烦琐，奖励就越强烈。外科医生觉得困难的手术"充实满足""极具美学享受"，而且"充满乐趣"。困难在于产生心流需要付出巨大努力，甚至会让人痛苦不堪。从伊壁鸠鲁（公元前341—前271年）开始，哲学家们就发现虽然乐趣可能总是好的，痛苦总是坏的，但考虑到长远利益，我们不一定会选择前者。你想成为一位专业的音乐家吗？这需要七年每天四小时的努力，"刻意练习"① 复杂的乐段。那些参与下象棋、攀岩等娱乐活动的人也能感受到心流，但是这些活动也必须经过长期勤奋的练习来提升能力。[38]

　　文明社会固有的劳动分工使得产生心流的机会大大增加了。农业社会出现的城市、交通和贸易网络使石匠、木匠、织工、会计等专业人员有机会磨炼技巧。这种机会也有代价。疾病、受伤或失业可能会造成巨大打击，使有一技之长的劳动力失去工作的精神奖励，也失去收入和身份。对于少数特权阶级，文明也给他们提供了在后天的职业上出类拔萃的机会。古罗马历史学家塔西佗曾写道，法庭演说家精心准备一篇演讲，他所得到的奖励是实打实的满意。但是，当他鼓起勇气即兴演讲时，他获得了一种独特又甜蜜的快乐，也就是一种处于巅峰状态的心流体验带来的快乐。[39]

　　磨炼演说技巧所必需的正式教育本身就提供了获得乐趣的机会。当灵光乍现，当"嗯"变成"啊哈"，学生们会感到一股欣

---

① 刻意练习（deliberate practice）是心理学家 K.安德斯·埃里克森（K. Anders Ericsson）提出的概念，指一套有目的、系统性的练习方法，要求受训者思想高度集中。

喜涌来，心理学家将这种欣喜称为认知高潮。虽然这种说法可能有些夸大，但神经科学研究已经表明，人们享受发现新的抽象概念，也喜欢赋予其价值。文明使抽象概念的数量大大增多，拓宽了传播抽象概念的方式，也增加了这些"观念奖赏"的场合。需要承认的是，一些新观念（例如永世的惩罚）带来了焦虑和痛苦。面对这些恐惧，教化学习产生了追求美和知识的新机会，而美和知识可以抚慰人类处境的悲伤和焦虑。[40]

矛盾之处在于，远离抽象思维的守纪行为本身也产生了奖赏。一些文明化宗教创造出各种冥想流派，其共同目标都是在当下实现内心宁静、机敏警觉。一种最古老的冥想方式是冥想瑜伽（Dhyana yoga），其名字取自梵语，意思是沉思和整合。瑜伽带来的自发的统一和宁静之感源自后天习得的避免分神的心理活动。让狂乱的思绪平静下来需要纪律和练习。《白骡氏奥义书》（Svetashvatara Unpanishad）将其比作智者制止野马所拉之车。质疑此举难度的人可以试试将本书搁到一边，保持五分钟万念俱空。[41]

心流带来的满足、解决问题产生的兴奋感以及冥想达到的宁静都是具有纪律性的乐趣。要获得这种乐趣需要做不同于去酒馆或妓院前做的准备。从亚里士多德到约翰·斯图亚特·穆勒，许多思想家都将纪律性乐趣排在了人类与动物共有的低级乐趣之前。抛开哲学上的排序，前者的确需要神经网络耐心的发展和维护。神经网络常常能延伸到中脑边缘系统之上和之外。欣赏外语文学的能力可能需要数年时间才能习得，如果没有练习，人可能很快就会丧失这种能力。无论纪律性乐趣的学习曲线呈上升趋势还是下降趋势，有一点可以肯定：比起消费成瘾物质等能够让大脑的奖赏机制快速发生作用的活动，这些活动招致批评的可能性要小很多。

一些消遣性的心流，例如沉迷象棋，的确被神职人员猛烈抨击为鄙俗的消遣。17世纪60年代早期，剑桥大学三一学院的学生因在这种"精巧的"游戏上浪费了太多时间而受到警告，这些学生中就有艾萨克·牛顿。这一顾虑并不是纯粹出于宗教原因，它也是世俗的，后来小说家斯蒂芬·茨威格甚至给他笔下的一个人物安排了"象棋中毒"的命运。① 另一方面，工作时产生的心流状态符合所有文化的要求，既使个人愉悦，又对他人有益。吹着口哨的工程师建出笔直的沟渠，冥想的僧侣达到宁静祥和的秩序。佛教的信仰基础是脱离痛苦需要摆脱欲望，成了通过自律反对恶习的典型。但即使在非佛教文化中，除非一件事对个人、他人或社会秩序有害，或者对这三者都有害，否则它一般不会被当作恶习。恶习指的是不道德的行为或习惯。[42]

"成瘾"大多数情况下以一种极端恶习的形式出现，我将在后文剖析这个概念。时至今日，成瘾者仍然是指习得了毁灭性坏习惯的人，这一习惯的特点是异乎寻常的强烈渴求和完全不受控制。关于此类行为最早的文献记载出现在一首吠陀赞美诗《赌徒悲歌》（"The Gambler's Lament"）中。诗歌描写了一个赌徒沉迷掷骰子，已经无药可救。他失去了一切，令家人陷入了绝望。[43]

从中国汉代的历史记载到美洲印第安人的骗子传说，无数例子表明，赌博在古代世界臭名昭著。然而，并不是所有形式、所有场合的赌博都会招来谴责。过度沉迷是问题所在，这不仅仅针对赌博。《圣经·申命记》同时谴责了酗酒和暴食。在公众场合

---

① 指茨威格生前发表的最后一部中篇小说《象棋的故事》（Schachnovelle）。

过度沉迷招致了最多的抨击。臭名昭著的酒鬼马克·安东尼曾在一次婚宴上胡吃海塞，第二天早上在做公众演说时竟吐在了自己的托加长袍上。古罗马政治家西塞罗在第二篇《反腓力辞》中回忆了这一丢脸的行为，希腊作家普鲁塔克也撰文记录了这一放肆无礼的奢侈行径。[44]

从道德上讲，古代社会将乐趣分为三大类。一些乐趣，如心流，总是或几乎总是好的；一些乐趣，如乱伦，总是或几乎总是坏的；还有一些乐趣位于毒物兴奋效应的中间地带：适量则好，过量则坏。印度、中国和欧洲常见的砷化合物如果低剂量使用可以作为滋补品和春药，而高剂量使用则会致人生病或死亡。社会对过量的判断涉及对危害的常识性的估计，还涉及对年龄、性别、婚姻状况、阶级、健康、动机以及习俗环境的考量。为占卜抓阄是一回事，为赌博抓阄则是另一回事。还有可以压倒一切的禁忌。无论量多量少，印度教徒一律禁食牛肉，犹太教徒和穆斯林一律禁食猪肉。[45]

历史环境也会影响对过量的评价。与公元前 1900 年相比，公元 1900 年时饮酒的危害似乎更大，公元前 1900 年，村庄和城市供水则常常遭到污染，而 1900 年时自来水则变得更安全了。在吕底亚人统治的安纳托利亚半岛上，卖淫不受监管，收入微薄的单身女性经常出卖皮肉以筹备嫁妆。而到了土耳其人统治安纳托利亚半岛时，卖淫受到严格监管，早期的共和国官员认为妓女是梅毒感染的源头，应接受检查和监禁。习得新知识能够带来乐趣，而当乐趣被重塑为危险的恶习时，习得新知识也能使人们反对乐趣。无独有偶，文明接下来向着科学和工业化大步发展，既为全世界带来了更多诱惑人心的乐趣，也产生了更多对其有害影响的

30

认识，反恶习主义便成为一股全球性的政治力量。[46]

交换所得的乐趣

但那都是后话了。早在工厂开始传播乐趣之前，车队和帆船就已担负了同样的任务。文明使得城市兴起，城市成为管理、朝拜、存储、制造和贸易的中心。这一模式早在美索不达米亚就确立了。到了公元前3000年，第一个真正意义上的城市乌鲁克出现了。这里是吉尔伽美什①和文字书写的故乡，是一座建有城墙的繁华商业中心，城中有3万到5万人。工匠加工从阿富汗进口的木材、金属和青金石。和其他城邦的精英阶层一样，乌鲁克的精英阶层或通过扩张领土，或通过扩大贸易，或双管齐下，来增加财富，扩大权势。结合在一起的帝国雄心和商业雄心往往被传教热情强化，成为一种发展动力。在接下来的5 000年里，这种动力创造了一个聚合的世界。本土的政治和贸易网络成了区域性、跨大陆以及跨洋的网络。[47]

最早、最伟大的跨大陆网络是丝绸之路，更确切地说，是许多条丝绸之路。丝绸之路是横贯东西、纵跨南北的贸易路线网络，连接了诸多城市和绿洲，形成了欧亚大陆的商贸骨架。丝绸之路连通了葡萄牙人和广东人，也连通了维京人和巴格达哈里发帝国。从汉朝（公元前206—公元220年）到元朝（1206—1368年），朝代更迭，丝绸之路的贸易量也随之涨落。后来，在15世纪90年代，克里斯托弗·哥伦布航行到美洲、瓦斯科·达·伽

---

① 吉尔伽美什，乌鲁克第五任君主，以其为主角的《吉尔伽美什史诗》是世界上已知的最古老的英雄史诗。

马航行到印度，标志着全球贸易发生了划时代的转变。新航海路线和贸易港口将权力随交流和商业中心一并转移到了西欧。

新航线一派繁荣景象，另一边丝绸之路上的商人贩卖价值高但重量轻的货物，也贩卖驮着他们行路的贸易动物。中国的武士和马球玩家骑着中亚进口的马匹。罗马、波斯和拜占庭的精英阶层用精美、半透明的中国丝绸彰显身份地位。令人吃惊的是，货物竟然跨越了千山万水。一尊印度拉克希米（Lakshmi）——象征丰产、财富和吉祥的女神——的象牙雕像最终竟不幸地出现在了庞贝古城的废墟之中。公元 79 年，当维苏威火山掩盖了女神雕像时，罗马银币正在印度集市上流通。罗马富人的厨房中飘出印度香料的香味，他们用辣椒给睡鼠调味，在开胃佳肴里添加蜂蜜和罂粟子。[48]

罂粟子既可以种植也可以食用。7、8 世纪，罂粟种植随阿拉伯商人东移。印度普遍种植罂粟的准确时间尚不清楚。直到公元 1000 年左右，印度医学中才首次提到了罂粟。莫卧儿侵略者和来到印度的欧洲殖民者一样鼓励罂粟种植。荷兰人和英国人意识到鸦片是理想的贸易商品，既是帝国的经济来源，又能控制劳动力，也是购买香料、丝绸、瓷器和茶叶的手段。历史学家彼得·弗兰克潘曾写道："和这样的情景紧紧对应的是，当西方人对奢侈品越来越上瘾时，中国人对鸦片也越来越上瘾。"[49]

贸易既引进了享乐商品，也引入了享乐的点子。公元 600 年前，印度西北部地区有人发明了象棋，随后象棋传到了波斯、阿拉伯，在公元 1000 年左右传到了欧洲。象棋随传播发生了演变，15 世纪末至 18 世纪中期在欧洲形成了今天的形式。纸牌游戏起源于朝鲜和中国，随贸易路线向西传播。欧洲为纸牌游戏的发展

32　　提供了同样肥沃的土壤。纸牌非常适合用来赌博，因为纸牌比骰子有更多组合的可能性。15 世纪木刻版印刷出现后，纸牌在欧洲普及开来。纸牌经过了反复改进，尤其是在法国，法国是现代纸牌的摇篮，诞生了最早的皮克牌、百家乐和 21 点。[50]

保罗·塞尚的《玩纸牌者》（1890—1892）可以解读为一幅对全世界诸多乐趣的混合的写照。画中玩纸牌的工人在塞尚父亲位于艾克斯附近的住所工作，画面是典型的法国式场景。然而，纸牌是朝鲜和中国的发明，烟斗里的烟草却来自美洲原产的植物，棋盘（可能是西洋双陆棋）起源于古美索不达米亚的掷赛游戏①。即使是橄榄瓶（左上角）中常装的东西也来自曾经只生长在小亚细亚的树木。玩纸牌者的专注神情和类似酒馆的场景暗示了这是一场赌注未公开的赌博

　　贸易和旅行同样传播了增强快感的技巧。人们观察到酒精等
33　其他物质的冰点和沸点与水不同，由此产生了浓缩和蒸馏这两个关键步骤。290 年，文人张华报告说，中国寒冷的西域能生产一

---

① 指用骰子、贝壳等掷具随机决定棋子的前进步数，以率先抵达终点为胜利的棋盘游戏。

种葡萄酒，酒劲持久，非比寻常（"醉弥月乃解"①），很可能指的就是一种冷冻浓缩的白兰地。寒潮不可避免地带来了类似的发现。解冻了的蜂蜜酒或发酵的苹果酒富含酒精，酒精度数高达66度。欧洲农民移居到北美洲温带地区后热衷于建果园的一个原因是，他们想生产苹果酒。果园需要授粉，所以他们将蜜蜂带到了此前蜜蜂稀少的地区。[51]

同一批拓荒者知道如何将果酒蒸馏为白兰地。在中世纪早期，欧洲的炼金术士和医生就知道酒精的沸点比水的沸点低，酒精产生的蒸汽可以凝结为烈酒，每经过一次蒸馏，酒劲就会增强一点。蒸馏多用于医学目的。烈酒是"生命之水"（aqua vitae）。一些神职人员也认为烈酒是恶魔之水，因为蒸馏和炼金术相关，炼金术又和魔法相关。直到15世纪末，药剂师和医生才普遍可以自由蒸馏、开医用烈酒的处方。他们通常将烈酒和草药、香料混合在一起。原理在于，如果一种食物瘾品的本质是有益的，那么几种叠加的效果会更好。如果多多益善具有安慰作用，他们可能是对的。

他们的问题，即最终所有人的问题在于，不可能将蒸馏烈酒限制在医疗范围内。酒精度越高，大脑奖赏就越强烈。尽管起初政府官员努力将酒类消费限制在小剂量医用范围内，但烈酒革命却势不可当，在欧洲和俄罗斯的寒冷地区尤其如此。这些地方无法种植葡萄，人们更喜欢威士忌和伏特加，而非黑面包和腐烂水果发酵的、酒精度很低的格瓦斯。蒸馏是一个点子，而非一样东西，它随新的印刷技术迅速传播开来。当不识字的寡妇和工匠观

---

① 引自《博物志》，为西晋文学家、政治家张华所著，内容包罗万象，涉及神话、古史、博物、杂说等。

34 察经验丰富的蒸馏师的做法，学会之后再偷偷加入这一行时，二次传播便发生了。到了 17 世纪末，欧洲政府已经放弃监管了。政府一律对烈酒征税，不论其最终用途是什么。这一先例使政府和酿酒公司从酒类消费增加中获益。[52]

酒类消费确实增加了。法国南部港口塞特港的白兰地出口量从 1698 年的 22.5 万升一跃上升至 1755 年的 659.26 万升。正如历史学家费尔南·布罗代尔所说，烈酒革命诞生于 16 世纪，17 世纪得到加强，18 世纪流行起来。这一切不仅仅发生在欧洲。墨西哥人学会了制作龙舌兰酒，太平洋岛民学会了制作椰子白兰地。上岸休假的捕鲸船员们也大口享用着美酒。[53]

关于吸烟的知识则是反向传播，从美洲土著传给了欧洲人。这种吸入瘾品燃烧产生的气体能获得享受的想法颇具争议又令人吃惊。这太匪夷所思了，事实上，沃尔特·雷利爵士[①]的一个仆人以为吞云吐雾的爵士脸上着火了，竟然用麦芽酒泼了他一身。尽管神职人员痛斥"不喝酒的醉态"，君主也采取了惩戒性处罚，但 17 至 18 世纪，吸烟还是征服了欧亚大陆。吸烟的吸引力在于快速、反复的大脑奖赏：吸入的尼古丁大约 15 秒就可以到达快感回路，人会一口接着一口地吸烟。吸烟是一种高效的学习方式，就像频繁地用小奖励改变动物行为一样，而不是在一段长期训练后给予一次大奖励。[54]

随着吸烟传播开来，不同的文化发明了水烟袋等不同的吸烟装备，也衍生出了各种混合物，例如烟草混合大麻、鸦片、糖、蜂蜜、甘草精、肉桂或者香水。到了 20 世纪，英国水手将格罗格酒洒到烟草上，令烟雾更加浓郁、芳香。毛利人则把这个过程反

---

① 沃尔特·雷利爵士，英国伊丽莎白时期的政客、军人、作家。

过来了，他们将烟草添加到酒中，也用人尿给酒调味。"通常来说，毛利人的自酿酒爽口醇厚，只要喝的人不知道里面加了什么。"一位奥克兰精神病学家这样写道，但他是基于自己的心态和所处的环境方出此言。对毛利人而言，知道特有原料会增强酒的口味和酒劲。商人和帝国主义者将新乐趣传遍全球，这仅仅是当地文化改良、增加、加强新乐趣的万千方式之一。[55]

　　哥伦布大交换引发的烹饪革命是全球本土化（全球化加本土化）的一个典型例子。本土厨师采用原产于世界另一端的原料，将它们制成符合当地人口味的菜肴和产品，为本土所认同。印度咖喱含有墨西哥辣椒，意大利番茄酱含有原产于安第斯山脉的植物果实，牙买加潘趣酒掺入了欧洲人移栽的甘蔗制成的朗姆酒。随后，在19至20世纪，贸易和移民带来了烹饪上的复兴，全球本土创造物成为全球食物。今天，如果一个城市没有售卖咖喱、比萨和朗姆潘趣酒的地方，那它一定十分乏味无趣。人们根据当地的口味和食材，改良了这些食物。

　　哥伦布大交换发生后的几个世纪有时被称为"同质世"（Homogenocene），即同质化的时代。贸易和移栽混合了世界动植物群落，使得曾经各具特色的环境更加趋同。食物瘾品面临的命运同样也降临到了咖啡馆和糖果店销售的加工商品上。社区药房（neighborhood apothecary，apothecary这个单词最初的意思是"仓库"，后来由于药品交易量增多成了"药房"的意思）变得日益标准化。到了18世纪，一位波士顿医生和来自柏林或贝尔格莱德的医生的药箱里面装的东西相差无几。[56]

　　然而同质化并不是完美无缺的。尝试新乐趣既是自下而上的，也是自上而下的。当边缘资本主义以企业的形式展现出来，

35

自上而下的创新主导或"收编"了自下而上的创新。"下一个重
大产品"（Next Big Thing）是由史蒂夫·乔布斯而非本地工匠推
出的。不过业余人士也有施展的空间。大麻种植者根据当地需要
和文化偏好挑选品种，收获长纤维、含油量高的种子或具有精神
刺激作用的树脂。在阿富汗，种植者学会了如何滚压、筛选成熟
的花蕾，将其制成高纯度的哈希什①。在墨西哥，当地的创新者
避开神父和官员的监视，培育了一种令人上瘾的麻科植物（学名
Cannabis sativa），也就是我们今天俗称的大麻（marijuana）。[57]

　　人们也会创造出进口货物的新用途，这些进口货物和新型食
物瘾品一样，易于与其他东西相混合。18世纪，一位日本武士穿
的阵羽织（即铠甲外套）由来自中国的彩花细锦缎、丝绸、烫金
纸带和来自欧洲的银线锦缎衣料以及进口的染红羊毛制成。荷兰
和英国药剂师发明了固定胭脂虫红染料颜色的媒染剂，这种染料
由墨西哥农民从食仙人掌的昆虫的尸体中提取出来。武士昂首挺
胸，身上穿着一个相互交织的世界。[58]

货币化的乐趣

　　那位武士可能还背着一身债。到了18世纪，精英阶层通常
会通过贷款或现金购得奢侈品。以物易物越来越局限于帝国体系
的边缘。烈酒可换得北美洲印第安人的兽皮和东西伯利亚人的犬
队。杜松子酒和烟草使欧洲人获得了在澳大利亚北部雍古族的海
域捕捞海参的权利。但在北非和欧亚大陆，长途贸易的奖赏更可
能以第纳尔、里亚尔和其他已知价值的货币单位来计算。

---

① 哈希什（hashish），一种以印度大麻提炼的麻药。

货币化商业有助于解释许多发展现象，首先是享乐商品掺假。商人经常会将普通食物与白垩或黏土等东西掺在一起以增加利润。在利润丰厚的瘾品、香料和春药市场上，弄虚作假是一件极具诱惑力的事。理论上，中间商可能会使用贬值货币或假钱购得这些珍贵的商品。但这样做有风险，货币伪造者会面临和叛国者一样的下场。（在英国，二者都会被绑在木桩上烧死。）除非一方刚好是君主，否则更保险的做法是用石膏、明矾或其他易混合的杂物稀释货物，欺骗买家。

稀释会在多大程度上降低买家的快感和收益是个见仁见智的问题，因为买家的期待解释了至少一部分预期的行为。一个中世纪的好厨师就像"半个医生"，就算使用掺假的食材，可能还是会创造疗愈的魔法。胡椒和肉桂就是有这种声誉的春药，因此，聆听告解的神父会问忏悔者他们是否犯了"香料"罪。我们或许可以推断，那时香料能激起性欲，尽管它们混入了大量骨灰和碎坚果壳。这只是推断，并不能肯定。唯一可以肯定的是历史记载中充满了花一大笔钱换得糟糕的食物瘾品的情况。[59]

无论是否掺假，食物瘾品在以货币为基础的经济体中都变得更加廉价了。货币简化了交换，通过消费增加了收入，使得银行业和贷款成为可能，资助了早期现代欧洲帝国的商业探险和海外种植园。资本主义和帝国主义交织融合，随后科学和工业也加入进来，这不可阻挡地促进了奢侈品的流动，直到它们不再是奢侈品。在莎士比亚时期的英国，两磅[①]糖渍果脯的售价足以让一个下里巴人看 60 场莎士比亚的戏剧。一个世纪后的 1700 年，英国人平均每年每人消费 4 磅糖。到了 1800 年，这一数字上升至 18 磅，

---

① 1 磅约合 454 克。

其中许多糖都被加入了曾经为富人专享的茶中。德国人喜爱咖啡，到了1743年，除了最小的城镇，所有地方都有咖啡。在爱尔兰，烈酒的消费，尤其是威士忌的消费在18世纪增长了750%，而人口仅增长了50%。欧洲没有一个地方没有烟草。1620年，切萨皮克的烟草出口量大约为五万磅，到了18世纪70年代上升为每年一亿磅。与此同时，产地价格从每磅十便士以上下降到每磅仅两便士。[60]

烟草和其他商品的价格并未立刻开始下降。从16世纪40年代到17世纪40年代，西班牙的新世界矿山造成了长期的通货膨胀，大量银币如洪水般涌入从阿姆斯特丹至福建的市场、会计室、银行和税务机关。没有土地的农民因为缺少买面包的钱而饿死，更不用说买糖了。然而，同样的白银流入刺激了亚洲奢侈品的贸易，尤其是中国奢侈品的贸易。白银在中国是流通货币，而在西方，它是一种需求量很大的进口商品。（因此后来才出现了"种植"白银的权宜之计，即使用鸦片而非硬币解决国际收支问题。）欧洲的通货膨胀在17世纪下半叶终于缓解。在18世纪，贸易量增加，尤其是食物瘾品的贸易增加，将曾经的异域商品送到了寻常百姓手中，对他们感知世界的方式产生了革命性的影响。[61]

最终，货币和商业范围扩大改变了人们对社会管制措施的看法，其中包括对销售有害或成瘾产品的管制措施。道德和宗教的约束很少能完美地实施。比起货币化的全球经济，它们在本土面对面的经济中影响更大。在全球化经济中，个人能够向看不见的地方的看不见的人出售看不见的商品，然后从中获利。货币是奢侈品陷阱的终极例证。这一吕底亚人的发明日益成为不可缺少的交换媒介和相隔万里的陌生人之间构建交易信任的方式。然而，信任没有投注到这些陌生人身上，也没有投注到任何人身上。相反，它投注到了货币本身中，投注到了它能购买的所有东西上，即使这种购买以毁掉他人为代价。17 世纪末到 18 世纪，边缘资本主义的轮廓开始映入眼帘。归根结底，边缘资本主义是这个特殊陷阱砰的一下闭上的大口。[62]

第二章

大众乐趣

39　　1899 年，一位名叫皮埃尔·路易的新潮法国作家发表了《新乐趣》（*A New Pleasure*），讲述了一个古希腊名妓在其墓碑被卢浮宫收藏后灵魂在巴黎游荡的故事。一天晚上，女主角卡利斯托邂逅了一位诗人。她向诗人抱怨房间死气沉沉，巴黎人木讷无聊，没有一个巴黎人的学识、美貌或性感比得上她。她将诗人带上床以证明自己。卡利斯托说，2 000 年来享乐方式没有任何进步。她记忆中愉悦的快感使现代娱乐相形见绌。

然后诗人给了卡利斯托一根烟。"你也像那些人一样沉溺于这般滑稽的活动吗？"她问道。"一天 60 次。"他回答。她好奇地吸了一口烟，然后陷入了沉默。她用手轻轻捧住那包烟，然后"慢慢地，像对待最珍贵的宝贝一样"，将烟放到了自己躺卧的躯体旁。[1]

路易热衷尼古丁，晚年又疯狂迷上了吗啡、可卡因和香槟。他享年 55 岁，据说在他临死前一会儿，他的妻子为他点了最后一根烟。他的墓志铭可能是"死于新乐趣"。确实，他写的卡利斯托的故事背景设定在 1893 年，这个故事或许展现了美好时代①

---

① 美好时代（Belle Époque）指第一次世界大战前欧洲和平、繁荣的时期。

的各种新乐趣。叙述者也可以不给卡利斯托递烟，而是带她去逛乐蓬马歇（Le Bon Marché）百货商店。那里有奢华的东方地毯、香水、塔夫绸礼服和外出寻欢作乐可以穿的衣服，是世界上首屈一指的百货商店，是资产阶级消费者的天堂。对于那些不仅仅想要购物的人，经营者还提供了歌剧音乐会、供应葡萄酒和甜点的自助餐和厨房每天供应 5 000 份的烤牛排。[2]

40

　　如果叙述者由享乐的上层世界进入底层世界，他可能会带卡利斯托去巴黎成百上千的咖啡馆音乐会和烟雾缭绕的夜总会，在那里，异国饮品、热辣音乐、放荡舞者、粗俗喜剧和秘密幽会任人选择。他也可能会带卡利斯托去红磨坊，把她介绍给亨利·德·图卢兹·罗特列克①。罗特列克是红磨坊的常客，以为身穿透明底裤表演的康康舞明星舞者路易丝·韦伯画石版画而出名。韦伯跳舞的时候，罗特列克可能会给卡利斯托一杯加了糖的苦艾酒，这种大规模生产、会让人产生轻微幻觉的酒在十年间的消费量几乎增长了两倍。如果这位画家决定给她点儿稀罕物，他可能会调制一杯自己设计的鸡尾酒，酒力强劲，连爱德华·维亚尔、皮埃尔·勃纳尔等同行画家都能放倒。如果他爱上了卡利斯托（罗特列克是个喜欢和女人厮混的男人，染上了梅毒，还酗酒），他可能会带这位交际花去拜访他的朋友保罗·塞斯考，一位擅长拍摄性感人像的摄影师。到了 1893 年，巴黎已成为世界色情摄影中心，孕育了蓬勃的色情产业。

　　1895 年，得益于奥古斯特和路易斯·卢米埃尔兄弟俩的努力，电影在巴黎问世。两人在里昂拍摄了工人们离开工厂的画面。仅一年后，不那么纯洁的电影就在巴黎问世了。欧仁·皮鲁和阿尔贝·

---

① 亨利·德·图卢兹·罗特列克，法国后印象派画家，近代海报设计与石版画先驱。

基什内尔拍摄了女主角路易丝·维利在虚构的新婚之夜脱衣的场景。影片《洞房夜新娘》（*Le Coucher de la Mariée*）轰动一时，皮鲁和基什内尔到多地放映影片，包括尼斯赌场。崭露头角的电影传奇人物，包括开创了电影广告的乔治·梅里爱和后来自诩将电影院工业化的查尔斯·百代，都登上了脱衣舞热潮的大船。他们的尝试开创了一种新的淫秽电影类型——热辣角色的情色戏。[3]

无论是奇异新颖还是平淡无奇，巴黎美好时代的乐事以一个世纪前人们难以想象的方式得到了推广、普及。从印在沥青路上的文字和图案到屋顶上的广告牌，巴黎人目光所及之处皆是广告。许多广告牌提供摄影服务。得益于人们对肖像名片（cartes de visite，一种印在小卡片上的廉价蛋白相片①）的需求，摄影师协会从 19 世纪中期便开始蓬勃发展。到了 19 世纪 90 年代，由于纸张廉价且半色调照片的价格只有木刻版画的零头，插画杂志兴起了。1889 年 7 月，第一组彩色半色调照片记录了刚刚竣工的埃菲尔铁塔，为《巴黎画报》（*Paris Illustré*）增色不少。那些想喝着酒参观铁塔的人不必跑远：19 世纪 80 年代末，巴黎已经拥有了 3 万家酒水店，是 1789 年大革命时期的 10 倍。其中许多是新式的美式酒吧，配有锌质柜台和排放整齐的酒水。[4]

1926 年，这种酒吧的一位顾客——旅法作家欧内斯特·海明威出版了《太阳照常升起》（*The Sun Also Rises*）。小说中嗜酒的角色之一是迈克·坎贝尔，这位苏格兰人解释了自己破产的两个阶段："先是慢慢地，然后突然到来。"这句话可以用来描述人类是如何扩充享乐方式的。尽管千百年来人类一直在发现、发明、优化、交易能带来快感的事物，但直到大约 1660 至 1800 年才形成

①

① 蛋白相片指蛋清与感光剂混合制成蛋白相纸后印制的照片。

了真正的大众市场，进入漫长的 18 世纪——享乐世纪。随着科学进步、工业发展以及技术和城市化方面发生的相应变革，19 至 20 世纪，享乐方式普及的步伐再度加快。在路易或海明威所处的时代，即使是巴黎最贫穷的地区，也有赛马晨报和烟雾缭绕的咖啡馆按升销售廉价酒。那些更有钱的店家会上门服务，从雕花玻璃盛酒瓶中倒出果香味的利口酒。[5]

　　社会史学家常在问，上层阶级以外的人什么时候、如何成为致力于"获得、展示、享受明显是非生存必需的商品和商业服务"的消费者的。他们共同的结论是，在西方，消费主义早在工业革命之前的 17 至 18 世纪就已经发展起来了。1743 年，用瓷杯得意洋洋地喝咖啡的德国地方长官已经是消费者了。随后出现的工厂、城市、百货商店和广告只是创造了更多的此类消费者。虽然享乐的历史不同于也明显早于消费主义的历史，但二者的进程同时加快绝非偶然。[6]

　　18 世纪末到 19 世纪工业化的出现进一步加快了这一步伐。工业化从英国开始，然后波及欧洲、北美洲和日本，企业家和政府利用科技、能源和金融方面的突破，彻底改变了制造业、运输业和通信业。快速发展的城市成为大批量生产和消费的中心，也成为迁移、管理和贸易的中心。问题在于，随着城市工厂和仓库流出的商品使全世界享乐形势同质化，这些城市也同样成了恶习和成瘾的温床。

蒸汽带来的乐趣

美国作家塞缪尔·克莱门斯，也就是大名鼎鼎的马克·吐温在自传中描写了自己的伯父位于密苏里州佛罗里达的乡间杂货铺。1835 年，克莱门斯就出生在这个小村子。杂货铺的店面很小，货架上有几匹印花布，柜台上摆着盐、鲭鱼、咖啡、火药、子弹和奶酪。柜台后面是一桶桶新奥尔良食糖、糖蜜和当地产的散装玉米酒。"如果小孩买上 5 美分或者 10 美分的东西，"克莱门斯回忆道，"店家就会从桶里拿出一点儿糖送给他；女人要是来店里买几码印花布，她们不仅和往常一样，会收到店家赠送的小饰品，还能额外得到一轴线；男人过来随便买点儿什么，就可以倒杯威士忌喝，想倒多少都可以。"如果他喜欢雪茄，他可以花 30 美分买 100 根。"不过大多数人不会花那个钱，因为在那个种植烟草的地方，用烟斗抽烟用不着花钱。"[7]

尽管密苏里州东部土壤肥沃、降水充沛，但这个乡间杂货铺的货物不仅仅来自丰收的作物。如果没有蒸汽船——年轻的克莱门斯在未来某一天还当上了它的引航员——咖啡、糖、糖蜜就不可能沿密西西比河廉价地运来。1815 至 1860 年，上游运输成本至少下降为原来的十分之一，下游运输成本则下降至原来的四分之一。由此形成的全国市场使密苏里州的商店能够销售马萨诸塞州制造的棉布。[8]

店家赠送的威士忌可能来自当地。但威士忌的成本也同样下降了，这使得威士忌自此长期取代了朗姆酒，成为美国人最常喝的酒。连续蒸馏、蒸汽蒸馏等各种创新手段使威士忌品质更高，产量更多。其中，连续蒸馏利用热交换和连续填充麦芽浆节省了燃料和劳动力，蒸汽蒸馏提供了快速、均匀的加热。早在 1823 年，多次造访美国专利局的蒸馏器制造商们就宣称，自己每蒲式耳①

① 在美国，1 蒲式耳约合 35 升。

的容器能够比上一代的制造商多生产两到三倍的酒。实际上，他们唯一没有改变的是使用橡木桶，橡木桶能够改善陈酿威士忌的口味。但即使这一庄重的传统也成为世纪末削减成本的牺牲品。所谓的精馏器用焦糖、西梅汁、硫酸、胭脂虫、硫酸铵等具有欺骗性颜色和味道的配料来"陈化"未经加工的烈酒。[9]

各地的蒸馏酒酿酒商找到了经济节约的方法。过去墨西哥人在地下坑中烘烤普奎（pulque）、梅斯卡尔（mezcal）和特奎拉（tequila）三种龙舌兰酒的原料龙舌兰。19世纪末，他们修建砖窑以满足日益增长的需求，这些砖窑后来被火车头大小的蒸汽高压罐取代。木炭过滤嘴等其他地方的发明和麦芽浆加热设备等进口技术能够以更低的价格生产更优质的酒水，其效果在俄国尤为突出。在俄国，受契约束缚的农民收割原料，获得微薄的酬劳，然后要支付100多倍的生产成本才能有幸喝上被征收重税的烈酒。这或许是历史上基于醉酒的最腐败、最持久的剥削体系。[10]

在19世纪，人们常常说起杜松子酒、伏特加等"工业"酒和葡萄酒、啤酒等"天然"酒。这一分类或多或少是人为制造的，尤其是当葡萄酒制造商开始对葡萄酒进行巴氏杀菌，啤酒制造商开始生产瓶装啤酒后。但我们清楚当时人们的用意是什么。烈酒源源不断地从机械化酿酒厂生产出来是个大新闻，也是个大问题。1824至1874年，英国人口增长了88%。啤酒销量上涨了92%，二者几乎同步上涨。但英国国产烈酒销量上涨了237%，进口烈酒销量上涨了152%，进口葡萄酒销量上涨了250%。[11]

后两项进口烈酒和葡萄酒的数据也反映了运输成本的下降。甜菜糖等曾经的地方性或区域性商品在19世纪后40年间走向全球。停靠在德国汉堡的钢船卸下热带经济作物，装上一堆堆由德国化学技术和波兰劳动力制造的精制甜菜糖，驶过苏伊士运河，前往印度和中国。在最早将蔗糖加入药典和菜肴的文明中，印度人和中国人实际上成为欧洲蔗糖倾销的目标。[12]

1830 至 1880 年，跨大西洋运输成本下降了一半。到了 1914 年，成本又下降了一半。19 世纪下半叶，汽船平均体积和速度增加了一倍。到了 20 世纪早期，五天跨越大西洋已经司空见惯了。喜欢打扮的美国医生威廉·霍尔斯特德将自己的礼服衬衫送到巴黎洗熨。据说，未来印度总理的父亲潘迪特·莫提拉尔·尼赫鲁也通过苏伊士运河做过同样的事。不那么讲究的人把杜松子酒装满汽船，将它们运往非洲殖民地。1900 至 1910 年间，黄金海岸①的烈酒进口量上涨超过 50%，尼日利亚南部的烈酒进口量则上涨超过 100%。[13]

在没有港口或河流的地区，蒸汽机车加速了商品和乘客的流动，同时加紧了大都市对奢侈品的控制，满足了大都市对奢侈品日益增长的渴望。1926 年，作家 H.G.威尔斯描写了普罗旺斯农民砍倒橄榄树，将盘曲的树枝扔进火中的场景：

> 所有农民似乎都放弃了橄榄树，转而种植茉莉花。他们种植茉莉花是为了供应格拉斯的香水工厂，这些工厂为巴黎、伦敦和纽约转瞬即逝的、不稳定的奢侈品世界而服务。流行香味的改变或者某位化学家的天才发明可能会使这种花卉种植的利润不复存在，到时候这些山坡就会知道麻烦来了，因为消失的橄榄树永远不会回来……我认为，这个看起来自给自足的乡村的命运取决于大的消费中心。那些隐秘的

45

---

① 黄金海岸（Gold Coast），澳大利亚第六大城市，位于昆士兰州南部，为假日游乐胜地。

小小铁轨就像都市真菌的吸盘一样，吸干了所有的地方自主权。这里的农村生活已经在不知不觉间秘密地、完全地被巴黎压制了。[14]

有人可能会补充道，他们被压制的程度还无法与筋疲力尽的越南人相比。有钱的巴黎人开着车经过格拉斯，去往尼斯，如果他们的车胎漏了气，修补车胎所需的橡胶则全由越南人收集而来。在一个蒸汽、钢铁和电缆连接的殖民世界，热带仍然是一个为了主人们的享乐而有待洗劫的大仓库。

在《和约的经济后果》（ *The Economic Consequences of the Peace* , 1919）中，约翰·梅纳德·凯恩斯比较了 1870 年的小型欧洲大陆和 1914 年 8 月的全球化欧洲。1870 年的欧洲是一个近乎自给自足的国家经济集合体；而在新欧洲，凯恩斯写道，中产阶级和上层阶级"花不多的钱"就可以享受到"方便而舒适的生活和各种便利设施，这是其他时代那些富甲一方、权倾天下的君主都享受不到的。伦敦居民可以早上一边在床上喝早茶，一边用电话订购世界各地的商品，这些产品质量优异，并且一大早就会被送到顾客的家门口"。如果他想要旅行，他可以立刻乘坐"舒适又廉价的交通工具去任何国家或地区，并且不需要护照或是其他手续"，也不必了解当地的语言或习俗，现金足以满足他的需求。[15]

凯恩斯描述的 1870 至 1914 年黄金时期的欧洲象征了现代全球化的第一个阶段。20 世纪末，经历了战争、革命、萧条和更多战争的交叠期后，现代全球化继续发展。全球化的这两个时期都促进了恶习的传播。边界可以被渗透，违禁物品可以被隐藏。一家法国公司的广告宣传"在不引人注目的情况下"，德国医生和药剂师可能会收到公司寄来的其他途径无法获得的东西。一位德国医生询问上述委婉说法中的东西是否包含吗啡，回答是包括。医生随后没有下单，然后又收到了一封信件。信件里，对方承诺半价出售吗啡。[16]

全球化普及了许多争议较小的商品。新加坡人运输菠萝罐，意大利人运输沙丁鱼。消遣娱乐同样搭上了全球化的便车。1907年，夏威夷出生的小乔治·弗里思①给来访的小说家杰克·伦敦上了一节冲浪课。随着加尔文宗传教士的影响力衰退，冲浪这项古老的运动再次流行起来。不是加尔文宗基督徒的伦敦兴奋不已。他为一本广受欢迎的美国杂志写了一篇洋洋洒洒的人物简介，为计划游览加利福尼亚的弗里思写了一封介绍信。弗里思到达西海岸后开始在众人面前演示冲浪，吸引了当地记者的眼球。弗里思一生都在加利福尼亚做船员和救生员，他的表演持续到1919年，直到另一个全球旅行者——流感病毒——夺走了他的生命。雷东多海滩码头有一座纪念这位水上运动"传道者"的雕像。[17]

冲浪和装饰性文身、抽大麻一样，是一项从边缘发展到新兴全球体系中心的活动。但更典型的是新乐趣从工业中心扩散到边缘地带。在巴黎展示了第一部影片后的两年内，卢米埃尔兄弟将受过培训的操作人员送往从乌普萨拉到悉尼的各个城市，观众们目瞪口呆地看着沙皇尼古拉二世加冕等壮观场面。4年时间里，他们在北京和东京播放了自己的影片。至于临时搭建的屏幕上看不到的东西，人们可以从书籍和插画杂志中一览其风采。"19世

---

① 小乔治·弗里思，美国游泳教练、救生员，将冲浪运动介绍和推广到美国，在1918—1919年大流感中去世。

纪之前不曾有的是，"历史学家于尔根·奥斯特哈默写道，"媒介传播途径的增加使人们可以跨越遥远的距离和文化边界发布新闻，让人们了解了遥远的土地上诞生的思想和工艺品。"

这一过程是不对称的。关键的思想和工艺品来自社会学家所说的"参照社会"（reference societies）。中国曾经一度是一个重要的参照社会，是日本人、朝鲜人和越南人的文化线索源头，是中东人和欧洲人的时髦商品来源地。但到了19世纪末，最重要的参照社会都是西方国家：英国和法国，以及随后的德国和美国。会讲英语或法语的非西方精英极易受他们影响。莫提拉尔·尼赫鲁可能将自己的衬衫送去了巴黎洗涤，也可能没这样做，但他确实修建了游泳池和网球场，把自己深谙人情世故的儿子送去剑桥大学学习科学。[18]

47

运气带来的乐趣

如果生活在一个世纪后，莫提拉尔·尼赫鲁可能会将儿子送去美国上大学。那时，美国是全球化第二阶段占主导地位的参照社会，是享乐方式的创新中毋庸置疑的领导者。然而，在现代的大部分时间里，这一荣誉属于西欧。欧洲人发明了管弦乐、大歌剧、公共艺术博物馆、工业酿酒、美食餐厅、豪华酒店、百货商店、电动振动器、生物碱和合成毒品、皮下注射器和安瓿、无线电发射机、鸡尾酒派对、裸体营、风景明信片、立体画、汽车和赛车以及世界上最受欢迎的体育运动。各个帝国，尤其是大英帝国，传播了足球、板球和橄榄球等运动。每一项运动都是兼具三种身份的消遣：是能够产生心流的纪律性乐趣，是一种赌博的媒

48

介，还是一场复杂又盛大的演出，能够带来身份、友爱和用晦涩的内行话打趣的满足感。[19]

"lottery"（彩票）和 "casino"（赌场，日语罗马拼音为 kajino）的同源词在世界语言中的出现频率证实了欧洲赌博创新的扩散。17 世纪中期以前，赌博是热情高涨的业余爱好者的社会活动，他们经常成为骗子的受害者。赌博的场景也是巴洛克风格的画家最爱描绘的主题。成为一名专业赌徒就是成为一个骗子：没有人足够幸运，可以从纯粹依靠运气的游戏中获得稳定的收入。醉酒加剧了出老千的纠纷，再加上损失惨重的绝望，使得赌博因暴力而臭名昭著。

随后，数学家们将统计规则引入了赌博。1663 年，吉罗拉莫·卡尔达诺的《论赌博游戏》（*Liber de Ludo Aleae*）在其去世后出版，这本书是赌博概率研究的开山之作。近代数学名家布莱士·帕斯卡、皮埃尔·德·费马、克里斯蒂安·惠更斯、皮埃尔·雷蒙·德·蒙莫尔、雅各布·贝尔努利和亚伯拉罕·德·穆瓦夫尔对其进行了完善，使精准预测所有博弈游戏的概率成为可能。知道概率大小以及如何调整概率（例如，在轮盘赌中加入"00"）使专业赌徒既能够提供诚信游戏，又能够获得固定利润。"庄家优势"绝不可能消除作弊行为，但这确实降低了作弊的诱惑力。

政府和企业家通过彩票和赌场利用庄家优势。在欧洲及其殖民地，包括受清教徒影响的马萨诸塞州，彩票是一种常用的为公共事业和慈善事业融资的方式。1756 年，殖民地的议会批准哈佛学院用彩票为修建宿舍集资，这一项目始于 1772 年，但直到独立战争之后才完工。战争造成了经济损失，一位著名的受害者便是

49

乔治·华盛顿的助手佩里格林·菲茨休，他为了恢复家族财产，发行了私人彩票。他把手伸向了老战友，求他们买彩票，这近乎一种文雅的乞讨方式。[20]

相比之下，17、18 世纪欧洲大量涌现的赌场都是生意。威尼斯最早的赌场乐都特（Ridotto）于 1638 年开放。它设置了基本的赌场模式，包括多种游戏、加速赌博、延长营业时间，还提供了各种美味佳肴，从咖啡、巧克力到优质葡萄酒和奶酪，一应俱全。它也提供性服务。卡萨诺瓦是这家赌场的常客，他在法罗牌桌上赢了后，就会给服务员小费，给女士们送一大堆礼物。

深受寻欢作乐的富人喜爱的温泉疗养小镇是赌场的天然场所，小镇通常由当地统治者批准并征税。巴登-巴登等市镇以花园、剧院和沙龙闻名遐迩，也因令无法自拔的赌徒破产而臭名昭著，这些赌徒包括陀思妥耶夫斯基等狂热的轮盘赌玩家和黑森选帝侯威廉一世等挥金如土的统治者。由于各种赌场耗费钱财，尤其是耗费贵族财产，在 19 世纪，团结一致的各民族国家开始限制赌场或宣布其为非法。法国首先开始进行打击取缔活动，然后是德国，这也是小小的摩纳哥公国能在赌博业站稳脚跟的原因。1868 年，摩纳哥修通了铁路，成为欧洲富人首选的冬季游乐场，他们坐在火车头等车厢和整洁的长途马车中，来到这里。

他们离开摩纳哥时，钱包轻了不少。"世界上所有的黄金都流入这里，这令赌桌现在的经营者弗朗索瓦·勃朗先生可以兑现他在获得经营特许时向亲王及其臣民许下的美好承诺了。"1873 年，一位《伦敦时报》（London Times）的记者写道：

自此，亲王得以废除一切征税，这个幸运的国家惬意地 50

享受着阳光，而所有其他国家的笨蛋帮助它发财致富……在这个童话般的场景中，在赌桌上输掉了几乎最后一法郎的游客在开枪自杀之前可以以最实惠的价格在勃朗先生修建的宾馆里享用一顿珍馐美味，勃朗这位有远见的投机商人每年花费八千英镑，让赌徒没有理由抱怨供应食物价格高。为使理性暴露在一千种诱惑面前，任何细节都没有被忽视。这里有顶级乐队演奏最动听的音乐，久经世故的风尘女子在赌场进进出出，她们机械般的微笑伴随着赌台管理员把金币划入银行金库的叮当声响。

此类场景不一而足。奢侈、美丽、摄人精气，蒙特卡洛是一张芳香馥郁的网，用各种激情的完美结合击败了"自愿受害者"的理性，进而捕获了他们。[21]

相比之下，低档赌博越来越机械化。老虎机发明于 1898 年，然后迅速流行开来。机械化以及后来电子化的"赌金计算器"使赛马场经营者可以高效地聚拢所有赌金，计算出不断变化的赔率，支付给赢家——当然是在扣除了他们自己的佣金之后。尽管赛马跑道的数量减少了，但通过电报"赛马快线"① 的下注却增多了，这使台球馆成了赌马人的天堂。常客们疯狂着迷于此，他们甚至能在想象中看到 1 000 英里外自己下注的马匹飞奔着冲过终点线。"男女老少都大喊大叫，为自己的马呐喊助威，激动地大吼，打着响指，上蹿下跳，"一位美国观察员写道，"他们似乎认为自己在赛道上。"[22]

为普及赌博，威廉·F. 哈拉（昵称比尔·哈拉）想到了另一

---

① 赛马快线（race wires）指通过电报向全国赌马人传递赛马相关信息的业务。

种刺激活动。1937 年，哈拉从加利福尼亚州搬到内华达州。在内华达州，他从宾果游戏厅进阶到里诺和太浩湖的赌博俱乐部。和勃朗一样，哈拉是个心态和环境大师，擅长制造期望和氛围，增进顾客的满足感。当时光顾赌场的人要么是上层阶级的男性，要么是下层阶级的男性。他注意到，可以借助异域假期吸引中产阶级情侣，增加赌场客流量。但首先，他必须打消他们的顾虑。他整治了赌桌双方的舞弊者，招募演艺界明星和热情友好的女员工，在全国做广告。哈拉重新启用了一个古老的同义词，将赌博（gambling）重新命名为"博弈"（gaming）。他营造出一种氛围，令目瞪口呆的看客感到自己很重要，他们受宠若惊，但绝不会感到不适。"这儿有音乐，仅此而已——哇！这真是个好地方！"哈拉回忆道，以一个顾客的口吻说道。"也许男人想玩，女人无所谓，但因为这儿有音乐，她可能就想多待一会儿，所以生意很好。"[23]

包装好的乐趣

勃朗的蒙特卡洛赌场和哈拉的内华达州俱乐部的共同之处除了庄家优势和消除顾虑的酒水，还有二者在单一享乐环境中将无可非议的乐趣和有伤风化的乐趣结合在了一起。这个想法并不是新出现的。在莎士比亚时期的泰晤士河畔区，妓院、斗熊场和茅草剧院并存。参观京都"浮世绘"展览的游客在河边享用日本清酒、烟草、鲜鱼，欣赏弹拨乐和风情万种的艺妓。勃朗和哈拉的独特之处在于运营规模和设计程度，即对细节的狂热关注。勃朗明确指出，自己的酒店应该超越"目前为止修建的所有建筑，甚至超过卢浮宫酒店或巴黎大酒店。我想让人们对摩纳哥酒店赞不绝口，这样它就能成为一个强有力的广告媒介"。哈拉也追求同样的目标，他甚至把一家酒吧的金箔刮掉了，因为他觉得它看起来不合适。他确保自己的酒店套房里有两个卫生间。他认为，这会提高一点档次，也会让前来的情侣更快到达赌场。[24]

52　　比尔·哈拉并不羞于加入自己的派对。1978 年，他死于心脏病，生前经历了七段婚姻，一生抽烟酗酒，享年 66 岁。但他一生已经足够长，目睹了各种设计复杂、粉饰道德的享乐胜地在拉斯维加斯等赌城成为常态，这些赌城吸尽了游客钱包中的钱财。哈拉式的赌场度假村集中体现了 19 世纪末到 20 世纪的一个重要趋势：将各种享乐方式混合，进行诱人的包装，推销给广大受众。

最具诱惑力的混合物是那些能够强化大脑奖赏的东西，不论它是通过环境设计还是通过产品改进实现的。冰激凌因为混合了糖、脂肪和盐本来就令人难以抗拒，加入松脆的巧克力碎和水果后就更加诱人了。土耳其水烟进口商建议消费者滴入一两滴香水，可以为烟雾增添一种怡人的芳香。酒吧侍者添加的东西更多。1917 年，匿名戒酒者协会（Alcoholics Anonymous）的创始人之一比尔·威尔逊发现自己喝的第一杯酒没有什么难忘之处，就是一杯佐餐的普通啤酒。在另一个晚宴派对上，有人递给了他一杯布朗克斯鸡尾酒，这杯酒混合了杜松子酒、甜味美思酒、干味美思酒和橙汁，让他几乎置身天堂。[25]

历史学家可能会忽视混合的重要性，因为他们的研究通常关注特定时代和特定社会的特定乐趣、恶习和成瘾。但实际生活在那些社会中的人不会每次只体验一种乐趣，也不会孤立地体验各种乐趣。他们在商业化环境中体验各种乐趣的组合。酒吧经营者通过为消费者提供抽烟的烟斗、让他们口渴的免费或价格优惠的咸味食物以及供他们娱乐的无声电影来争抢生意。剧院经营者用声音吸引观众看电影，演员在幕后呈现对白，伴奏者增添了音乐色彩，合唱女孩们伴唱，音效师制造了马蹄声响。[26]

　　1880 至 1910 年，世界充斥着历史学家加里·S.克罗斯和罗伯特·N.普罗克特所说的"包装好的乐趣"。这些乐趣是技术创新、自成一体、互相混合的大众市场营销产品，为快速俘获人心的消费文化奠定了基础。电气化的游乐园混合、包装了各种幻想，用花哨的装饰性建筑和激动人心的游乐设施让大众眼花缭乱。留声机混合、包装了声音。摄像机包装了视觉，借助剪辑、投影和音乐，用引人入胜的方式将其混合在一起。这一组合在《战舰波将金号》（*Battleship Potemkin*，1925）中极具感染力，埃德蒙·迈泽尔的配乐甚至因强化了电影的革命主题而被禁用。[27]

　　最小的包装要数机器制造的香烟。它混合了烟草碎片、调味剂和保湿剂，创造了一种廉价、使人上瘾、普及全球的产品，其消费者涉及各个阶级、各种职业：作家和王室成员同样可能吸烟。在开罗，殡仪员把销售香烟作为副业。埃及商人喜欢给顾客香烟，作为达成交易的准备步骤。[28]

　　19 世纪 80 年代，装有一件件包装产品的贩卖机首次亮相大西洋两岸。在大不列颠，贩卖机用于销售邮票。在美国，贩卖机用于销售果味口香糖。贩卖机适合任何固定大小、固定价格的小物品，因此很快它们便开始供应从巧克力卷到观剧镜等各种物品。因为消费者把硬币投喂到一个扁口里，所以它们被称作"投币机"①，最初并没有和恶习产生关联。它们是便利设施，不过是匿名使用的设施，因为没有店员或杂货商目睹购买过程。[29]

─────────────

① 其英文"slot machine"最初指投币售货机，后来也指用于赌博的老虎机。

53

54

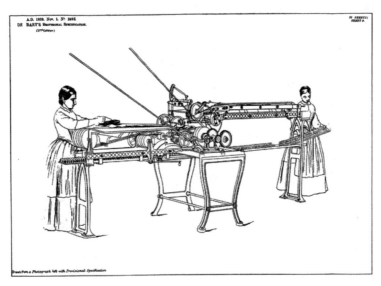

蒸汽机器加廉价原料加廉价劳动力等于面向大众市场的享乐产品，就烟草而言，还等于大众成瘾。这幅 1859 年记录在档的英国专利图展示了加工烟叶如何被"无数带子"压紧、捆绑，然后卷成雪茄。1881 年，美国人詹姆斯·邦萨克因另一种蒸汽驱动设备获得专利。该设备可以压制出无数烤烟纸管，一把转动的刀每分钟可以将纸管切成 200 根香烟。到了 1930 年，德国改良版的机器可以每分钟生产出 1 800 根香烟

19 世纪 90 年代，当投币机被用作赌博时，它们便不再无辜。"几乎每一个酒吧都能找到 6 到 12 台这种机器，周围从早到晚都围着一群玩家。" 1899 年，《洛杉矶时报》（ *Los Angeles Times* ）报道称：

> 起初，机器给赢家的奖励是香烟和酒，但现在许多机器奖励金钱，这些是最受欢迎的……每当一个年轻小伙进入酒吧，赌博的诱惑就摆在他面前，他从 5 美分开始，用一点小钱就可以满足自己的冲动。一旦形成了习惯，就几乎变成了

狂热。人们可能会看到年轻人在这些机器面前一待就是几个小时。他们最终一定会成为输家，因为即使在特殊情况下能从机器里赢些钱，这笔钱也会马上被"花光"，用于给赌徒和他的朋友们买酒。这样就一次养成了两个坏习惯。

这种新的赌博热潮从各方面来看都是一个套装。庄家优势经过了机械化，被打造成了一盒齿轮和卷轴。酒润滑了让它们转动的杠杆。酒吧中的一切，从硬币的叮当声响到陈烟和啤酒的气味，都是一种提示。对于不确定奖赏的期待以及奖赏本身引发了强烈的兴奋。对于这种兴奋的习惯性追求成为一种"狂热"，一种瘾。甚至赌徒的社交性也对他不利，让他把头奖花掉，招待饥渴的朋友们。唯一的赢家是酒吧老板，他在竞争日益激烈的商业环境中找到了一种引诱顾客、留住顾客的万全之策。[30]

恶习企业家同样迅速利用了通信方面的突破。电报使赛马快线成为可能，电话使应召女郎成为可能。到了 1891 年，澳大利亚墨尔本业内成功的老鸨们已经开设了电话服务，供想要提前预约自己心仪妓女的商人使用。新奥尔良的老鸨们有时会把自己的电话号码列在《名人录》（*Blue Book*）上。《名人录》是一本妓院名录，内有饭店、音乐家、雪茄、威士忌、杂货店、律师和性病治疗的广告，还有可能伴随出入这些场所而来的其他附属物和并发症的内容。[31]

制药业和医学的进步滋长了恶习。制药商采用了糕点师的搅拌器、武器制造者的弹头铸模、甜品制造商的包衣锅和其他小装置，然后辅以蒸汽、柴油或电力。他们的新机器每天能赶制出 200 万颗药丸，相比之下，一个体力劳动者只能造出 5 000 个。这是一个巨大的突破，只是这些药片和药丸中许多都含有麻醉成分、巴比妥酸盐和其他强力有毒瘾品。使风险进一步加重的是，这些药片可以溶解，可以借助皮下注射器注射，加快了起效时间，强化了大脑奖赏。19 世纪中期，查尔斯·普拉瓦等人发明了注射器。注射器为医生提供了一种将吗啡注射到病人体内的现成方法，医生有时也用来给自己注射。在欧洲，吗啡成瘾和皮下注射密切相关，以至于"普拉瓦"一词要么指注射器，要么指吗啡瘾。[32]

在 19 世纪 80 年代中期到末期，医生开始注射另一种备受吹捧的生物碱——可卡因，可卡因具有类似的成瘾后果。一些瘾君子学会了把可卡因和吗啡混合，后来还把它与海洛因混合。这种做法传遍了 20 世纪初的美国底层社会，后来传到了演艺界。一位演员解释说，"在戏剧界，你不能喝酒后跳舞"，但如果在出场提示前 15 分钟注射海洛因和可卡因的混合物（俗称"急速球"［speedball］），它就能恰当地发挥功效。"当乐队演奏你的入场曲时……你就会准备好上场了，真的。"[33]

56　　享乐方式的创新仍然是自下而上和自上而下并行的，但是两者有一个重大区别。与个人发明家不同，能够接触到研究设备、资本和大众媒体的企业家不依赖自己的创造力或口口相传。他们能够生产并快速传播成功的创新产品，不论这些产品来自他们自己的实验室还是别人的发现。20 世纪 30 年代，荷兰香烟工厂开始仿造美国的甜味烟草混合物，以获得广受欢迎的轻淡"美国味道"。版权和专利提供了一定程度上的保护，但这从来不是完美无缺的。20 世纪 40 年代，药物仿造商忽视或避开了安非他命专利权的问题。这种合成药物类似于肾上腺素和去甲肾上腺素，当时已流行全球。[34]

不过，大公司总能起诉仿冒者，就像他们总能扩大自己的生产和推广一样。资本能够将新乐趣传播出去，就音乐而言，这里的"传播"（broadcast）则是字面意义上的。个体机械师和音乐家发明出音量放大了的弦乐器，而资本将其传播开来。最富趣味的音乐家是乔治·比彻姆（外号"Bee-chum"），他从得克萨斯州中部逃到了洛杉矶。在洛杉矶，他成了一名夏威夷钢棒吉他手和居家发明家，也是个酒鬼。比彻姆有个好主意——利用拾音器产生的磁场，可以将振动的钢弦产生的声波像无线电波一样放大。他和三位合作者设计出了第一把批量生产的电吉他模型。1932 年，电吉他首次在堪萨斯州威奇托市的好莱坞聚会现场亮相，听众们喜欢这种新颖的拨弦声。但直到唱片公司和无线电网络使得电吉他与众不同的弦音像自动点唱机和车载收音机一样，成为日常生活的一部分之时，电吉他才融入了现代声音的世界中。[35]

甜的乐趣

巧克力的历史例证了混合、企业创新、交叉融合、大规模制造和巧妙包装能够生产出更具诱惑力、更实惠的产品。虽然巧克力的故事中有非凡的人物，但故事却始于一个平凡的事实：巧克力是苦的。苦到什么程度呢？据说，荷兰和英国私掠船的船员们在劫掠了船只后，竟将船上的可可豆这一珍贵货物悉数丢弃，他们咒骂这些豆子尝起来像羊粪。

阿兹特克人通过加入辣椒和香草解决这一问题。他们的征服者西班牙人将糖、肉桂和其他符合欧洲人口味的香料与巧克力混合。通过这种形式，巧克力才在 17 至 18 世纪的欧洲上层阶级和

57

中产阶级中传播开来。巧克力虽然是以固体形式售卖的，但却是作为饮品被人们享用的，人们将它溶于热水或牛奶中，有时也会在其中加入葡萄酒。塞缪尔·约翰逊自己还加入了奶油或融化的黄油。但最受欢迎的添加剂还是糖。糖去除了巧克力饮料的苦味，又不会改变或掩盖其他成分的味道。[36]

由此，加了香料的甜味巧克力在欧洲消费者间流行了起来。1770至1819年，欧洲的可可进口受亚马孙地区产量增加刺激，上升了50%。然而巧克力仍然价格高昂，是闲适的淑女们梳妆打扮间隙喝的饮品。直到荷兰、英国、瑞士和美国制造商克服了一些技术问题后，巧克力才真正流行起来。

这些问题当中最首要的是如何处理占可可豆成分一半以上的可可脂。可可脂的油会浮到饮品表面，令人生厌，只能用马铃薯粉等淀粉添加剂吸收。造就国际巧克力王朝的英国贵格会公司吉百利起初制作了一种混合的可可糊。这个品牌"冰岛地衣"① 以其中的地衣为特色。这个品牌曾一蹶不振。令公司起死回生的理查德·吉百利和乔治·吉百利兄弟两人决定赌一把。他们用剩余的资金购买了荷兰可可制造商卡斯柏莱斯·梵·豪滕和昆拉德·梵·豪滕发明的脱脂压榨机。1866年末，理查德和乔治去除了过量的油脂和马铃薯淀粉，开始销售吉百利的"可可精华"。他们推销称，这款产品"绝对纯正，所以最佳"。这是一句完美的广告词。众所周知，可可容易掺假，用砖灰可以充色，而用什么来充量就不好说了。丑闻是一种免费广告，吉百利集团从公众的不安中获利。

58 吉百利兄弟还知道分离后的可可脂可以用来制作可食用的巧克力产品。混入深棕色的可可膏和糖，他们制造出了一种优质的

---

① 冰岛地衣（Iceland Moss），指一种将地衣与可可混合的食品。

食用巧克力，再配上理查德·吉百利设计的精美盒子销售。一位简朴克制的贵格会教徒竟然能发明出最堕落的乐趣套装，着实有些奇怪。但生意就是生意，理查德拥有艺术家般的谱写快乐的本领。打开一个他装饰华丽的盖子，巧克力的芳香就扑面而来，还有美味的糖果散发出的杏仁蛋白软糖、橘子和草莓的香味。当糖果放置在心形的情人节盒子（理查德的又一发明）中时，谁能抵挡这种巧克力、心态和环境的结合呢？[37]

欧洲大陆的甜品制造商发现了另一条通往成功的道路。1875年，经历了几次错误的尝试后，瑞士巧克力制造商丹尼尔·彼得学会了如何将炼乳和巧克力结合在一起，制造出了一种美味丝滑的饮品。1886年，彼得推出了牛奶巧克力棒，再次赚了个盆满钵满。彼时，他的同胞鲁道夫·林特偶然发明了精磨工艺。这种工艺连续不断地使用滚筒研磨巧克力，并注入可可脂，生产出了一种入口即化的细腻巧克力。这一诀窍是为了减少固体可可块和糖晶体，使舌头感觉不到沙砾感。[38]

1893年，焦糖糖果制造商密尔顿·赫希在芝加哥的世界哥伦布博览会上看到了一个小型的、德国制造的巧克力生产设备，这让他灵光乍现。像蒸汽交通运输和插画杂志一样，世界博览会传播了机械化生产的乐趣的福音。赫希热衷于增加巧克力烘焙设备和滚筒的想法。在博览会最后一天，他买下了整套生产设备。然而，他发现，制作牛奶巧克力这个严守的秘密更难获取。窃取工业机密的尝试失败后，他不断实验，最终成功使牛奶不经烧煮就能脱水。加入糖、可可粉和可可脂后，他制造出了一种丝滑的牛奶巧克力，带有发酵乳脂的微微酸味。剩下的就是将巧克力的价格定在大众能接受的范围内了。

59　　　　1904 年 12 月，赫希在宾夕法尼亚州的牧场上开设了一家大型现代工厂，开始建立一个带有员工便利设施的公司小镇。他创造了一套流水线型的生产模式，为一些标准化产品建立全国分销系统，从而降低了成本。这是福特之前的福特主义，只不过赫希大量生产的是普通的杏仁巧克力棒，而不是汽车。在 1905 至 1906第一财年，赫希净销售额达 100 万美元。到 1931 年，销售额达到了 3 100 万美元。

　　和其他工业家一样，赫希采用了垂直整合①的战略。他不愁获得牛奶和巧克力的途径。1824 年，葡萄牙人首次将可可树从巴西带到其非洲的殖民地，可可树成为全球化的热带作物。但获取廉价的糖就另当别论了，尤其是当第一次世界大战使欧洲产糖量减少时。1916 年，赫希在参观古巴时开始大量买进最好的甘蔗地，最开始在哈瓦那东部购买了一万英亩的土地。在那里，他找到了舒适宜人的第二故乡。赫希已经丧偶且没有孩子，他在哈瓦那的花街柳巷寻找自我慰藉。他卖给别人的小小享乐品使他能够享受奢侈的乐趣：优质雪茄、进口香槟、歌舞女郎和轮盘赌，赌台管理员从他的手势就能猜出他的赌注。赫希原本是个出生于门诺派②信徒家庭的农场小孩，对他来说，这是一段漫长的崛起——或者说堕落——之路。

　　面对公众，他的公司呈现出一种截然不同的面孔。和他的欧美竞争对手一样，赫希制作了针对儿童和女性的广告，将巧克力与纯真的玩乐、健康的甜品和萌芽的恋情联系起来。他关心品牌

---

① 指某一特定产业或领域内，公司通过控制其产品的生产、销售和分销过程中的多个环节，来实现业务的整合和协同效应。
② 门诺派是基督新教中一个福音主义派别，其信徒以坚持简朴的生活方式闻名。

宣传，将产品包上巧克力棕色包装纸，印上大大的银色字母，包装纸独一无二的颜色得名"赫希栗色"。机遇眷顾有准备的巧克力制造商。当美国加入第一次世界大战后，赫希收获了大量军方的订单。他寻得300名女志愿者打包步兵的巧克力棒。1916至1918年，销售额几乎翻了一番。[39]

美国战后全国试行禁酒令是另一件幸事，受益的不仅仅赫希一家。酒类的稀缺、高价和劣质使酗酒者转而寻求替代品。到了1922年，美国人每人消耗的糖比1920年多了22%。1917至1922年，冰淇淋制造商购入的糖翻了一倍多。这些增长率轻而易举地超过了禁酒时期前的趋势，观察人士由此推定"被剥夺了酒水刺激作用的味蕾在大量糖分中找到了尚可接受的慰藉"。[40]

把"味蕾"换成"大脑"，今天的研究人员就会认同上述推定。因为糖和酒精、吗啡、尼古丁一样，会激活多巴胺和阿片受体，可以作为酒精的大脑奖赏替代品。20世纪初，医生对这种神经化学一无所知，但他们的确担心作为替代品的糖对健康的影响。早在1919年，医生就发现，生活在禁酒法严格的州（许多法律在全国性的《沃尔斯特德法案》[①] 出台之前就已经实行多年了）的人们比生活在饮酒合法的州的人们消费的糖更多。他们对酒精替代品的渴望促进了糖果、甜食和可口可乐等软饮料的购买量。但一瓶8盎司[②]的可乐含有5勺糖，"是一种高度人工化的浓缩制品，从某种意义上说，它和酒一样都是人工合成的"。鉴于患糖尿病的风险，可乐几乎和酒一样不健康。[41]

60

---

① 《沃尔斯特德法案》（Volstead Act），指美国宪法第18号修正案——禁酒法案，该法案1920年生效，1933年被废止。
② 约合237毫升。

毒品政策专家所说的"压下去，弹起来"是指抑制某地的生产或走私会刺激另一地的生产或走私。东南亚罂粟减少意味着其在中亚增多，经由巴尔干地区的走私减少意味着经由意大利的走私增多。但如果我们从大脑奖赏的总体角度思考，"压下去，弹起来"就会具有更深的内涵。在充满工业化乐趣的快餐文化中，抑制一种产品的需求，不论是通过禁令、监管，还是惩罚性税收，都会扩大另一种产品的需求。酒吧人群稀少了，冰淇淋店就会挤满人。拥有如此多的选择，全世界的消费者可以用一种包装好的乐趣取代另一种。

　　在某种程度上，毒品成瘾的人也可以这样做。1919年，纽约市的公立毒品治疗诊所招募街头成瘾者参加了一个渐进式的戒毒项目。诊所医生发现，成瘾者对日常食物没有胃口，但他们会如饥似渴地吃糖，"尤其是坚果巧克力棒，所有成瘾者都喜欢它们。将巧克力棒提供给他们时，永远不会遭到拒绝"。这听起来像替代使用——用一种毒品替代另一种，两者都能影响阿片受体。或者这反映了合并使用，因为许多成瘾者会耍花招避免或延迟毒品减量。他们吃加糖的巧克力，将其与吗啡或海洛因共同使用，因为甜食能增强毒品的效果，反之亦然。糖和毒品的结合也不仅局限于瘾君子。1910年，德国卫生官员抱怨一些店主销售掺有吗啡的糖果，还有为"神经脆弱的人"准备的打折吗啡注射剂。这些糖果有两类——夹心糖果和果仁糖。[42]

　　那时人们不会将甜食制造商和酒水、毒品贩子等同起来。如果人们给吉百利兄弟或密尔顿·赫希贴标签，那么标签应该是开明的资本家。但后见之明往往会凸显历史的讽刺之处。糖的大量消费就是一个沉重的讽刺。1903年，当赫希的宾夕法尼亚工厂的厂墙开始筑起时，美国每年的甜味剂消费量大约是每人 50 磅。到了 2003 年，这个数字翻了一番还多，每 3 个美国成年人中就有 2 人超重。[43]

城市的乐趣

包装好的乐趣绝大多数都属于城市的乐趣。君士坦丁堡的土耳其人每天抽的香烟比小镇的土耳其人抽的香烟多，这一模式在所有现代化社会中都成立。城市的醉酒和酗酒率也更高，对于把香烟和饮酒联系在一起的改革人士来说，这没有什么值得大惊小怪的。城市的赌馆和妓院也更多。据说妓院里满是"诱女为娼者"，这些人贩子引诱、哄骗或强迫女性做娼妓。哗众取宠的报道和模糊的定义使我们很难知道诱女为娼有多么普遍，但有三点可以确定：市场以城市为中心；贫穷、天真的移民大量涌入城市，简化了吸收新人的步骤；非法性交易在地理上分布广泛，远到美国的诺姆和南非的约翰内斯堡都有报道。[44]

到了 20 世纪初，每个大城市都有了自己的恶习区。商业化的恶习不仅集中在城市地区，也集中在特定辖区。巴塞罗那的亚威农大街上有一家妓院，巴勃罗·毕加索正是以此处命名了自己 1907 年的名作《亚威农少女》（ *Les Demoiselles d'Avignon* ）。最臭名昭著的恶习辖区要数上海的法租界，流氓恶棍在警察的保护下在这里兴风作浪。到了 1920 年，这里拥有上海最大的鸦片馆和赌馆，还有成千上万的妓女。[45]

小城市也有污点。20 世纪初，拥有 7.8 万人口的纳什维尔聚集了一批酒吧、宾馆、烟草店、理发店、台球场、澡堂和当铺，

62

被称为"男人区"。在那里，单身汉纵情风流韵事，已婚男人逃
离家庭生活，他们可以尽情地吸烟，喝酒，辱骂，吐痰。那些被
不频繁的赌博突击检查抓到的人会被罚 2.01 美元，其中 1 美分是
犯罪的罚款，2 美元则是对给警察添的麻烦的补偿。得体的妇女
都回避这里。妓女经常在夜晚光顾这里，四处闲逛，招揽生意。[46]

作为生产、运输、贸易、广告和财富中心，城市长期以来汇
集了各种乐趣，也包括恶习。但随着工业化的进行，城市变得更
大，人口更密集。1600 年，全世界 5.6 亿人口中，城市居民仅占
了 9%。1900 年，全世界 16 亿人中，城市居民占了 20%。19 世纪
末，城市人口出现爆炸式增长。1900 年，柏林拥有的人口是 1850
年时的 4.5 倍。同期的悉尼人口是之前的 9 倍。诸如此类的增长
率只有通过移民才得以实现。城市中人口死亡率，尤其是儿童死
亡率仍然居高不下。[47]

涌入工业化城市的移民是恶习供应者的天然目标。移民源自社
会阶梯底层，做着最令人麻木的工作。他们生活在拥挤肮脏的住
处，忍受着贫穷、掠夺和疏离。"喝酒对工人的诱惑普遍存在，"恩
格斯在谈及 1844 年的曼彻斯特时写道，"烈酒几乎是工人唯一的
享乐方式，而且烈酒非常容易获得。"在每周六晚上，他看到意
志消沉的工人们涌上城市的街道，一直喝到栽进水沟里。那些还
站得住的人跟跟跄跄地走进曼彻斯特六十家当铺中的一家，或者
撞进路人怀里。恩格斯总结道，像对待动物一样对待人民，人民
的举止就会像野兽一般。要么这样，要么发生起义。[48]

提倡戒酒的人士明白，解决城市醉酒问题及其相关恶习的一
种方式是改善工人阶级那可怕的、一成不变的生活。建设更多公
园、运动场等便利设施以及给工人更多闲暇时间享受这些设施，

会将工人的工资从酒类消费上转移开来。哥德堡体制①是一个广泛讨论的欧洲改革项目，它利用被严格管控的、具有烈酒专卖权的垄断企业产生的收益，去资助新的公共设施和娱乐设施的建设。相比之下，尼日利亚的殖民政府却收取专卖费用，留下资金，用带刺铁丝围栏把黑人劳工的啤酒馆围了起来。[49]

但即便真正提供了不醉酒的娱乐，也不能解决一切问题。1903 年，社会学家格奥尔格·齐美尔表示，大都市的生活在心理上与乡村生活截然不同。在快节奏、强刺激的环境中，一切都可以货币化，社会各阶层的人都会变得冷酷无情、精于算计。酒吧老板把桌椅搬走，让人们挤满酒吧，在这里他们会喝得越来越快。小贩和糖果店店主向学生出售不受管制的香烟。报童售卖两种报纸，适宜刊印的和淫秽下流的。酒吧服务员把裸照放在柜台下。妓女几乎是用表计价，快速的"关起门来的"体验比长时间逗留花钱少。交易缺乏人情味，而且是匿名的。人们在城市中会做在他们小镇中不会做的事，在小镇中，每个人都知道其他人的事。城市匿名性带来的解放作用对于未婚的工人阶级男性尤为强烈。从家庭控制中解放出来，又有志同道合的同胞陪伴，他们认为自己不可能被发现，因而安心享乐。[50]

不论研究的是醉酒、酗酒、毒品成瘾，还是商业化性爱，19世纪末 20 世纪初的欧洲和北美洲的研究人员都得出了同样的结论：城市越大，问题越大，工人区尤甚。有一个例外，不过这个例外反而证明了上面的社会学规则。随着大城市的发展，交通运

①哥德堡体制起源于 19 世纪 60 年代的瑞典哥德堡市，旨在控制烈酒消费。哥德堡市将唯一的烈酒零售许可证授予了一家信托公司。该公司的股东每年最多可获得 5%的回报，其他利润都用于造福当地社区。

输和工业革命催生出许多偏僻的工地宿舍，专门用来容纳年轻的
男性工人。这些人中有运河挖掘工、铺轨工、边境矿工，他们都
未婚或暂时单身。这些定居点吸引了独立行动的、利用恶习牟利
的人，例如在阿根廷潘帕斯草原上游荡的赌徒。定居点里的工人
们也可能会受到恶习专卖者的剥削，例如荷属东印度群岛上的鸦
片店将中国锡矿工的工资全都收入腰包。即使没有组织性的企业
掠夺，与传统家庭和社区生活切断联系的单身人口也易受恶习
（以及恶习相关纠纷引发的暴力）影响。[51]

并非所有 19 世纪末 20 世纪初的工人都遭到了压迫。他们也并
非未享受到工业化的有益成果，罐头食品、电灯、铁路运输以及其
他便利设施最终延长了他们的寿命，让他们过得更加安稳。但事情
越来越好的同时也在越来越坏。这一矛盾的根源在于享乐、恶习和
成瘾互相联系。成瘾通常是通过接触恶习形成的。恶习通常是享乐
的一个不可靠的子集，之所以不可靠，部分原因在于它们会导致成
瘾。更多享乐方式带来了更多恶习，更多恶习导致了更多成瘾。
然而，更多享乐方式也带来了更多幸福感，后者的获得是通过产
品和消遣实现的，理智地享受产品和消遣会带来愉悦和满足感。

交通、通信、工业化和城市化的革命同样互相联系，拓宽了
享乐、恶习和成瘾交织的领域。三者中的一个增多，意味着另外
两个也会随之增多。这种情况出现的一部分原因是可获得性和负
担能力的提高，两者的提高是交通和制造业完善的经济意义所
在；这也与新的提炼、混合、包装和营销技巧有关，它们提高了
产品日常化的可能；它还涉及匿名性和社会失范加剧的问题，它
们是机器革命给人类带来的意外后果。这一革命始于对蒸汽机的
改良，而这起初只是为了抽出煤矿中的积水而已。

第三章

兼具解放性与奴役性的乐趣

　　"所有至深的邪恶，"海明威写道，"都从纯真无邪中开始。"他当时心中想的是一段巴黎的友情，这段友情发展成了暧昧关系，毁掉了他的第一段婚姻。但同样的话可能也适用于发现、发明和改进享乐方式的过程，这些享乐方式导致了全球范围内恶习和成瘾的增加。[1]

　　我说"可能"适用是因为历史学家和那个年代的人对全球享乐革命的影响还没有统一的看法。这不足为奇，因为享乐最终必须被放在特定的宗教信仰或哲学观念的语境下加以评判。然而，历史学家能做的是阐述针对享乐革命不同的回应理路。我们可以展现政策辩论如何根植于毒物兴奋效应原则（少量有益，大量有害）和自由市场资本主义逻辑的深层矛盾之中。我们也可以解释为什么健康和利润之间的冲突最终促进了试图监管或抑制恶习市场的全球性努力。

补偿性的乐趣

　　如果被问起世界上最严重的健康灾难，大多数人的回答是

14 世纪的黑死病、1918 至 1919 年的流感疫情，或者可能是始于 1881 年的香烟制造革命。但人类学家和世界史学家不会给出这些答案。他们认为世界上最严重的健康灾难始于一项我们大多数人认为有利的创新：农业。

这一主张可能有悖常理。驯化动植物意味着更多人口、更多城市、更多贸易和更多有用的基因和想法的交换。农业使文明成为可能，对于 19 世纪的文化进化论学者而言，文明是人类进步的最高阶段。但战争和种族大屠杀破坏了文明进步，人类学家开始关注前农业时代生活的好处。1966 年，人类学家马歇尔·萨林斯评论道，大多数文明人都认为人类的欲望是无穷的，而人类的财富是有限的。只有工业化和经济增长才能缩小两者之间的差距。但也有"实现富裕的禅宗之道"，认为人类的欲望极少，可以通过需要极少劳动力的简单技术得到满足。"采用禅宗的策略，"萨林斯写道，"人维持一种低水准的生活，就能享受前所未有的物质上的富足。"这就是人类在农业出现之前的生活方式。这就是卡拉哈里地区的桑人（San）等采集狩猎者今天仍采用的生活方式，激起了人类学家重新思考人类生活条件史的兴趣。[2]

采集狩猎者享有多少闲暇和保障尚无定论。可以确定的是，那些放弃采集狩猎、选择农业的大多数人起初付出了身材、健康、地位和寿命受损的高昂代价。人类苦难随着人口增多而增多。1.2 万年前，人类个体数量达 500 万至 800 万，他们全都是采集狩猎者。2 000 年前，仅有一两百万采集狩猎者，相比之下，农业人口达 2.5 亿。然而这些定居的农民经历了很少困扰流动人群的苦恼：食物供应单调脆弱，精英阶层贪得无厌，垃圾堆叠成山，传染病和寄生虫病肆虐，老鼠、跳蚤和苍蝇大批出现，还有有毒的霉菌和蛀牙。证据在骨骼中。旧石器时代的人类比新石器时代晚期的人类高 6 英寸①，寿命长 2 年多。作为农业革命又一历史产物的特权阶级过得较好，但他们仍然会罹患结核病、疟疾、腹泻、慢性炎症等其他早期文明的通病。[3]

69

文明确实有一些显著的可弥补这些代价的优势。国家镇压了无政府的暴力；屋顶和墙壁提供了庇护；麻疹等传染病会困扰婴儿孩童，但总体而言不影响获得了免疫力的成年人，而成年人定居后可以更轻松地照顾生病的后代。面对这些相同的传染病时，部落民族的脆弱性加速了农业聚居地的扩张，正如欧洲征服北美洲的过程中出现的那样。总体而言，文明促使人们采取未来导向的思维方式，推动了劳动分工、文化普及、知识（包括像天花接种这类的知识）交流，文明使科学、农业、工业、公共卫生、教育和医学得以逐渐进步，这些进步是近代以来，尤其是 19 世纪末以来卫生进步的基础。这些条件综合起来，1950 年出生的人能比 1700 年出生的人的身高高出近 1 英尺②，体重增加 50%，寿命也增长了 2.5 倍多。[4]

这种不公平的交换——1.1 万年的痛苦和过早死亡换来了250 年的快速物质进步和 125 年的卫生进步和寿命延长——使得人类学家和历史学家称基于农业的文明是历史上最严重的错误之一。一个更恰当的类比是历史上最长的按揭贷款。文明的代价就像借钱的利息一样，前期负担最重，需要还贷，还贷，再还贷。后来有一天，人类终于拥有了房子的所有权，可以稍稍放松一会儿了。[5]

---

① 约合 15 厘米。
② 约合 30 厘米。

但是在文明的漫长折磨下他们是如何放松的呢？他们利用新发现的、广泛可得的方式享乐。歉收时的公用酒罐、长途跋涉前的新鲜古柯卷、节日的游戏和舞蹈——这些都是补偿和逃避的方式。在信奉印度教、伊斯兰教的社会，以及非洲、拉丁美洲社会里，大麻烟是穷人的解脱方式。"大麻只要3美分。"一位特立尼达的印第安劳工向采访者解释道，而半瓶朗姆酒要花40美分。[6]

不过，烟草才是最普遍的消愁物。17世纪早期，从英国到中国的统治者都试图压制外来但却快速传播的吸烟恶习。1625至1626年，在远征巴格达的途中，苏丹穆拉德四世抓到一众军官违反禁令。当他们"被用自帝国建立以来最残酷的酷刑处死时"，学者、地理学家卡蒂普·切莱比写道，"一些士兵把短烟斗藏在袖子里，一些士兵把它们藏在口袋里，即使在执行死刑时，他们也找机会抽烟"。回到伊斯坦布尔，士兵们继续抽烟，通常是在军营茅厕里抽。不论禁令多么严格，吸烟的人也比不吸烟的人多。[7]

在中国同样如此。1639年，农民种植烟草而非谷物的做法令崇祯帝忧虑不安。他下令将在首都出售烟草的人斩首处决。目前已知的第一个受害者在1640年被斩首，此人是一位从福建进京赶考的书生的仆人。但再多的死刑判决都不能改变两个基本事实：第一，通过种植烟草而非其他作物，农民的收入增多了，是以前的10倍多；第二，人人都喜欢上了这项新的享乐方式。一位清朝诗人写道："却笑前人都草草，烟云世界自君开。"[8]

17世纪40年代，抽烟在中国出现爆炸式增长。到了1656年，切莱比表示，抽烟已经传遍了地球上每一个宜居地。的确，抽烟提供了一种异常快速、反复的大脑奖赏形式，但这个时间点也非常重要。可以说，17世纪四五十年代无疑是现代全球史早期最糟糕的 20 年。瘟疫、饥荒、寒冷、通货膨胀、骚乱、造反、战争、掠夺和破坏，上演了一场混乱的恐怖戏码，历史学家们称其为 17 世纪的普遍危机。在人类最艰难的时刻，烟草和其他新奇的食物瘾品开始了成为全球商品的过程。受苦的人想要的是终止痛苦，而不是他人的共鸣和陪伴。[①][9]

阿道司·赫胥黎认为减少痛苦的原则普遍存在。1958 年，他注意到，在历史上，酒精和毒品已经令数百万人成瘾丧生。持续存在的死亡与书中的每一条达尔文学说的法则都背道而驰。为什么人类会冒着"先被奴役，而后死亡"的风险继续服用具有精神刺激作用的瘾品？他的回答是，在艰难、单调的生活中，瘾品提供了一种无法抗拒的自我超越方式和神秘体验。隐士和僧侣通过禁欲主义和精神的自律实现了逃避，而民众则借助化学物质瞥见了极乐世界。他们多久能获得一次短暂的超越而非稍纵即逝的愉悦或感受不到痛苦的瞬间，我们不得而知。我们知道的是，自古以来，人们便将神圣特性赋予了罂粟、葡萄酒、古柯、巧克力、佩奥特掌和其他精神刺激效果能通过仪式得到加强的物质。食物瘾品可以是许多东西，而其中之一就是一种复杂的恩典形式。[10]

解放性的乐趣

历史学家丹尼尔·洛德·斯梅尔精读了赫胥黎的作品，也看到了享乐和逃避在历史中的重要性。但是他比赫胥黎更进一步，指出文化特征和实践与瘾品一样，都能对精神产生影响。认为

---

① 这句话是作者对英文谚语"Misery loves company"（痛苦的人希望他人与自己有类似的感受）的回应。

（或害怕）生理特征决定文化的历史学家则倒果为因了。文化决定生理特征，或者至少决定了最重要的生理特征，决定了控制意识和感觉的神经递质的运动。每一个社会都有独一无二的文化实践模式，像安慰剂或反安慰剂一样有效地令神经递质运动。事实上，这些实践是政治的安慰剂和反安慰剂。历史学家的工作则是解释它们如何随时间变化。

对斯梅尔而言，两大转折点是新石器革命和现代性的漫长的18世纪。在农业出现之前，人类和其他高等灵长类动物一样，进化出了对社会责任、同盟和地位的高敏感性。采集狩猎社会中存在地位差异，然而社会分化程度低，因为典型群落规模小，互相依赖，具有流动性，并且缺少可贮藏的剩余物质供精英阶层控制。农业改变了原本人人平等的环境中的每一个人，允许阶级差异出现，对于穷人而言，阶级差异等于制度化压力。

为了控制平民，精英阶层采取了斯梅尔所说的"远向的"（teletropic）行为，这些情感上的"胡萝卜加大棒"使他们能通过操纵意识来维持和巩固权力。宴飨是胡萝卜，宗教仪式、纪念碑建筑、战车比赛①、剧院演出也是胡萝卜，用政治哲学家艾蒂安·德·拉·波埃西的话来说，"作为奴役古代人的诱饵、夺取他们自由的补偿、暴政的工具的其他此类瘾品"都是胡萝卜。如果这些方法失败了，权力阶级也总是可以诉诸暴力。把人钉死在十字架上等行为的意义不仅仅在于杀人，而是用一种可怕的方式杀人，激起恐惧，强调反抗国家权力是徒劳无功的。斯梅尔用"远"（tele-）这一前缀描述这种情感效应是因为它可以远程发生，例如从耶稣受难的各各他山到一位旁观者大脑的杏仁

① 一种古希腊、罗马受欢迎的体育竞技。

核的距离。杏仁核位于习得性恐惧的神经回路中心。远向行为在所有文明中都普遍存在，对民众造成了情感冲击，让他们敬畏和臣服。[11]

然而，文明不仅仅意味着为使少数人得益，让多数人贫穷。文明还涉及新乐趣的发现、传播、改进和商品化。尽管这些新消遣中许多都是食物瘾品，但也有文化创新，例如阅读小说或在咖啡馆说长道短。环境也非常重要。"一片骚乱！"吉米·查特斯回忆道，他是在 20 世纪 20 年代负责蒙帕纳斯区酒吧的一位传奇服务员。他倒酒给一群"兴奋的女人、春心荡漾的情侣、紧张不安的基佬、寻欢作乐的人们、阐述理论的严肃年轻人，还有一些默默观察着一切的人，他们喜欢喝酒，会一饮而尽"。集体醉酒来自奠酒祭神，也源自"一种自由精神，它使这些人们摆脱了把他们困在家里的传统和束缚"。斯梅尔称，这些解放活动是"自向的"（autotropic），指人们为了改变自己的感受可以为自己做或对自己做的事情。只要自向享乐为个人赋权，而不是震慑个人，它们对于当权者而言就是越来越令其关切的问题。[12]

自慰作为一种典型的自向享乐，在古代西方或信奉基督教的欧洲并非一件特别让人担忧的事情。告解神父认为自慰普遍存在，但并没有对其加以特别关注。他们关注鸡奸、乱伦、通奸等人与人之间的性行为。这一情况在 18 世纪出现了改变。当权者认为自慰有害，因为它从一种社会行为降级为具有破坏性的私人行为，这一行为基于种种幻想，容易造成无法自控的自虐。"自慰越来越显现出成瘾的特点，"历史学家托马斯·拉克尔写道，"它同酗酒、吸毒和其他难以压制的欲望一样，使人沦为奴隶。"[13]

不论自慰是否会使人沦为奴隶，绪论中提到的 5 个 A 中的 3 个——匿名性（anonymity）、可获得性（accessibility）和可负担性（affordability）——到这时已经开始生效，至少在受教育阶级中如此。（其余两个 A，广告［advertising］和社会失范［anomie］以后会出现。）富人的房子有走廊和独立卧室，私密空间更多。他们的书房能放得下更多书籍，当时书籍日益普及且价格越来越低。这些书籍包括人们普遍认为会激起性欲的小说和爱情故事。有伤风化的插画描绘了脱光衣服的小姐们自慰后躺下休息，一本翻开的书掉落在附近，这就已经达到了其目的。这些书不一定是色情书籍，仅仅是阅读小说，即使是那种思想性很高的内容，也能让人产生"某种全神贯注感，深深陷入想象，产生一种身体性的刺激，人们担心这种刺激会轻易地导向危险的过度自娱"。[14]

对此，大多数人会回答："那又怎样？"如果启蒙运动最终能为越来越多的长期受苦的人带来益处，为人们带来阅读等具有补偿性和解放性的乐趣，那么它应该算作一件幸事。另外，随着自向行为取代远向行为，人们的生活也变得更加和谐。把时间用来喝巧克力、读书信体小说的人在思想和行为上比把时间用来看血腥运动和公开处刑的人更加彬彬有礼，后两项活动在 18 世纪到 19 世纪早期的欧洲都出现了衰落。人道主义革命和消费革命相辅相成。如果一些消费者令自己尴尬或误入冲动的境地，他们就会成为不幸而又必要的牺牲品。如果道德败坏的人利用消费者的脆弱性建立恶习帝国，那是令人惋惜的必然。生活在一个有印刷机和色情作品制作者的世界比生活在一个二者皆无的世界要好。所有胜利都有代价，所有战场都有以腐肉为食的动物。[15]

享乐的代价

因此，现代性赋予了我们工具，而且是锋利的工具，使我们能够操纵自己的情绪，而不是让身穿貂皮和红衣的人代我们操纵。可以说，我们不必等待最后一个国王被人用最后一个神父的肠子绞死。① 如果我们身旁有一本好书、一个烟斗和一个马克杯，我们就是自由的，在情感上是自由的。我们甚至可以从报纸上或英国广播公司的节目里欣赏国王的愚行。1936 年，英国作家伊夫林·沃写道："辛普森危机对所有人都是一件乐事。"他指的是爱德华八世为迎娶离异的华里丝·辛普森放弃英国王位的事。"在梅迪的养老院，他们报告说，所有成年患者的病情都有明显好转。几乎没有一件事能带来这么多的欢乐和这么少的痛苦。"[16]

乐趣民主化的观念与包括世俗化、个人主义、平等主义和消费主义在内的其他现代性的特征相吻合，被重塑为一种自向型改革理念的新体制。"个人曾经依赖宗教和仪式来分泌多巴胺以及其他化学信使②，"斯梅尔写道，"但他们日益转向物质消费，放弃上帝，选择拜金。"然而，正如斯梅尔所承认的，现代性并不仅仅是自向的。开倒车的政权不断出现，也出现了水晶之夜③等事件。1940 年，乔治·奥威尔评论称，阿道夫·希特勒明白了一个伟大的真相，即享乐主义进步观的空虚。他明白仍然可以诱导民众为集体梦想牺牲，他是对的。[17]

---

① 出自法国启蒙思想家、百科全书派代表人物德尼·狄德罗（Denis Diderot）的名言。
② 指生物体内用于传递信息的化学物质。
③ 水晶之夜（Kristallnacht）指 1938 年 11 月 9 日至 10 日凌晨，德国纳粹党人、反犹民众袭击犹太人的事件，标志着纳粹对犹太人有组织的屠杀的开始。

　　一些政权设法将本应该是自向的享乐变为精神控制的手段以及税收的喷油井。1930 年，需要士兵和飞机的约瑟夫·斯大林找理由消除了布尔什维主义最初对酒的怀疑，命令下属"摆脱错误的羞耻感，直接公开地推动伏特加生产最大化"[18]。

　　尽管这些事件存在，对于习惯了消费奢侈品和功利主义思想的世俗社会而言，向自向享乐的转变似乎是一种净增益，如同文明的多刺藤蔓上长出的晚熟的硕果。但过去的人们并不总是这样理解能带来快感但也可能致人成瘾的行为的发现。在听了斯梅尔等学术专家为辩方做证后，让我们传唤过去的声音作为控方证人。实际上，他们的控诉非常明确：新享乐方式的泛滥鼓励了恶习，使人被奴役。

　　对恶习危险性以及反感程度的认识因文化环境和历史环境而异。在 19 世纪以前，人们多认为恶习是个人失败。"vice"（恶习）一词来自拉丁语 *vitium*，意思是道德缺陷或不足。个体表现出恶习，正如他们会表现出美德一样。历史学家和作家通过臭名昭著的名人和人物角色将恶习人格化：尼禄①的残暴无情，撒旦的叛逆傲慢，答尔丢夫②的宗教伪善。人们将最恶劣的罪犯形容为"邪恶的"（vicious，来自拉丁语 *vitiosus*），意为充满了恶习。黑胡子海盗③很邪恶，他的衣着打扮就有恶霸的样子。

　　不论个人表现出多少种恶习，他们本身要对其负责，也可能会受到神的制裁。《圣经·新约》告诉我们渎神的希律·亚基帕被蠕虫活活咬死。在印度教的古文本中，蠕虫在诸多地狱之一的

———————————

① 尼禄，罗马帝国第五位皇帝。
② 答尔丢夫，法国作家莫里哀的著作《伪君子》中的主人公。
③ 本名爱德华·蒂奇（Edward Teach），17 世纪臭名昭著的英国海盗。

虫食地狱（krimibhojana）中以恶人为食。对于18世纪英国福音传教士乔治·怀特菲尔德来说，一个地狱也勉强够用了。这个地狱有足够空间容纳酒鬼，酒鬼放纵成性的"滔天罪行"已经将酒这种上帝的"美好创造物"之一变成了"致命毒药"，酒摧毁了他们的身体，侵蚀了他们的灵魂。他们唯一的希望是向耶稣基督寻求救赎，回避邪恶的同伴，过上禁欲和克己忘我的生活。[19]

1628年，英国清教徒辩论家威廉·普林对戴美发卷的人提出了类似的建议。美发卷是一股股饰有缎带的卷曲长辫，深受时尚的朝臣喜爱，他们"永远离不开卷发钳"。普林警告称，这种毫无价值的东西会导致更严重的恶习，而更严重的恶习会通向地狱。1648年，另一位清教徒，埃塞克斯郡的教区牧师拉尔夫·乔塞林在日记中倾诉自己尚在襁褓中的儿子是因自己的虚荣、淫欲和过度沉迷下象棋而死。最后一个细节最能说明问题。犹太教、伊斯兰教和基督教的近代神职人员经常谴责象棋是一种浪费时间的恶习，它会使人们忽视经文，助长赌博之风。从宗教学角度来看，象棋是罪恶的活动。就像罪恶本身，象棋的恶果也有可能降临在游手好闲者的孩子身上。那些愚蠢到直奔赌桌的人也会面临灾难。在新教道德家眼中，对于玛丽·安托瓦内特这样挥霍无度的赌徒而言，当刽子手将她的尸体和被砍下的头颅扔进撒了生石灰的坟墓里时，她不过是罪有应得。[20]

神职人员对公然违反禁忌的行为愤懑不满，还担心这些行为可能会招致集体惩罚，此外，他们几乎不掩饰自己对斯图亚特王室纨绔子弟和挥霍无度的天主教王后之流的轻蔑。一般来说，一旦与惹人生厌、离经叛道或来自国外的群体产生了关联，那么新奇的乐趣和消遣就更可能被压制，小恶习就会上升为大恶习，可能会令人成瘾的物质就会遭到严格禁止。重要的是将华人劳工与抽鸦片联系在一起，将流落他乡的犹太人与蒸馏酒、开酒馆联系在一起，将德国在美移民与用于安息日饮酒的露天啤酒店联系在一起。禁酒令实施期间闹过的最大的笑话是当芝加哥警察突击搜查一家提供酒水的餐厅时，他们逮捕的唯一一个人是个无政府主义者。纵饮狂欢是一回事，蔑视上帝法则和人类法则就是另一回事了。[21]

78   透过宗教和宗教越轨看有关享乐、恶习和成瘾的种种争议具有重要意义。自我放纵与世界上的主要信仰传统相矛盾，后者通过群体生活中日复一日的宗教活动寻求改变意识。尽管人类的认知发展和社会发展催生了许多享乐方式和超验方式，宗教通常倾向于支持那些基于内在约束和外在约束的方式。相反，赌博和酗酒等恶习滋生了自由散漫和亵渎神明的行为。与堕落信仰相联系的外来恶习更为糟糕。普林气愤地说，一个戴着美发卷的英国人看上去就像一个法国人或美国弗吉尼亚州的人，也就是说，他看上去像教皇党人或堕落的英国国教徒。很难知道他更痛恨哪一种人，但他确实痛恨他们。[22]

反对恶习也有世俗的一面，并且在 19 至 20 世纪愈发明显。最让反恶习人士气愤的后果是恶习对个人和家庭的伤害、让集体付出的代价以及对群体未来的威胁，不论群体是部落、种族还是国家。留下一贫如洗的妻儿选择自杀的赌徒体现了第一个后果，吸烟者无意引发的火灾体现了第二个后果。至于第三个后果，人们对未来的担忧主要集中在对年轻人的健康和积极性的担忧上。在 20 世纪中期的肯尼亚，老年人吸大麻不是丑事；而那些不到 40 岁就吸大麻的人则可能成为社会弃儿。肯尼亚社会，乃至任何社会都需要健康的父母、维持家庭生计的人和守卫者。[23]

战争或战争的可能性加重了人们对年轻人挥霍无度的担忧。为自由战死好过死于劣质的威士忌——这句悼词出现在 1778 年一位欧陆士兵的葬礼上，这位士兵的确是为自由而牺牲的。战地记者弗雷德里克·麦科米克曾目睹了醉醺醺的俄国士兵和水手在 1904 至 1905 年的日俄战争中稀里糊涂地战败了，他写下了具有战略意义的教训："军队的首要敌人是国家的道德疾病。一个拥有强大军队的强大民族，不能在一场战争中打败日本军队，必然首先不是受敌人所害，而是为自己所害。"[24]

10 年后，俄国政府和其他政府一样实施了战时禁酒令。第一次世界大战是一个转折点，是一场灾难性的公共政策领域的自然实验，促进了无数反恶习措施的出台。1914 年，法国颁布了一项紧急政令，禁止苦艾酒销售。英国 1915 年削减了啤酒供应量，1916 年又加紧了毒品监管。1916 年 12 月，在美国参战之前，美国公共卫生署（United States Public Health Service）禁止军事救济站使用海洛因。1917 年，美国官员关闭了军营附近的红灯区，担心士兵感染性病。同年，菲利浦·贝当将军发布命令，让在法军军区买酒变得更加困难了。他镇压的哗变中超过四分之三都和醉醺醺的法国兵有关。[25]

在战争与和平时代，不同的反恶习论调经常相互冲突，我将在下一章讨论其影响。在这里，我们可以说，不论这些反恶习论调的动机和背景是什么，19 世纪至 20 世纪初的改革者们对恶习有三点共识。第一点共识是技术加大了风险。在工业化形势下，不仅仅醉酒更加危险，工业化本身就能创造更多恶习。色情作品曾经一度是奢侈品，直到蒸汽印刷机和摄像机的出现大幅削减了生产成本。到了 1872 年，位于伦敦的反堕落协会（Society for the Suppression of Vice）要应对大量裸体照片，这些照片制造成本低，便于邮寄。精美的色情作品装饰在鼻烟盒盖上。协会没收了这些东西，还没收了超过 5 吨的印刷品和成百上千的刻板，用于平版印刷的石头、木版和铅版。无论是没收色情作品，还是给 40 个制作者定罪（一些人被判服苦役），都未能阻止商业化交易。[26]

　　第二点共识是那些从事商业化恶习交易的人是有组织的、活跃在政坛上的。如果他们的交易是非法的，例如在没有执照许可的赌场中，他们会雇佣望风的人、看门人、看守和耍老千的人，花钱打点房东和警察。如果他们的交易是合法的，例如有执照许可的酿制酒和蒸馏酒公司，他们会利用政府对税收的渴望和自身的经济影响力改变政策，使其合乎自己心意。"任何对非法交易（酒类）的严正干涉，"加拿大的一个皇家委员会在 1895 年承认道，"都必然令一大部分房地产贬值……超过境内所有特许银行的总和。"虚假登记反禁酒投票者或将拒绝雇佣饮酒者的商家列入黑名单等手段十分常见。行贿也司空见惯，神职人员也不能免受其影响。那些默许当地酒水巨头的神职人员能够在募捐中收到慷慨的捐赠。"酒水贸易总是无法无天的。"长老会牧师哈里·福斯迪克在 1928 年说道。他否认禁酒令催生了受贿和有组织犯罪的说法。英国提倡禁酒的人士也发表了同样的看法。酒水贸易和酒水一样危害着公众。[27]

　　更广泛说来，恶习不再仅仅意味着性格懦弱之人的不良特点。在 19 世纪到 20 世纪初，恶习也意味着对这些特点的系统性鼓励，当时，穿着和服的香烟女郎为人们免费分发香烟样品。反对者开始提及恶习是商业化的、有组织的。福斯迪克谴责了"有组织的非法酒水贩卖"，他用贬义的"贩卖"（traffic）取代"贸易"（trade）。其他西方语言中也出现了相同的用语转变。[28]

第三点共识是恶习危害个人和社会的方式完全超乎以前的认识。长期以来，医生一直警告人们习惯性使用烟草的副作用。19世纪，医生开始将习惯性使用烟草与生育能力下降等引起社会警惕的问题联系起来。这在法国尤其令人担忧，许多法国人将人口停滞不前归咎于1870至1871年普法战争中普鲁士的胜利，一些医生则披露尼古丁是不孕不育的可疑原因。其他法国医生强调，酒类消费上升和精神错乱率上升存在联系，据说精神错乱率在1868至1888年期间翻了一番。瑞士权威精神病学家、神经解剖学家、优生学家奥古斯特·福雷尔也指出，酒是罪魁祸首。如果父母一方或双方在母亲怀孕期间醉酒，可能导致胎儿损伤（*Blastotoxie*）。"如果你喝醉了，会怀上一个傻子！"一本保加利亚禁酒杂志称。贫穷，营养不良或产前护理、新生儿护理不到位或许也能解释"遗传"缺陷，但这一事实并没有阻止批评人士怪罪酒精，也没有阻止他们将控诉延伸至可卡因以及其他毒品。[29]

酗酒者感染性病的风险更高，酒吧和酒馆成为维多利亚时代进入风月场最常见的入口。卫生学者警告，妓女（被称为"密螺旋体机枪"）是大量能引发梅毒的梅毒螺旋体的来源，梅毒可使人失明、瘫痪、死亡。随着诊断测试的改进，显然梅毒传播范围之广令人震惊。到了20世纪20年代中期，10%的法国人和10%至15%的中国城市人口表现出了感染迹象。[30]

这些统计数字背后是堕落的生命，包括前景光明、有权有势的人。梅毒夺走了让-安多什·朱诺这位追随拿破仑时间最长的将领的军事才能，后来又夺走了他的心智。梅毒性虹膜炎毁掉了约翰·达嫩豪中尉的视力，这位安纳波利斯军校毕业生和北极探险家在1887年意外令一艘船搁浅后开枪自杀。他留下了一个妻子、两个孩子和一张系在衣服翻领上的告别便条。1890年，文森特·凡·高笨拙地开枪自杀，随后在昏迷中死去，他在生命最后饱受折磨的几年中可能遭受了梅毒（以及其他病症）的侵袭。他在自己艺术的支持者弟弟提奥·凡·高的怀中死去，提奥·凡·高无疑也感染了梅毒。次年，他死于梅毒引发的麻痹性痴呆。脊髓痨——又一个梅毒导致的疾病——令巧克力巨头密尔顿·赫希的妻子、慈善家凯瑟琳·赫希瘸了腿，失去了知觉。1915年，她在弥留之际让丈夫从房间里拿来一杯香槟，这样他就不必看到她死去。[31]

奴役性的乐趣

朱诺、达嫩豪、凡·高兄弟和凯瑟琳·赫希都在中年逝世。无数糖尿病患者、吸烟者和倾家荡产的年轻赌徒也是如此。民间智慧经过来源不可靠的医学报道添油加醋，为酗酒者预留了最骇人的结局，据说他们会在微弱的蓝色火焰中自燃。提倡禁酒的人士引用酗酒者患病和死亡率更高的数据，因而立场更加坚定。他们在死亡的控告之上又加上了奴役的罪名，这一罪名的内涵比成瘾更为深刻。17、18和19世纪加速的全球享乐革命不仅催生出数百万消费的奴隶，还催生出数百万生产的奴隶，许多人不得不从事种植园农业，过着生不如死的日子。[32]

食物瘾品的种植大获成功，因为它为种植园主和商人带来了利润，为航运商带来了高价值重量比，为大众带来了廉价能源和乐趣，政府一旦征税或实行国家垄断，就能获得稳定的税收，到17世纪末，这已经成为常态。重商主义者担心进口糖等消费品会损失钱财，但这一缺点有显而易见的弥补方式，这也是为什么1630至1660年，英国、法国、荷兰和丹麦加入了西班牙和葡萄牙在"新世界"① 建立甘蔗殖民地的队伍。这些殖民地需要大量劳工来砍伐森林和照看甘蔗。越来越少的土著居民和契约佣工无法满足劳动力需求，于是种植园主诉诸跨大西洋奴隶贸易。在600万至800万的非洲人中，超过半数被奴役的人最终进入了糖料作物种植园。每7人中有3人在航程中或抵达后的前两年内死亡。[33]

幸存者的劳动保证了有人会来接替他们。1700至1830年，从安哥拉进口到巴西的奴隶中每4人就有1人是用甘蔗酿制的朗姆酒换来的。加入非洲奴隶贸易的罗得岛民偏爱"几内亚朗姆酒"，这种当地烈性蒸馏酒酒精浓度高，降低了运输成本。朗姆酒也拴牢了印第安劳动力。只用13加仑②朗姆酒和4件布衣就可以换得13年的奴役。在牙买加，奴隶架设捕鼠器，以消灭啃食甘蔗的老鼠，杀死这些毛茸茸的讨厌动物的奴隶可以按交出的尾巴数量换取相应的朗姆酒作为奖励，酒换得了奴隶超时的劳作。[34]

如果说享乐、恶习和成瘾都涉及非自愿生产（因此大西洋两岸反对奴隶制的贵格会教徒都抵制西印度群岛的食糖），那么它们与非自愿消费之间的联系也越来越明显。17至19世纪的观察

① 新世界（New World）在地理大发现时代指西半球地区，尤指美洲，与包括欧洲、亚洲、非洲在内的"旧世界"相对。
② 1加仑约合3.8升。

家们本能地使用"奴性"相关的字眼来描述那些不能放弃坏习惯的人：

> 烟草如此牵动他们的心，他们过一会儿就重新拿起，好像在寻求饶恕。（1620）
>
> 这是些会谈起自由的人，但没有比非洲人更棒的奴隶了，［他们］对赌博也抱有同样的热情。（1774）
>
> 闷闷不乐的饮酒者完全被这些可恨的烈酒所奴役，他们似乎丧失了将自己从这种最糟糕的束缚之中解救出来的能力。（1778）
>
> 不是人吃鸦片，是鸦片吃人。（1850）[35]

"Addiction"（成瘾）来自拉丁语，指将债务人分派给债权人，同样包含奴性的内涵。到了 18 世纪，这一词也意味着受制于某种行为或物质。探险家约翰·劳森称卡罗来纳的印第安人对酗酒和吸烟"十分上瘾"。"这个词通常取负面的意思，"词典编纂者塞缪尔·约翰逊在 1756 年解释道，"例如，他让自己对恶习成瘾。"①[36]

这里的反身动词引人注目：约翰逊笔下的有罪之人主动让自己陷入了困境。但到了 18 世纪末 19 世纪初，具有改革思想的医生将责任从成瘾者转移到了成瘾物质尤其是烈酒上来，其中最著名的是美国人本杰明·拉什和英国人托马斯·特罗特。这个观点并不是新出现的。至少从 17 世纪早期以来，欧洲观察家们就一直在描述病态的酒精失控，亚洲观察家们至少从 16 世纪以来就

---

① 原文为：he addicted himself to vice。后文的"反身动词"指"addicted"。

一直在描述病态的鸦片失控。1574 至 1595 年，统治奥斯曼帝国的苏丹穆拉德三世有一次曾让一位即将上任的大维齐尔①在他面前待了四个小时，以确保他不是一个鸦片成瘾者。（此人沉着冷静，得到了这份工作。）然而，拉什和特罗特将这一熟悉的场景置于精神病学框架之下。拉什称，烈酒成瘾既是心理疾病的主要来源，其本身也是一种心理疾病。他在 1812 年评论道，这最初可能是一种自由的选择，但通过习惯发展成了"必需品"，不受健康和道德考量影响。"酗酒的习惯是一种思想的疾病。"特罗特在 1804 年写道，他使用了斜体来表示强调。重复强化了习惯，并逐渐改变了思维。他描述了一个经常在一点钟午餐前喝烈酒的家庭。"如果过了这个点，或者如果他们不在家，没有像往常一样喝到酒，他们就会出现一种强烈的意识感——意识到这个事实的存在，"特罗特写道，"通俗来讲，他们养成了一个非常不好的习惯，发现自己没有酒就情绪低落。"[37]

这种说法听起来非常现代：一点钟——提示，"意识感"——条件反射，"情绪低落"——脱瘾症状出现。学术风尚曾将这些观点解释为成瘾现象的发现，而将其视为通往一个医学模型的漫长又充满争议的旅途早期跌跌撞撞的步伐，不失为一种更好的理解方式。这个医学模型认为，成瘾是一种基于特定神经毒性变化的"病理性学习"，其危害根据社会环境和人的成长环境有所不同。特罗特、拉什以及他们 19 世纪的继承者没有确定酗酒和其他成瘾行为的常见病因、治疗方案，也没有确定相关的用语。1819 年，疾病概念的另一位先驱德裔俄国医生 C.冯·布吕尔-克拉默提出了"Trunksucht"（喝酒成瘾）一词。这一术语是他根据 18 世纪末席

①　维齐尔（vizier）指伊斯兰国家的高官。

卷德国的"Lesesucht"（阅读成瘾）一词创造的。克拉默作品的译者克里斯托夫·W.胡费兰想到了另一个类似的词语——女性色情狂（nymphomania）。他将 Trunksucht 翻译为"间发性酒狂"（dipsomania）。直到 1849 年，瑞典医生马格努斯·胡斯才创造出"alcoholism"（酒精中毒）一词。后缀"-ism"表示中毒引起的疾病，例如，由常见的麦角菌引起的麦角中毒（ergotism）。后来，其他医生将这一后缀加到了几乎每一个会令人成瘾的物质的词后。讲英语的人写出"opiumism"（鸦片中毒）和"heroinism"（海洛因中毒），讲斯拉夫语的人写出"morfinizm"（吗啡中毒）和"kokainizm"（可卡因中毒），讲法语的人写出"caféisme"（咖啡中毒）。然而，除了"alcoholism"这个例外，其余带"-ism"后缀的词语都没有达到类似国际通货的地位。许多作者继续使用"习惯"或"癖好"等词语的变体。[38]

　　不论他们使用哪些词语，早期的酒精中毒专家都来自喝烈酒风气盛行的国家。至少这说得通。强效、作用快的大脑奖赏形式最可能引起中毒和成瘾案例，因此也最可能激起关于病理性消费的医学思考。同样的情况也发生在吗啡注射上。19 世纪 70 至 80 年代，皮下注射治疗的普及在西方医生之中引起了反响，他们提出警告，反对自由注射吗啡，他们发现酗酒和吗啡成瘾存在相似点。然而，他们也未能确定通用的临床术语。

　　由于 19 世纪的医学呈现分裂状态，在成瘾问题上不可避免地出现了巴别塔式的分歧。医生们跨越巨大的文化分歧，还有时常出现的教派分歧，开展工作。没有国际组织（也没有保险公司或流行病学家）来整理他们的诊断类别，也没有用于科学交流的通用语。医生们关注的也不是同一种成瘾行为，成瘾行为因地区

一张展览会兼 1911 年海牙第十三届国际反酗酒大会海报。20 世纪早期的医学观点认可酗酒和过早死亡之间存在联系，初步认为酗酒是一种心理疾病，一种由于社会和遗传原因产生社会和遗传后果的疾病。英国酗酒领域专家 R. 韦尔什·布兰斯维特告诉参加 1909 年大会的代表："嗜酒的人要么是潜在的罪犯、公共资金的负担、对自己或对他人的危险，要么是其家人或与其相关的人的悲伤、恐惧、丑闻或麻烦的来源。"他通过榜样、规范、家长的忽视，可能还有"直接的传宗接代"，令其同类继续存在下去

各异。西欧和北欧的医生关注烈酒的毒性、遗传性和成瘾作用。这些在清朝时期的中国并没有那么突出。中国人当然知道酒精中毒的存在，在古代的文本中，他们称其为"嗜酒"，但在 19 世纪，中国人越来越担心的是鸦片瘾。[39]

　　历史上，成瘾医学化的第一阶段在术语上、概念上和地理上都十分混乱。尽管如此，这是一个具有真实影响的真实趋势，影响了当时人们对恶习的看法以及什么人或什么物为此负责的看法。如果重复接触某一物质会损害身体，错乱思想，摧毁意志，对个人和他人造成严重伤害，甚至未出世的婴儿也不能幸免，那么采取措施，使接触减少到最低限度或消除接触势在必行。医学权威强调了个体损害、社会成本、对未来的危害这三个论点。他们的发现强化了而非替代了宗教和文化对恶习的反对。事实上，许多维多利亚时代的医生，最引人注目的是那些作为新教传教士的医生，都持道德上的反对意见。他们利用科学和信仰，从事改革。

链上的环

　　医学评论也巩固了另一个观念，即享乐、恶习和成瘾相互关联。从 19 世纪 70 年代开始，一些美国和英国的医生认为，酗酒者和毒品成瘾者并非受不同的恶习所害，而是罹患了一种可治疗的精神疾病——醉癖（inebriety）。托马斯·D.克罗瑟斯直言拥护这一观点，宣传"醉酒、醉鸦片和其他醉癖"的治疗方法，他在自己位于康涅狄格州的精神病院治疗来自三大洲的病人。人们对于醉癖的诱病因素莫衷一是。诱因可能包含压力、精神疲惫、遗传性退化、过早接触成瘾物质（例如父母用鸦片让婴儿安静下来），有可能以上全都是病因，也有可能以上全都不是。但是，不论享乐、缓解性毒品和酒精最初提供了什么，它们都具有累计毒性效应，包括耐受性以及"在中毒经历中对神经中枢的训练"，神经中枢会让人产生渴望，从而故态复萌。嗜酒的人被剥夺了一种刺激后通常会转向另一种刺激。克罗瑟斯曾写道，一位商人在中年便病倒逝世，尽管这位商人之前已经放弃了年轻时严重的酒癖。殡葬员在商人脖子上悬挂的一个装十字架的小包中发现了偷偷藏在里面的吗啡，这才揭开了谜团。[40]

　　尽管醉癖这种观点有先见之明，但它缺乏实验证据。这种观点没有在英美专科医学界以外流行起来，在第一次世界大战中及战后便被弃置。到了那时，大多数政府也已经将"成瘾"限制在使用让人无法自拔的毒品上。酒精中毒被剥离开来，自成一体。许多20世纪中期的研究人员认同行业支持的观点，即酒精中毒仅仅是折磨少数饮酒者的特殊疾病，而对大多数人来说，酒精只是一种"社交作料"而已。这种情况一直持续到20世纪末至21世纪初，当时神经科学家们创造了一种新的大脑疾病范式，比过去的醉癖理论更加详细，更具有说服力。他们将酒精、烟草和其他瘾品纳入成瘾队伍，将无法自控的赌博、饮食和社交媒体使用等涉及许多相同神经回路的行为一并加入。这一次，聚合的冲动是全球性的。讲中文普通话的人将毒、烟、性和网的字眼加到"瘾"前面。研究人员甚至重现了拉马克的观点，将这些观点用表观遗传学的语言重组，认为习得的成瘾性状可以遗传给后代。[41]

　　直到大约一个世纪之后，研究醉癖的理论家才得到了关注和重视。但是，如果成瘾行为背后的病理一致性还不足以令人信服，那么医学则更为成功地建立和巩固了其他恶习的联系，例

90

如，人们普遍注意到吸烟者偏爱烈酒。医生警告称，沾染烟草的男孩可能面临着成绩差，工作糟，养成喝酒、吸毒的习惯和过早死亡的风险。警觉的母亲把"香烟狂"儿子拽去当地法院，把硝酸银涂在他们的喉咙里，人们认为硝酸银是一种预防手段。尽管第一次世界大战后精通宣传的烟草业努力在某种程度上消除这种担忧，但吸烟从来没有完全摆脱其与邪恶的关联。海洛因成瘾者无不是吸烟者，他们中有很多人打瞌睡时嘴里还叼着点燃的香烟，以至于常被烟头烫伤，伤痕像勋章一样挂在胸口。在纳粹德国，个人健康和国家健康在理论上密不可分，医生谴责吸烟是"肺部自慰"，并记下了吸烟有损健康的特性，这是德国反成瘾性药物委员会支持的一个项目。[42]

91　　　世俗政府和教会机构都强调恶习之间存在关联。清朝官员认为下层人赌博、犯罪，士兵士气低迷、胆小懦弱都和吸食鸦片有关。犹太拉比在阐述逾越节晚宴安排的文本《哈加达》（*Haggadot*）中配上了吸烟者的插画，这些吸烟者被描述为卑鄙的小偷和不敬神明的年轻人。新教牧师告诫人们，要提防堕落的城市，那里没有警觉的目光约束好奇的乡下男孩。"他们去剧院，去马戏团，去看木偶戏，去令人精神振奋的地方，去赌场，去妓院，"一位浸礼会牧师在1842年告诫说，"他们开始熟悉作恶的场面，结识坏人，他们最初感到厌恶，接着觉得有趣，然后感到愉悦，最终加入了恶习的队伍……良知的抗议很快便淹没在了激情的喧哗之中。"[43]

　　没有什么地方比赌场更具破坏性，更能将恶习和激情结合起来了。赌徒奉承、欺骗易上当的年轻人，给他们灌输赌博的欲望。他们长大成人后重返赌桌，这一次他们有了自己的财产。他们享用着源源不断的食物、酒水和雪茄，想要追回损失，然后败给了出老千的赌场老手。他们手中的牌就和他们惊愕的表情一样，被对方轻而易举地看得一清二楚。这些赌徒的家业被毁，他们陷入了债务、放荡和酗酒的泥潭。由于赌博的破坏力如此强大，一些新教改革者称其为上帝最憎恶的恶习。读《老古玩店》（*The Old Curiosity Shop*, 1841）后潸然泪下的读者应该会认同这一点。正是小耐儿的监护人祖父沉迷赌博才将狄更斯笔下纯洁的女主人公早早送进了坟墓。[44]

　　贵族在赌博中陷得最深。"赌注非常高，"1695 年 5 月，奥尔良公爵夫人、路易十四的弟妹伊丽莎白·夏洛特这样写道，"他们玩起来像疯子一样。一个人会大吼大叫，另一个人会猛拍桌子，弄得整个房间都跟着摇晃，还有一个人高声咒骂，让你受到惊吓。"然而，这些夸张的行为并不是常态。贵族赌徒的态度通常是一种有意的无动于衷。不论输赢，他们都不会表露情绪。绅士应该有勇气沉着面对危机，高赌注的赌博非常像决斗，也应有足够弥补损失的深厚家底。但事实并非总是如此。克罗克福德（Crockford's）俱乐部是伦敦西区一位前鱼贩子经营的赌博俱乐部，专门用美酒佳肴款待贵族，然后榨取他们的钱财。"横冲直撞勋爵"[①] 威廉·莫利纽兹花了大约 3 300 万美元。1838 年他逝世后，他还欠赌场主 500 万美元。他的儿子塞夫顿三世伯爵尽职尽责地还清了债务。[45]

92

　　赌博和其他恶习击倒了权贵，也令那些收入微薄的人止步不前。我们看到，当时人们将误事的醉酒与劳动营和贫民窟中的工人联系起来，与拿走他们付完酒吧账单后口袋中所剩钱财的荡妇

---

① 因为莫利纽兹喜欢坐在疾驰的马车里在街道间穿梭，所以人们为他取了这个绰号。

联系起来。斯堪的纳维亚的牧师们在细致的教堂记录中记载了酗酒如何诅咒了一家几代人，然后进行布道，宣传自我改造。许多文化中的世俗观察家谈到士兵大量抽烟酗酒以应对恐惧、打发无聊，放纵豪饮的农民抽烟喝酒，可以为了酒卖掉任何东西或做出任何事情。"你常常能看到孩子们也喝酒，"一位俄国译者这样回忆19世纪80年代他生活的村庄，"许多母亲把伏特加倒进孩子的牛奶里。一位妇女告诉我：'这对我的孩子有好处，瞧它让他睡得多香。'"[46]

开明的观点认为，这些行为孕育了一代代傻瓜和酒鬼。尽管今天的研究人员不再说起胎儿损伤或退化，但他们已经证实过早接触酒类饮料可能会产生严重后果，在贫穷人口中尤甚。贫穷、压力、醉酒和成瘾相互作用，从而维持着社会等级秩序。与其他人的大脑相比，在充满压力的环境中长大的穷孩子的大脑呈现出结构上的差异，尤其是其负责执行控制的前额叶皮质区域。随着他们不断成长，他们罹患心理疾病的可能性更大，更有可能难以控制消极情绪，也更有可能用即时满足取代未来奖赏。这些情况都预示着危险行为，在多代贫穷、无权无势、家庭不稳定、公开恶习司空见惯的文化或地区出生的人做出危险行为的可能性更高。这些危险行为包括使用毒品，使用毒品会进一步引发执行功能障碍和认知功能障碍，对处于青春期的人而言尤其如此。如果一个人吸毒或包括暴食在内的强迫性行为达到了无法自拔的程度，他就会被社会孤立，失去工作，受到歧视。被孤立、失业和耻辱是强有力的应激因素，因此成瘾行为会加剧，戒除后复发的可能性也会增加，不论复发是否出于自愿。社会失范使成瘾的恶性循环成为完整的闭环。[47]

相比之下，有地位、重要工作、配偶和未来的人染上瘾症或长期处于成瘾状态的可能性较小。物理学家理查德·费曼路过科帕卡瓦纳海滩的一家酒吧，突然觉得自己想午后小酌。他想知道这是为什么，觉得心中一阵不安，便当即离开了。普利策奖得主传记作家道格拉斯·索撒尔·弗里曼被医生告知要么戒烟，要么等死，他听后伸手掐灭了香烟，再也没有抽第二根。当时还是参议员的林登·约翰逊①在医院病床上听到了同样的话，他打开了一包烟，将其中一根抽出了一半，然后把它放到了床头柜上，再也没碰过。这个"护身符"发挥了 15 年作用，直到他卸任总统。许多国际调查一致表明，专业人士戒烟的比例比体力劳工高，体力劳工花费在抽烟上的钱占微薄收入的比例更高。在酒精和毒品成瘾方面同样如此：航空飞行员和医生比地位低、资源少的人治疗效果更好。可见如果人有害怕失去的东西，就会对他们产生重大的影响。[48]

如果人失去了一切，也会产生重大影响，这解释了为什么从北极到澳大利亚内陆地区被征服的原住民成瘾率极高。他们的财产被剥夺，生活被扰乱，他们意志消沉、疾病缠身，很容易成为商人们的猎物，而商人们乐意向他们展示如何喝下贩卖的烈酒。因为他们缺少限制饮酒的文化规范，或者反过来说，因为他们保留着通过醉酒进行灵性探索的文化偏好，所以原住民获得了酒鬼的名声，这在北美洲尤为明显。"所有印第安人部落都被它毁掉了。" 1798 年，拉什这样写道。落井下石的是，1850 年，加利福尼亚州的一项法律允许官员将频繁出入"售酒公共场所"的印第安人视为无业游民，可以高价拍卖其劳动力，这是变相的奴隶

---

① 林登·约翰逊，美国政治家、第 36 任总统。

制。更开明的立法机关努力限制酒类交易，然而高达400%的利润使违法行为仍普遍存在。一些边远地区的居民把酒瓶藏在烟筒靴里出售，因此又被称为"bootleggers"（私酒贩子）。这个词在英语里沿用至今。[49]

制造酒的知识也是这样学来的。政府开始认真限制对美洲原住民销售酒类之后很长一段时间里，幸存下来的原住民转而依赖自酿酒。20世纪50年代，一位到访阿拉斯加州的公共卫生护士发现，阿留申人（Aleuts）自己用桶酿酒，他们把所有能发酵的剩饭都倒进桶中，包括营养不良的孩子的盘中餐。不过，父母在酒上可毫不吝啬。老师们说，他们的孩子到学校时，显然都宿醉未醒。[50]

无论如何，这些情况都骇人听闻。今天看来这些情况似乎更加严重，因为越来越多的证据表明，童年和青春期接触毒素会造成发育损伤。而维多利亚时代的改革者已经心存这种怀疑了，他们决心阻止威胁到自己的社会和原住民社会的致醉物质和恶习的泛滥。他们及其20世纪的继任者如何完成这项事业正是我们下面要讲的话题。

第四章

反恶习运动

我们之所以知道阿留申人的孩子们宿醉的状况，是因为一位上门的护士碰巧气愤地记录了他们的情况。如果他们喝酒的原因不同，这位护士可能会采取更友好的口吻。如果父母给孩子一勺白兰地是为了缓解他们的感冒症状，她就不会谴责他们的行为，甚至可能会对此加以赞扬。

这种双重标准贯穿享乐、恶习和成瘾的历史。世界充满了有毒物质，这些物质通常是——但也并不总是——令人愉悦的东西，小剂量使用对人类和其他生物体有益，而大剂量使用则对其有害，甚至会致其死亡，具体的量因个体而异。从酒精到锌，物质是否成为毒药由剂量决定，这一观点通常在告诫性的经验法则中得到体现。葡萄酒要稀释以避免喝醉。要留意病人的鸦片剂量，除非病人想要安乐死。用餐时要喝啤酒，白兰地只能适量喝，要"出于必需而非出于享乐"。要控制糖类的摄入，除非对糖的渴望难以抑制。[1]

文化进化出了各种法则，来限制可能有害和使人成瘾的快感的负面影响，尽管这些法则并不完美。人们适应法则，比如，肯尼亚人会根据抽大麻者的年龄来评价他们。但这种民间的自调节以维稳的机制有两个缺陷，限制了其有效性。第一，在全新的情况下，这种自调节机制是不存在的，比如美洲印第安人第一次遇到酒时。第二，这种机制敌不过现代飞速发展的技术和商业。谨慎小心的法则固然很好，但在一个充满廉价、强效和被大力推广的快感的世界里，如何让人们，尤其是因环境和遗传而变得脆弱的人们遵守法则？

改革的逻辑

最常见的答案一直是加大恶习控制力度，这也是一场改革运动的关键目标，这场改革运动在 19 世纪末 20 世纪初达到了顶峰。这场运动既是国际性的，也是跨国性的。它的国际性在于民族国家间就打击非法性交易、限制毒品生产、禁止向殖民地的非洲人销售酒类达成了正式协商。它的跨国性在于它激励个人去建立非政府网络和组织，以倡导跨越国界的改革。其中最大的组织是世界基督教妇女禁酒联盟（World's Woman's Christian Temperance Union），截至 20 世纪 20 年代，联盟有 75 万名缴费成员，从澳大利亚到瑞典都有分支机构。[2]

历史学家一直对反恶习人士不太友好，他们指责这些人是文化帝国主义者，在道德上歇斯底里，中饱私囊，还歧视工人和少数群体。即使有些反恶习人士没有陷入狂热、制造恐慌、追求名利、持有阶级或种族偏见，他们的行为动机也往往与其名义上的盟友的行为动机有所差异。危险在于，在承认这些缺陷的同时，我们会忘记改革者们当时在以多种充满想象力的、进步的方式应对着一场真正的危机。他们早早采纳了行为经济学的一个关键原理，即自由市场刺激了欺骗和操纵，从过度消费中谋取大量利润的产业尤其如此。改革者痛斥利用人性弱点坑害他人的个人、企业、政府和帝国。一些改革者把矛头指向了特定种族，尤其是犹太人。然而，认真思考过的批评人士明白，问题是系统性的。逮捕了一家酒吧的犹太人老板，转头又会发现一个德国人或爱尔兰人在擦拭吧台，冲男孩们点头，示意他们到里屋去。没有全行业监管，竞争压力总会令遵守规则的人比罔顾规则、寻求利润最大化的人更加脆弱。[3]

一些著名的反恶习人士反对资本主义。奥古斯特·福雷尔是社会主义者，列宁是共产主义者，希特勒是纳粹党员。然而，大多数反恶习人士接受普通商业中的私人竞争。解决问题的方法是限制人们接触商业化恶习，其中商业化恶习是指除日常必需品以外的所有东西。限制不一定意味着禁止。从轻度管控到入狱做苦力，禁止是这一系列管控的终点。通过将罪恶税①提高到一定程度，使人们无法承受恶习的经济成本，也可以间接禁止恶习。但这种设想几乎是遥不可及的，因为重税会导致黑市交易，这和明令禁止带来的后果一样。[4]

改革者们对内面临的挑战是就针对哪些恶习应该采用哪些法律措施和进行何种制裁达成一致。他们对外面临的挑战是顶住文化上和政治上的反对，说服各国政府采纳并实施这些措施。国家采取行动的最佳逻辑依据是一些产品和行为危害太大，政府不得不介入，这也是改革者达成共识的地方。反恶习运动与进步主义在这里紧密结合，随后也形成了一股跨国力量。市场有局限性。不应自由买卖童工，也不应自由买卖威士忌、可卡因、淫秽作品

①指向有害的产品征收的税款，如烈酒税、烟草税等。

97

和老虎机。进步主义改革者和禁酒主义者也认为，可以通过改善环境来改善生活，尤其是改善城市环境。社会工程的逻辑是双面的。痛苦滋生了恶习，恶习也滋生了痛苦。因此打击其中一者就会打击到另一者。这解释了为什么弗朗西斯·威拉德等活动人士谴责对女性和工人的压迫，也谴责滥用致醉品。提倡妇女参政的玛丽·莱瑟说，付给女店员体面的工资，也许她们就不会在街上出卖自己的贞操了。[5]

　　改革者的时机刚刚好。工业化国家中人们文化程度的提高——到 1880 年，四分之三的英国人能够阅读——促使人们同情、理解他人的困境。广大读者如饥似渴地阅读着关于戒酒的文学作品，这些小说强调酒水的危害，例如爱弥尔·左拉的《小酒店》（*L'Assommoir*, 1877）和《娜娜》（*Nana*, 1880）。前者描述了一对巴黎工人阶级夫妻堕落酗酒，后者描述了夫妻二人的女儿——一位红颜祸水——短暂且华而不实的一生。与此同时，维多利亚时代和爱德华七世时代的中产阶级开始怀疑自己的价值观和工业所孕育的不受约束的资本主义。在不受监管的市场中，没有什么比商业化恶习更道德低劣，更危害妇女和儿童福祉的了。[6]

　　集体毁灭的可能性撬动了权力的杠杆。19 世纪 60 年代至 20 世纪 60 年代这段时间国家建设密集，政府资助内部改善和卫生改革，以提高人民健康水平。采取的措施是"胡萝卜加大棒"式的。"胡萝卜"的一个例子是一位法国市长给所有一岁以上儿童的母亲发放奖金。大棒包括制裁有害、有传染性的威胁，包含商业化恶习。"士兵要想枪打得准，就必须活得正，"美国海军部部长约瑟夫斯·丹尼尔斯说道，"必须坚决果断、坚持不懈地打击卖淫及与其相生相伴的酗酒，使它们变得不合时宜。"[7]

卫生改革形成了良性循环。人民越健康，食物和饮水越纯净，他们就越不需要用麻醉药品来镇痛和止泻，越不需要用酒精来抗菌。倡导禁酒的人士制造了公用饮水器，与酒吧竞争。市政府提供饮用水有自己的理由，首先是为了预防霍乱。但效果是一样的，因为安全的饮用水使啤酒和其他酒精饮料降级为消费者可以放弃的消遣饮品。[8]

公共卫生在国际上的成功吸引了各国争相效仿。一些政府缺少开展有效卫生改革所必需的资源和稳定性，即便如此，他们也意识到努力开展卫生管理刻不容缓，例如中华民国曾开展运动控制卖淫，降低鸦片和香烟消费量。然而，这些运动都未能取得重大进展。香烟在中国劳动者之中过于普遍，轿夫和马车夫甚至用一路上抽几根烟来丈量距离。尽管如此，这些措施仍有其意义。到了 20 世纪 30 年代，卫生管理成为所有现代国家的标志，也令法西斯国家着迷。1938 年，一位德国成瘾专家表示，公民无权用毒药伤害自己的身体。"你的身体属于你自己"这一观点被认为是犹太马克思主义者的胡言乱语；真正的德国人肩负着延续日耳曼血统的责任，他们为宗族和人民保持身体健康。不认同这种观点的酗酒者将面临被强制绝育的风险，大约 3 万个重度饮酒者遭绝育，其中大多数是下层阶级的男人。其余人被送进了集中营里。[9]

虽然反恶习活动人士只中有极少数人是公开的法西斯主义者，但他们都是反自由意志主义者。"文明招致限制。"其中一人在 1926 年这样写道。由于长达一个世纪之久的反对自由贸易和不受管控的社会成本的反自由意志主义浪潮，各种限制持续增加。美国禁酒局认为，究其本质，采取强制性反恶习措施的理由与强制接种天花疫苗的理由别无二致，两者都是为了增进社会福利。[10]

漫画《酒鬼》中，一个酩酊大醉的酒鬼在道岔旁昏睡，玩忽职守，造成无辜生命丧生和国家财产损失。这套西班牙的系列海报中的其他漫画展现了醉醺醺的水手把船划到了一艘蒸汽船的航道上，脚步不稳的工人从屋顶上摔下，患有癫痫的学童有个酒鬼父亲

　　反恶习运动从其他方面来说也适逢其时。如果说现代化导致恶习数量激增、成本降低，那么它同样也促进了健康的和纪律性的乐趣。莫罕达斯·甘地等改革者称这些乐趣是"反吸引力"。墨西哥总统埃米利奥·波特斯·希尔告诉墨西哥工人，把钱花在书上，不要花在酒上。加入禁酒分会的瑞典进步劳动者认为，与禁欲一样，阅读、政治讨论都对自主生活至关重要。英国禁酒团体在街上的拉货车和货摊上摆满姜汁啤酒①、沙士和可可，以此劝阻劳动者喝酒。19 世纪 70 年代，台球流行起来，

————————————
① 姜汁啤酒指一种发酵的姜汁饮料，不含酒精或含有微量酒精。

成为一项工人阶级的消遣娱乐，提倡禁酒的改革者修建了台球厅，提供不含酒精的饮料。在费城，贵格会教徒乔舒亚·贝利通过提供廉价的禁酒餐来对抗酒吧另一个吸引人的要素——免费午餐。1874 年，他在一片酒吧之中成立了工人中央咖啡馆。每天有 2 000 名工人在这里就着咖啡喝营养汤，吃甜面包。富有的客人用大额钞票付款，不要找零。这是一家需要扩大规模的慈善企业。[11]

恶习本身可以用于支付这些反吸引力的费用。费边主义者①和其他世俗的进步人士支持哥德堡体制的变体。哥德堡体制是起源于瑞典的市政方案，将酒水专卖事业的利润用于公共娱乐和教育项目。这个体制的重点是严厉的酒吧老板，实际上他们是警察，领取固定工资。他们禁止请客、赌博、卖淫和向未成年人或喝醉的人卖酒。一位大失所望的英国水手在哥德堡自由活动了两小时就回到了船上。"我从来没到过这种地方，"他抱怨道，"在这里不可能喝醉。"如果他还是喝醉了，他的工资就会打水漂，流向一座公园或图书馆。[12]

反恶习活动人士抓住了新的通信和运输技术。印刷淫秽故事的蒸汽印刷机也能大量印刷几美分的宣传改革的传单。照相凸版印刷使揭露名人丑闻的刊物节省了一半以上的成本。传教士通过电报发送的反对在殖民地销售鸦片的请愿书涌进了政府办公室。提倡禁酒的讲师用立体投影仪展示脂肪肝和酗酒者的心脏。快捷的轮船载着传教士寻找皈依者，载着改革者寻找听众和思想。坚定反对儿童卖淫的英国记者威廉·

101

---

① 费边主义者（Fabian）指主张通过渐进、温和的改良主义方式走向社会主义的人士。代表人物有萧伯纳、H.G.威尔斯。

斯特德不幸登上了泰坦尼克号，但大多数改革者都平安抵达了目的地。如果说恶习在 19 世纪由蒸汽驱动，反恶习运动也是如此。[13]

在战术上最现代化的改革者中有一位是出生于缅因州的长老会牧师威尔伯·克拉夫茨，他也是最清教徒式的改革者之一。1895 年，克拉夫茨在华盛顿特区成立了国际改革局（International Reform Bureau），这是一个游说团体兼信息交换中心。改革局策划活动，反对从自由离婚到鸦片销售的各种问题。克拉夫茨将恶习视为对获得救赎和公共秩序的威胁，要求禁止酒水、毒品、赌博、淫秽、香烟、吸血鬼电影和不守安息日的行为。宁可过清教徒式的周日，也不要过不敬神明的欧陆式周日，在这一天斗牛、喝啤酒和赛马。如果新的社会环境要求限制个人经济行为和道德行为的自由，那就限制吧。

克拉夫茨一周讲授五次课，一年写作一本书，包括《世界戒酒书》（*World Book of Temperance*）和《保护土著民族免受酒水和鸦片侵害》（*Protection of Native Races against Intoxicants and Opium*）等多次再版的畅销书。他的妻子兼合著者莎拉·简·蒂马纳斯·克拉夫茨是世界基督教妇女禁酒联盟的职员，两人共同学习世界语。克拉夫茨宣传世界语是普世改革的关键，而普世改革是所有世俗改革者共同的任务。1906 年，克拉夫茨表示，国际旅行、商业和阅读正在创造一群"国际人"。他在一艘远洋邮轮的甲板上说了这番话。1922 年，克拉夫茨与世长辞。在此之前，他将反恶习斗争带到了 29 个国度。[14]

跨国清教改革者们有着各式各样的宗教背景和政治背景。克拉夫茨夫妇代表了西方，尤其是美国的反恶习人士，他们将传教

热情与"白人的责任"① ——帝国主义和女权议题结合起来。提　　　102
倡禁酒的领导者弗朗西斯·威拉德与医学传教士凯特·布什内尔
如出一辙，后者做了 30 年"流动清教徒"，长期为反对强迫卖淫
抗争着。最出名的清教式改革者甘地将毗湿奴派印度教和耆那
教，些许神智学和乌托邦主义与对西方帝国主义和商业的坚决反
对结合在一起。虽然甘地是作为印度独立之父被载入史册的，但
他认为，真正的自治意味着印度人不仅需要摆脱英国领主，也需
要摆脱自身的恶习。

　　甘地认为各种恶习互相联系，具有等级。他尤其鄙视廉价的
欧洲酒，蒸汽船使虚伪的帝国主义基督徒得以将这些酒强加给全
世界。他并不是唯一这样抱怨的人，从博茨瓦纳到新西兰，本土
领袖和传教士都与他产生了共鸣。但对甘地而言，饮酒仅仅是导
致道德堕落和身体堕落的一长串恶习中的第一块多米诺骨牌。他
希望把所有的恶习像传播疾病、污染了他深爱着的祖国的污物
（这是他的另一个关注点）一样深埋地下。1925 年，他写道，如
果自己有足够的说服力，他将阻止"声名不佳的女人"登台，废
止饮酒抽烟，将"低级"的广告、故事和图片从印刷机中踢出
去。唉，他叹息道："我不具备自己希望拥有的说服力。"

　　最后这句话过于谦逊，反而言不由衷。甘地组织了针对酒水
商店的罢工和抵制活动。他使禁酒成为印度国民大会党的部分纲
领。他在罂粟种植地区开展反鸦片运动，支持国际反毒品组织。
他与倡导禁酒的人士、基督教传教士和社会卫生学家互通书信。

---

① 这种说法源自约瑟夫·吉卜林（Joseph Kipling）的同名诗歌，吉卜林在诗中呼吁西
方国家应承担起教化野蛮民族的责任。这种观点在今天被广泛批评为种族主义和殖民
主义的体现。

他出版了自己和他人的健康建议，在自己的喉舌期刊上转载了全文。他在演讲中抨击恶习，告诫大学生远离烟草诱惑。甘地十分清楚如何利用自己的名气影响年轻听众。[15]

他的对手们也是如此。1921年，其中一位对手，一个烟草制造商推出了"圣雄甘地香烟"，商标上还有圣雄的画像。一位朋友把商标送给甘地后，甘地写道："在所有对我的诋毁中，没有什么比刻意将我的姓名和香烟联系在一起更能羞辱我的了。"令人意志消沉的恶习奴役了吸烟者，掏空了他的钱包，让他的口气变臭，"有时甚至引发癌症"。甘地要求这位制造商撤销这个牌子，并呼吁大众抵制其销售。[16]

改革的局限

甘地赢得了那场小战役，冒犯他的品牌消失了。但他和盟友们输掉了其他的战役。不论他们身后的进步主义、中央集权、宗教、医学、民族主义和宣传之风多么凛冽，不论他们的个人声望多么显赫，甘地和克拉夫茨等人都未能战胜商业化恶习。他们的改革经历曲折多变，他们的遗产不堪一击。对于甘地来说确实如此。1948年，甘地嗜酒的长子哈里拉尔在无人知晓的情况下死去了，死时距离其父被暗杀还不到6个月。在第一次世界大战结束后的一个世纪里，企业家们缓慢但又坚定地努力合法化、美化、扩大恶习帝国，增加其成瘾形式。反对自由意志主义者的改良主义曾经看似声势浩大，它如何以及为什么败给了商业化的放荡主义是本书试图解开的谜题。

这之所以令人费解，是因为许多其他的国际改革运动都取得了成功。这些运动达成了许多长期协议，反对私掠船只、跨大西洋奴隶贸易、扩张型弹头和有毒气体军用、无节制捕杀鲸鱼和候鸟以及在大气层开展核武器试验，等等。没有一项运动开展得十全十美，但这些运动都能够让情况朝着更好的方向改变，也没有招来充满敌意的事后批评。但没有人会这样说反恶习运动。

当然，签发私掠许可证或释放芥子气①产生快感的方式不同于喝威士忌或掷骰子。可重复的大脑奖赏令恶习自成一类。在这一大类之下，常客构成了一个利润丰厚的小类。常客需求相对固定，尤其是在短期内，这意味着供给量上若有任何显著的减少，都会造成价格上涨的压力。短缺有时是为环境所迫。1917年，烟草短缺令欧洲偏远地区的美国混合型香烟的价格创下历史新高。短缺通常是限制、惩罚性税收和禁令的产物。那些从法律引起的短缺中获利的人还会额外收取一笔附加费，以弥补自己的非法企业涉及的高风险，以及自己的日常开支，包括贿金。[17]

到20世纪20年代，美国色情作品市场和用于非医疗目的的麻醉药品市场都已经成为非法市场，二者显现了禁令对供应和价格的作用。《会客室的女人们》（*Ladies of the Parlor*）等书籍要么由走私者贩卖，要么流入当地印刷店，色情作品制作者在晚上租来书籍，用自己人印刷。保密是关键，因为竞争者会迅速告发对手。色情作品制作者们临时成立了从照相馆到杂货店的各种非法零售店。合法书店也会以副业的形式经营收费图书馆，以一天2美分的价格出租图书。这为一天1美元的淫秽书籍出租打了掩护。

那些公开购买色情作品的人花了大价钱。每本精装文学小说复印本售价2美元。普通的色情书籍售价在5到10美元之间，

---

① 化学武器，可灼烧皮肤。

漫画《茶叶的预言》出现于1918年，此时正值全球禁酒达到顶峰。此前已有8国颁布法令禁止含酒精饮料，包括法国在内的其他国家已经禁止了苦艾酒。有预言表示，会出现更多禁令或各国政府会打击与酒相关的恶习，但这一预言并没有得到证实。酒水的拟人化形象"大麦约翰"转过身来，抓住全球禁酒令山羊的羊角，和它在悬崖上扭打

"上乘"书要价更高。20世纪二三十年代出现了16毫米摄影技术，为利润上涨提供了新机会。只需一台摄影机、一个歌舞队女孩和一个冲洗胶片的盆，权力下放的制片人就能以每卷胶片约25美元的价格制作色情电影。四处走动的推销员以50美元一次的价格在大学生联谊会会堂或美国退伍军人协会哨所出租这些电影。汽车经销商租借色情电影来吸引在停车场打杂的男员工参加销售集会。还有人购买色情电影后，会预订一间酒店会议室作为放映场地，一张票收2至25美元不等。一位中层分销商接管了时代广场的一间酒店套房，将自己的电影展示给潜在客户，如果他们喜欢，买卖就做成了。到1956年，他已经积累了相当于今天30多万美元的现金。尽管他对二氢吗啡酮———一种吗啡衍生药物——成瘾，他还是成功了。

　　毒品市场的运作方式和色情作品市场大同小异。这位时代广场的色情作品制作人是从一位德国难民医生那里拿到二氢吗啡酮的，医生收25美元开处方，药剂师再收25美元配药。对于街上的瘾君子而言，情况更糟糕。他们行乞骗得5美元后，购买5粒（阿司匹林大小的）"海洛因"制成的粉末药剂，其中掺了95%的杂质。这样算下来，1毫克纯海洛因约30美分，相当于6根糖果棒的价格。[18]

　　从一个角度看来，这些数字只不过意味着禁酒令在发挥作用。高价减少了消费，尤其是城市工人的消费，他们是禁酒令立法的主要对象。同样重要的是，供应商不能公开营业。他们转向地下，或者像下面这个例子一样，转向水下。传奇的芬兰走私贩阿尔格特·尼斯卡用自己的船拖运自制的鱼雷酒。[19]

　　这对改革者们来说尚可接受。他们知道恶习永远无法根除。

他们要做的是将恶习从公众视野中驱逐出去，恶习在公众范围内诱惑了涉世未深的人，也使体面正派的人震惊。大学兄弟会深夜聚会上放的色情电影在当时的商业环境中并不常见。当然，这种隔离恶习的做法并没有持续多久。到了 20 世纪，恶习渗透到了全球视觉文化和商业文化中，这显然标志着传统的反恶习活动人士已经输掉了战斗，尽管文化战争仍在继续。然而，在 20 世纪 20 年代，改良派人士还能昂首挺胸。他们明白，许多恶习（香烟日益成为一个引人注目的例外）仍然价格高昂，处于边缘，遭到污名化，即使不是非法的，也或多或少受到严格管控。他们对此心满意足。他们还认为，相比被公开推广、商业上占主流的恶习，自己的宣传更有可能战胜非法或可疑的恶习，这不无道理。

这些胜利是有代价的。价格上涨吸引了走私贩，由于他们完全在法律之外经营，所以他们比合法的前辈们更倾向于选择腐败、掺假和暴力。上瘾的人，尤其是使用毒品的人用越来越频繁、越来越危险的犯罪支撑自己的习惯，包括盗窃杂货店。成为必需品而后又成为瘾品的奢侈品有自己的铁律：严格的禁令使消费者数量更少，但他们平均而言更贫穷，更具有破坏性。对于那些没有上瘾的人而言，黑市的危险和不便催生了严重的怨恨。熟悉环境中的熟悉快感既提供了获得自由的可能，也提供了被奴役的可能。酒馆和酒吧停业，那里不仅是工人们喝酒的地方，也是他们社交、放松、看报纸、赊账、获得政治上的好处和就业信息、收取信件的地方。他们怨恨被剥夺这些东西，怨恨禁酒令最核心的阶级偏见。[20]

禁酒令的优缺点在美国表露得最为明显，因为美国开展了一次长期的全国实验，限制含酒精饮料的制造、分发和销售。美国禁酒令始于 1920 年初，当时《沃尔斯特德法案》实施了美国宪法第十八修正案关于"致醉酒精饮料"的禁令。禁酒令一直持续到了 1933 年，直到美国宪法第二十一修正案取代了第十八修正案，将酒类控制权返还给州政府和地方政府。在这段时间内，好莱坞电影和全球新闻报道使美国禁酒令成为一个教训，告诉人们当禁酒的野心过大时，会出现什么问题。《沃尔斯特德法案》并未彻底禁酒，它允许医疗用酒和圣礼用酒，以及有限的家庭自酿酒。然而，一些早已拥有禁酒法律的农业州加大了执法力度，宣布个人购买、拥有和消费酒类饮料均为非法行为。地方政府和治安员确保了执法主要针对贫穷的白人和少数族裔，这些人在建筑工地干活，来偿还罚款。能交保护费的犯罪头目则过得相对轻松，他们精通贿赂警察之道，让警察无视他们的妓院和赌博窝点。他们打算从走私中获利，只要他们能避开具有类似想法的竞争对手。

尽管禁酒令漏洞百出、十分虚伪——国会议员可能在公开场合反对威士忌，而在私下里对其态度宽容——但它的确对消费和价格产生了重要影响。人均消耗量最初下降到了禁酒令实施前30%的水平，随后到了 1933 年，逐渐上升到 60% 至 70% 的水平。受影响最大的饮品是啤酒。禁酒令实施前，酿造、贮存和运输方面的发展已经使生啤酒供应充足，价格低廉。5 美分就能在吧台买到一大杯啤酒。1900 至 1913 年间，在这波啤酒浪潮中，人均酒类消费上升了近三分之一。但当美国的 1 300 家啤酒厂再也无法合法生产纯啤酒后，城市的啤酒价格上升了 5 至 10 倍。[21]

私酒弥补了一部分市场的空缺，尽管一夸脱①烈酒会花光一

_____

① 约合 946 毫升。

个劳动者每周工资的一半。一位新泽西州的家庭主妇被问到，为什么她的丈夫——一位造船厂工人——喝酒喝得少了，她简单地回答说，是因为酒的质量差了，成本高了。渡过哈德逊河来到曼哈顿，贝尔维尤医院的戒酒病房数从禁酒令实施前一年的 1.5 万间下降到了 1924 年的 6 000 间。1916 至 1929 年，美国全国死于肝硬化的人数下降了三分之一以上。禁酒令实施的第一年内，底特律因醉酒被捕的人数下降了 90%。家暴投诉下降了一半。[22]

底特律的禁酒令虽卓有成效，但也带来了隐患。底特律邻近加拿大安大略省温莎市，大量加拿大的合法蒸馏酒从这里非法流入了美国。很快，底特律成为有组织犯罪和轰动媒体的暴力事件的中心。1929 年，底特律创下了美国最高谋杀率的纪录。执法产生的种种问题——帮派和腐败、种族仇恨和阶级仇恨、毒酒和人满为患的监狱——比其他任何事物都更能晃动禁酒令的政治之船。只是晃动，却没有击沉。1928 年，支持禁酒的共和党总统候选人赫伯特·胡佛大胜反对禁酒的民主党竞争对手、天主教徒阿尔·史密斯。拥护禁酒令的新教徒继续高歌猛进。亨利·福特声称，酒精和工业时代不能共存，威胁说如果废除禁酒法律就关闭自己的工厂。[23]

大萧条带来的危机结束了这项"高尚的实验"。艰难时期让基于禁酒令的繁荣前景显得可笑，创造了对税收的急切需求，也让共和党失去了对国会和白宫的控制。1932 年，民主党大获全胜，为啤酒回归合法和加快废除第十八修正案铺平了道路。时局的急剧变化结束了禁酒令。心态和环境对恶习相关的法律至关重要，对恶习本身也十分关键。[24]

税收水平是恶习相关政策的另一个重要变量。恢复合法售酒的各州仍然存在非法制造的行为。在国家税务机构看不到的地方，犯罪分子在大城市的仓库中对工业酒进行"再蒸馏"。乡下的烈酒私酿者仍然让酿酒厂运作个不停。但随着拥有执照的蒸馏商和进口商重新回归，1933 年以后，非法制售率总体下降。随后，在第二次世界大战的危机中——时局的又一急剧变化——联邦政府对酒类征收的消费税增至原来的三倍。随着原材料再次变得易于获取，非法蒸馏又一次激增。到了 1950 年，各国政府、纳税企业和不法酒贩一如既往地争夺着酒类饮料的市场份额。那些承担不起售酒商店的酒价的人是非法制造者的最佳顾客，这一状况适用于全世界，直到今天仍然如此。[25]

20 世纪上半叶美国控酒政策的变迁说明了一个困扰世界各地反恶习活动人士的问题。现代化过程中的民族国家是不可靠的改革伙伴，充其量也是易变的改革伙伴。它们有能力、有动机解决商业化恶习带来的社会问题和健康问题，但同时，它们也渴望税收，对于制止精英阶层的习惯犹豫不决。印度政客喝香槟，对穷人的亚力酒征税，从未抽出时间在全国实行禁酒令，尽管甘地坚决表示应该这样做。1937 年，甘地指出，在美国，充满正义感的少数人未能将禁酒令坚持到底，是因为饮酒对于多数人来说不够丢脸；在印度，饮酒遭到污名化且只有少数人沉溺其中，所以禁酒令将"很容易实施"。失去的税收和国民保持清醒未醉的美德相比，就显得不那么重要了。甘地的预言大错特错。到 2014 年，印度的威士忌销量占世界销量的一半。[26]

较小的国家同样也是不可靠的改革伙伴。其中最小的国家梵蒂冈投资了意大利新兴的电影业，尽管教皇庇护十世禁止他手下的神父看电影。1904 年之后，德兰士瓦禁止向劳工销售鸦片，但却暂时放松了禁酒令。当时 63 000 多名华人劳工抵达这里，重新开始了被南非战争①打断的金矿开采工作。暹罗同样面临华人增多的情况，不论是这里的佛教遗产还是基督教传教士的抗议都未能阻止朝廷授权酒类蒸馏、鸦片销售和赌博。到了 1895 年，这三项恶习为暹罗提供了 51% 的税收，其中最吸引人的要数烟草税。1902 年，一位愤世嫉俗者写道，如果取消烟草税，那么世界上一半的政府会垮台。[27]

　　对于保加利亚来说，的确如此。在 20 世纪，保加利亚日益依赖烟草生产和烟草税收。在第二次世界大战以前，保加利亚农民和出口商通过向利是美烟草公司（Reemtsma）等德国烟草巨头供货，变得富裕起来。吸烟这种"肺部自慰"在纳粹德国广受欢迎的现实已无可改变，1935 至 1940 年，纳粹德国人均香烟消费量翻了一番。赫尔曼·戈林、阿道夫·艾希曼、马丁·鲍曼、爱娃·布劳恩、约瑟夫·戈培尔和玛格达·戈培尔等大人物吞云吐雾，虚伪在充斥着机会主义者的革命运动中不足为奇。纳粹德国垮台后，保加利亚为东欧和苏联的吸烟者供货。到了 1966 年，这个小国成为世界上最大的香烟出口国。到了 20 世纪 80 年代初，保加利亚人自己成为世界上吸烟最严重的民族之一。全国一半人吸烟，香烟是为数不多的数量充足、人们负担得起的奢侈品之一。[28]

　　所有这一切都伴随着反对的声音。在保加利亚，最早提出抗议的人是新教传教士和去教堂做礼拜的人，他们把吸烟和饮酒、卖淫联系起来。受福雷尔影响的左派人士将吸烟视为一种资产阶级放纵和堕落的表现。保加利亚的共产党人在原则上认同这种看法，但实际上他们在烟雾缭绕中收听莫斯科广播电台。

---

① 指 1899 至 1902 年的第二次布尔战争。

"保加利亚黄金"支付了国家账单。1947 年，保加利亚人民共和国合并成立了烟草垄断企业——保加利亚烟草集团，利用企业收益资助国家现代化。公共卫生退居次位。菲利普·莫里斯国际公司（Philip Morris International）关注到了这件事。1973 年，保加利亚烟草集团董事长迪米脱·亚德科夫礼节性拜访了菲利普·莫里斯国际公司首席执行官休·卡尔曼。亚德科夫惊奇地发现，卡尔曼的墙上挂着一张地图，地图上从东德到符拉迪沃斯托克都贴满了"保加利亚烟草集团"的字样。"我真嫉妒你，"这位资本家告诉这位共产主义者，"我一直渴望那些市场，这是我的由衷之言，因为对于我们公司而言，市场决定一切。"[29]

改革的分歧

112

反恶习活动人士同样明白市场的重要性，这就是为什么他们想要阻止、边缘化或者严格管控商业化恶习的市场。"或者"二字非常重要。除了存在消费者的抵制和国家犹豫不决这些问题之外，改革者还必须解决自身关于策略、理论基础和优先事项方面的争议。改革联盟内部的意见不合在 19 世纪初期最为明显。这些争执一直持续到了今天。

1833 年秋天发生在弗吉尼亚州里士满的事情说明了问题。面对非法赌场突然增多，里士满市民召开了一次会议。议会大厦里人山人海，围观群众只能坐在窗台上。人们成立了一个调查委员会，委员会迅速查处了至少 14 家秘密赌场，一些赌场距离议会大厦只有一两个街区。职业赌徒经常出没于此，他们引诱年轻人，激起人们的热情，夺走人们的个性、理智和钱财。委员会报告称，他们逍遥法外，因为反对赌博的法律不健全，执法不充分。1727 年以来，职业赌博在弗吉尼亚州一直属于非法行为。然而起诉案件很少，胜诉案件更少。目击者不愿做证。当职业赌徒被判有罪后，他们受到的刑罚很轻，有时会得到赦免。委员会建议，制定更多严格的法律，令执法更严，量刑更重。白人男性将面临罚款和监禁，而奴隶、自由黑人和黑白混血儿则面临着鞭刑。

更多刑罚是对违法的典型反应，而种族在加重惩罚中扮演的角色则不能更明显了。即便如此，委员会的报告既非未经思考，也未获得一致同意。委员会成员考虑后否决了两个备选选项。一是将参加赌博的人和组织并展示赌局的人置于同一法律地位上。但是此举会一并惩罚受害者和加害者。二是通过将赌博限制在几家有执照许可的赌场中来降低危害。但合法化可能会使赌博流行起来，每一只当场被火光烧焦的飞蛾会诱惑十只飞蛾扑向火光。只需看看赌博"被当作娱乐活动征税"的巴黎就能明白。550 万法郎（大约相当于今天的 2 700 万美元）的年税收伴随着赌博狂热和自杀者跳进塞纳河或当场开枪自尽的代价。大多数欧洲国家以及美国除一州以外的其余各州都选择不将这一有害恶习合法化。[30]

委员会中三位见多识广的成员则发表了支持赌博合法化的少数派报告。这三位少数派称，赌博仍然在法律之外发展壮大，伦敦就以此臭名昭著。自 1727 年禁令实施以来，弗吉尼亚联邦加重了对赌博的处罚，但收效甚微。多重的刑罚都无法消灭人们对不劳而获的热爱。近来"某些卫道士和他们的追随者们"——指福音派新教徒——将法罗牌和轮盘赌与跳舞、剧院等更为纯洁的消遣结合了起来，使情况变得更为糟糕。通过引起人们对清教徒插足的怀疑，这些卫道士使公民失去了对是非对错的判断。

将赌博影响降到最低的最佳方法是准许人们在有担保的赌场内赌博，禁止人们在其他场所赌博。合法业主迫切想要保护自己的垄断地位，他们的线人会支持执法。坚持不透露秘密赌场名字的顾客将面临被捕风险。那些转移到有执照许可的赌场的人在法律上是安全的，但也逃不过邻居和债主的法眼。邻居和债主的反对会阻止过度赌博，或者可能阻止一切赌博。至于赌博合法化是否会使其更流行的问题，则几乎用不着担心。声名显赫的绅士早已光顾非法赌场，其中不乏立法者和法官，人们经常能看到他们假装满不在乎地谈论输赢。[31]

持异议者未能取得成功，经营赌场仍然违法。到了 20 世纪初，如果被定罪，人们将面临 60 天的监禁和高额罚款。即使这些措施产生了什么效果，人们也察觉不到。里士满的社会各阶层人士，包括刚满 16 岁的小伙子，仍然挤在赌桌前，继续和对面冷静沉着的职业赌徒开展不公平的对决。正如持异议者预见的那样，比起被警察发现，赌徒更担心被自己的雇主和债主发现，他们从警察身边经过时，警察会朝他们使眼色。[32]

赌博既不是改革的唯一重点，也不一定是优先需要改革的大事。饮酒社会中的大多数活动人士通常称酒是万恶之首。还有一些活动人士则更多地抨击卖淫、毒品或烟草，尤其是香烟，香烟是导致其他各种恶行的"使人堕落的小东西"。然而，不论反恶习人士的首要目标是什么，他们都会立即承认里士满多数派报告和少数派报告之间呈现出的紧张关系。禁止与规范的两难困境适用于各种反恶习活动。政府应该禁止酒类，还是应该满足于将酒鬼、赌徒和男孩们挡在酒吧门外的各种政令？应该逮捕并惩罚卖淫者，还是应该对他们进行隔离、监视，以预防性病传播？应该拒绝向瘾君子提供毒品，还是应该允许医生和公共诊所合法开药？

这些争议长期存在，引发不和且令人不快。醉癖专家——主张统一成瘾疾病模型的医生——遭到神职人员指责，被谴责是美化恶习的撒旦的工具。包括克拉夫茨在内的最热诚的提倡禁酒的人士甚至质疑酒精的医疗用途，这一立场令医生们感到震惊，他们为自己的专业性辩护，主张自己能够判断什么时候为患者开酒精，就像开其他管制药物一样。[33]

世俗的或宗教观念开放的反恶习人士更倾向采取监管措施，宗教观念保守的反恶习人士则更倾向禁止。彻底禁绝的解决方案在福音派新教徒中尤其受欢迎，他们是全球传道事业的中坚力量。福音派信徒的性格倾向和宗教信仰都让他们质疑自我放纵，他们认为罪恶和丑行本身就是禁绝恶习的理由。恶习可能摧毁健康，但最终重要的是获得救赎。禁欲是救赎的标志，醉酒会严重阻碍人们获得救赎。一位在杭州的传教士曾写道，福音是疗愈中国苦难的一剂良药。但是英国令人意志消沉的鸦片贸易严重破坏了传教士运用福音的能力。[34]

一个特定地区的福音派信徒越多，禁绝恶习的可能性就越大。美国南部循道公会和浸礼会信徒人数日益增多，影响力日益增大，这解释了为什么到 1907 年该区域内 994 个县中有 825 个县禁酒，比战时禁酒令提前了 10 年。（路易斯安那州拒不配合的天主教教区是例外，这也证明了这一规律。）南美洲则是另一番情景。尽管一些政府的确采取了限制酒类的特定措施，但福音派信徒尚未在南美洲站稳脚跟。玻利维亚禁止周末售酒，智利对酒类零售商营业的地点和时间进行管控，但美国式的禁酒令并没有流行起来。[35]

在天主教国家，非婚性行为这个一直十分敏感的话题体现了类似的宗教倾向差异。传统主义者倾向禁止和惩罚，现代主义者倾向管控和医学化。在第一次世界大战中，斯洛文尼亚的农村地区受谈性色变的老派天主教影响，这里的士兵接受了关于禁欲重要性的训诫，并被告知，如果他们感染性病，就会受到严厉的惩罚。意大利也信奉天主教，但更为城市化和国际化，这里的士兵能接受性教育，获得使用避孕套的医学建议。[36]

反恶习运动吸引了那些认识真理和处世方式截然不同的人们。这是对立势力的联盟。在西方国家，包括福雷尔等科学家在内的领军人物关心健康和效率，但却对反恶习的道德说教置之不理，视其为对健全政策和有效治疗的阻碍。与之相对的是克拉夫茨等跨国活动人士，他们对社会改革和政治改革的诉求源自关于是非对错的宗教信仰。这些道德斗士不能接受与邪恶妥协，充其量将其视为权宜之计，他们被禁令所吸引，指责控制酒类销售等计划。富裕的工业家和雇主则动机不同。他们对全面禁酒兴味索然，对个人禁欲就更没有什么兴趣了。然而，他们支持限制工人接触酒类和其他恶习——简而言之，阶级立法①。还有一个以非西方人为主的群体，包括胡志明等民族主义者，他们将欧洲恶习商业和税收视为帝国主义的工具。这四种立场（及其混合变体，如甘地的观点）在 20 世纪早期赢得了信任和追随者，这些立场的兴起恰逢人们越来越担心工业资本主义的无节制和第一次世界大战的危机，它们很好地解释了 20 世纪一二十年代的反恶习运

116

---

① 指仅适用于特定群体、阶层、区域等类别的歧视性立法。

动浪潮，这一浪潮已成为 20 世纪前二十年的特征。[37]

　　20 世纪 20 年代以后，反恶习运动仍然存在，但运动的说辞和理论基础日益世俗化、科学化。在罗马尼亚，东正教反对烟草的传统理由融合了宗教禁令（吸烟是有罪的）和排外主义（吸烟是吉卜赛人和土耳其人做的事）。宗教理由开始呈现出掺杂了医学的特点：作为一种慢性自杀，吸烟是一种违背上帝的罪。到了 20 世纪末，宗教方面的理由已经不复存在，只剩下各种健康问题，这些问题与曾经被称为"魔鬼的药草"的东西相关。[38]

　　尽管时间稍有不同，但除神权政体以外的所有社会都出现了朝世俗化理论基础转变的趋势。医学证据不仅更加可信，或者至少更加具体，还能与民族主义担忧和理想结合起来。信奉基督教的根本正提倡节制，1899 年，他在日本国会上提出了针对未成年人吸烟的禁令。他强调，吸烟会损害年轻人的健康，挫伤国家活力。他警告道，如果放任青少年继续吸烟，他们会"将我们的国家带往可悲的境地"。此外，根本正指出，德国等"文明"国家已经颁布了禁止未成年人吸烟的禁令。日本必须效仿。1900 年，日本这样做了，但 4 年后同一届政府创立了覆盖所有烟草产品、能够创收的垄断企业。所得收益为日本国内发展和帝国主义扩张提供了资金。现代化的雄心壮志再次将日本拉向了两个方向。[39]

　　风度翩翩的美国禁酒人士里士满·P.霍布森成为跨国反毒品的拥护者，他希望自己的国家只朝着一个方向前进。1924 年，他支持国会未决的反海洛因立法。海洛因比烟草更加糟糕，因为它用一周时间就能令初尝毒品的青少年上瘾，将他们变成犯罪僵尸，他们一心要将这种习惯传给别人。"瘾君子面临的困境如此可怕，他们永久康复的希望又是那样渺茫，"霍布森说，"因此，在科学界，瘾君子被称作'活死人'。"受过医学训练的成瘾专家们不这样称呼瘾君子，他们对霍布森的谎言不屑一顾。然而，霍布森成功引起了人们对公共安全和国家安全的担忧。1928 年，霍布森向约翰·D.洛克菲勒等慈善家寻求资助，他又更进一步，声称毒品会威胁文明的根基。到了 20 世纪二三十年代，疾病和安全已经超过罪恶和救赎，成为反恶习事业更确切的说辞。[40]

除了西方社会的世俗化、科学化转变，言辞转变的一个原因在于，一种狂热的气息已经加入了道德运动之中。历史学家杰克·迈尔斯曾说："宗教令人们做毫无意义的事情，这构成了它最致命的弱点和最强大的优点。"他的这番言论用来解释恶习似乎恰如其分。斗士打碎了酒徒嘴边的加冰酒杯，令其一脸震惊。他们打碎了药房的窗户，在被认为不雅的电影海报上涂鸦。影响了甘地和其他宗教乌托邦主义者的列夫·托尔斯泰伯爵曾攻击自己想象的恶习。1884 年，他放弃了吸烟、饮酒、食肉、喝茶、打牌和打猎。他尝试停止和自己饱受磨难的妻子索菲亚上床，但失败了。"太令人作呕了，"他事后写道，"我觉得自己像犯了罪。"[41]

狂热的敌人反而成了有用的反面教材。很少有人公开为恶习辩护，但许多人嘲弄严肃的清教徒热衷于禁止他人享乐，清教徒的这种行为反映出，反自由意志主义的法律合情合理的说法是站不住脚的。狂热者的典型并不局限于虔诚信徒。反恶习运动有世俗化的一派，他们源自德国的生活方式改革运动（Lebensreform），这场运动在 20 世纪初也呈现出了跨国特征。其拥护者鄙视烟酒，热衷于田园般的简朴、有机食物、裸体主义和同居关系（德国人称之为"素食婚姻"），许多旁观者认为这怪诞不经，甚至视之为带有激进改革色彩的性爱许可。从另一个角度来看，同样的做法相当于对工业秩序的果断否决。工业秩序大量生产的毒物令数代工人一贫如洗，工业秩序对裸体的不安强化了肉欲，工业秩序对肉类的贪婪刺激了杀戮欲和战争。不论这些假设是否说得通，它们都无法阻止对西欧和北美洲一个个"没有上帝的伊甸园"中的裸体体操、滥交和神秘主义耸人听闻的报道。[42]

即便那些不古怪或有宗教信仰的改革者对反恶习的轻重缓急也多有争议。一些改革者与盟友分道扬镳，其中就有菲律宾圣公会主教查尔斯·亨利·布伦特。布伦特主持了 1909 年和 1911 至 1912 年的国际鸦片会议。这些会议为建成将麻醉品生产限于满足医学和科学需要的条约体系奠定了基础。布伦特谴责包括国家税收在内的其他所有用途，认为这些用途都是恶习和犯罪。他在这个问题上的道德权威性举足轻重，久病之后，他又继续参加了国际联盟①的鸦片会议，尽管他的身体日渐衰弱，已不适合这样的行程。1923 年 8 月，他在日记中倾诉"该死的鸦片烂摊子又开始了"，这是指即将到来的一轮国际协商。但主席希望他前往日内瓦，所以他还是去了。[43]

外交史学家称布伦特是一位典型的道德斗士，宗教信徒称他是"人间圣徒"。他两者都是，但又都不是。布伦特出生于安大略，1887 年被任命为圣公会神父，在美国开始从事牧师工作，并在波士顿最藏污纳垢的教区任职。在那里，他发现了许多戴罪之人，其中包括一位改过自新的酒徒，连圣餐杯中的酒都不敢饮用。然而，布伦特是从更广泛的意义上理解教区信徒的罪过的，认为它们是一切阻碍通过信仰上帝寻求完整性的事物，而寻求完

---

① 国际联盟（League of Nations），指存在于 1920 至 1946 年的国际组织。

整性是基督教生活的核心。他并不认为微不足道的消遣足以对其构成阻碍。布伦特自己也找时间下棋，偶尔打打桥牌、保龄球、曲棍球、网球和高尔夫。他欣赏音乐和戏剧，萧伯纳的《巴巴拉少校》（*Major Barbara*）除外。他认为其中"充斥着对人类理想的不信任，所以没什么用"。他自己的理想将社会福音和基督教团结置于情感性的劝诱改宗和强制的节欲之上。到了1926年，在对《沃尔斯特德法案》的看法上，他已经和更为保守的新教徒分道扬镳了。布伦特质疑美国禁酒实验的原则和效用。他认为，有些改革过于不切实际。[44]

改革的混乱

1929年，布伦特在另一次海外旅途中死于心脏病。人们在洛桑的墓地用简朴的橡木棺材将他就地下葬。葬礼仪式像他曾经支持的道德运动一样，使用了多种语言。然而，如果要问布伦特和他同时代的改革者们达成了什么成就，用主教的话坦率地讲，他们制造了一个烂摊子。[45]

这个烂摊子不全是他们的错。在19世纪后30年及20世纪前30年里，两股冉冉升起的全球势力发生了碰撞。其中一股势力是商业化恶习。由于企业利益和政府利益（有时二者在战略上互相冲突），加速推进的享乐革命已经积聚了巨大的惯性力量。商业化恶习是这场革命中利润不菲、可能使人成瘾的一个方面。另一股势力是反恶习运动。这股势力是改革者强烈的反对（虽然他们通常在策略上互相冲突），他们谴责商业化恶习威胁了道德、物质、国家和种族的进步。这些改革者从更为广泛、进步的反自由市场滥用的运动中积聚了力量，赢得了信誉。

两股势力的碰撞形成了一种政策大杂烩。1929年布伦特逝世之时，全国禁酒令已经走到了尽头。1932年芬兰放弃了禁酒政策，1933年美国也废止了禁酒令。赫尔辛基的废除禁酒狂欢持续了两天。服务员用伏特加酒壶注满酒杯。私酒贩子以15美分一夸脱的价格抛售存货。警察增设了一倍的巡逻队。[46]

禁酒令让位于国家管控或各州管控，通常伴随着地方禁酒令的选项。典型的例子是拉脱维亚。战时禁酒令减少了醉酒行为，战后废除禁酒令又增加了醉酒行为。1921年，议会确立了政府对酒类生产和分销的垄断。1925年，议会根据地点和时间限制零售销量。法律禁止周六中午到周一上午售酒，进一步证明了对工人阶级饮酒的担忧如何影响了酒类管控。政府也将1.5%的酒类税收用于戒酒宣传，允许市政委员会和县级委员会共同禁止售酒。那些这样做的委员会大多来自拉脱维亚的农村地区。提供酒水的酒馆和餐厅聚集在城市和大城镇中。[47]

尽管农村地区拒不配合，20世纪20年代的趋势还是朝着管控酒类销售的方向转变。到1930年末，除了面积小的爱德华王子岛，加拿大各省都已经放弃了非强制性禁酒。早在1925年，加拿大基督教妇女禁酒联盟主席就声称"全世界都在禁酒"。然而，不论是在加拿大还是在新成立的国际联盟中，情况都并非如此。生产葡萄酒的国家，尤其是法国，阻止了对毒品以外的致醉物质的国际调查。欧洲人的文化习惯不容置疑，但亚洲人使用鸦片制剂却是人们可以批评的对象。[48]

欧洲人的确曾在一定程度上质疑过赌博的习惯。19世纪，欧洲大陆的大国已经宣布商业赌博非法，这为摩纳哥和其他赌场公国打开了市场。同样，英国官员打击香港赌博，促使香港当地赌徒跑到了附近的葡萄牙殖民地，令澳门从中受益。然而，同一批英国殖民官员却容许赛马，以及在私人住宅和俱乐部中玩高赌注纸牌游戏。奥地利警察无视滑雪度假村里的扑克游戏，尤其是当检察官和警长在玩的时候。地位代表着特权。[49]

金钱也能带来特权。1837 年，法国国民议会宣布赌场非法。但随后，在 1907 年，法国政府决定再次准许一些赌场游戏，最终政府自己占了 60% 的赌场生意份额。地方政府又占了 20%。税收的诱惑一直都在，也是合法赌场和同注分彩赌博①得以留存的主要原因。1933 年，就连以不容忍公众的恶习著称的纳粹政府也同意重新开放巴登-巴登的赌场，这里是陀思妥耶夫斯基曾经常去的地方。毕竟游客能带来可观的收入。[50]

在有组织赌博仍然违法的地方，赌博在恶习区悄悄存在着。犯罪集团经营基诺和法罗牌赌博店，拿出一部分收益行贿，再把剩下的钱装进腰包。阿尔·卡彭从自己在伊利诺伊州西塞罗的流动赌场和体育博彩俱乐部中赚到了 100 万美元。西塞罗是芝加哥的一处郊区，这里有铁路枢纽，同时城镇政府极易颠覆。走私谋取的利润并未让卡彭栽跟头，最终让他栽跟头的是未将这一赌博收入上报。1931 年，卡彭被指控逃税，罪名成立。他用东方地毯、橱柜收音机、高背椅和流苏灯装点自己的牢房。[51]

对卖淫的管控也面临着类似的冲突和诱惑。19 世纪至 20 世纪初，卖淫可分为三大类：合法且受监管的，非法的，非法但受监管的。大革命后，法国形成了一种国家管控的卖淫体制，旨在

①一种起源于法国的下注方法，指在赛马等项目中，赢家按下注金额分享扣除手续费之后的赌金。

通过注册登记、定期体检、关押染病女性和限制特定地区性交易来减少性病传播。19世纪的欧洲各国纷纷试行法式管理，这一惯例也随着法兰西帝国在全球的扩张而传播。1898年，西班牙将菲律宾割让给美国。随后，菲律宾鸨母们用星条旗重新装饰妓院，宣传自己有执照许可，吸引美国士兵。她们确实吸引来了士兵，但没有做好预防。马尼拉军队医院收治的士兵中有六分之一都感染了性病。[52]

阿根廷等获得独立的政府建立了自己的注册登记系统，但都不是十分有效。秘密的妓女们继续从事桃色交易，她们大多数是快速发展的城市中的贫穷女性。1900年，俄国官员已为34 000名妓女注册登记，但知情观察人士判断，真实的数字要高上10倍。其他欧洲大陆城市的情况稍微好一些。欧洲官员坚持追根溯源，发现半数以上的性病感染来自秘密卖淫的妓女或兼职妓女。[53]

许多英美新教徒反对管控。约瑟芬·巴特勒是英国支持废除管控的领袖人物，她发动了一场长达17年之久的废除《传染病法》（Contagious Diseases Acts）运动。该法允许进行强制检查，并将染病妓女送入"性病医院"。尽管议会最终在1886年废除了该法，但巴特勒的国内和国际盟友却在其他问题上产生了分歧。关闭获准经营的妓院和违背妇女意愿、囚禁她们的性病医院，清除这些地方的丑闻就足够了吗？还是应该取缔卖淫本身？是否应像威廉·斯特德主张的那样，一方面容许自愿卖淫，而另一方面起诉具有强制性的行为，例如贩卖儿童？[54]

北美洲的清教卫道士反对这种划分。他们认为，卖淫是一种具有毁灭性的社会罪行，它与酒精饮料和色情作品相关，体现了性的双重标准，因而更加恶劣。加拿大曾短暂试行了管控，一些美国城市也进行了类似的尝试，改革者们成功在一些地方正式废除了卖淫，除了少数几个地方，其中最臭名昭著的是新奥尔良的红灯区斯托里维尔。然而，选择性起诉很快成为管控的一种替代形式。在明尼苏达州的圣保罗，鸨母们每个月都要到治安法庭缴纳"经营非法活动场所"的罚款。她们实际上是在纳税并续签合同，以继续经营非法活动场所并保证其秩序。如果她们容许抢劫、袭击或通过绑架、欺诈的手段诱使女性卖淫，她们可能会面临关门处罚。如果她们能控制局面，确保一切在可接受的范围内进行，就可以迎来安定和谐、友好支持，警察也会很乐意在鸨母们的圣诞节开放日聚会上为关系缓和举杯祝酒。[55]

毒品例外论

单一因素不足以解释反恶习政策的变动。严苛程度差异和时机差异反映了文化、政治、宗教和发展的差异，也反映了军事上的突发情况。莱比锡会战败阵后，拿破仑将烟草税提高了一倍。第一次世界大战期间，交战国禁止蒸馏酒。一些反恶习人士比其同伴更富有技巧，更坚定执着。布伦特主教拥护国际毒品管控事业以及约瑟芬·巴特勒挑战英国《传染病法》都有其意义。然而，放眼全球，反恶习运动不仅仅是"这里胜利，那里挫败"这种零散的模式。1870 至 1930 年更为普遍的模式是，反恶习措施越来越多地以世俗和功利的理由为依据，并且趋向于对恶习进行正式或默许的监督，而不是道德化的禁止。在接下来的 60 年里，规范化的趋势将得到强化，消费社会中的怀疑论者和机会主义者都对许多传统"恶习"——他们使用的着重引号说明了一切——

是否有任何令人反感之处表示了怀疑。[56]

　　这一趋势中有一个非常重要的例外。不过，这个例外在所有文化中过于一致，就连这个例外似乎也是普遍模式的一部分。这就是反对非医用精神活性药物的全球运动。在 20 世纪早期，精神活性药物主要指鸦片、罂粟、古柯和大麻提取物。一系列国际条约的前提在于，如果药物供应能够局限在医学和科学需求以内，非医用行为和成瘾行为就会像缺水枯萎的杂草一样逐渐消失。但这并没有发生。1912 年，多国在海牙签署了《国际鸦片公约》（International Opium Convention），1953 年，《鸦片议定书》①签订。这 40 多年间，国际鸦片生产的管控逐渐收紧，加拿大、墨西哥、牙买加、法国、埃及和苏联等国的毒品法也日益严苛。人们常说，美国的禁酒令并未消失，其残余的做法被延续到了对毒品的打击之中，这一观点广泛适用于 20 世纪中期的世界，也适用于殖民地和前殖民地。直到 1974 年，非洲法语区国家的毒品罪犯仍然面临着最高 5 年的刑期，因为当时《法国公共卫生法》（French Public Health Code）仍然有效。[57]

125　　这场反对非医用毒品的战争是反恶习运动最持久的遗产。20 世纪中期，性病预防与治疗改进，性爱双重标准淡化，避孕方法发展，以及两相情愿的婚外性行为的机会增多，使得妓女的数量减少，也缓解了围绕她们而产生的焦虑和恐慌。抽烟、饮酒和赌博在 20 世纪中期也不再那么具有争议性。但鸦片、古柯和大麻仍然属于禁区。非医疗性的使用有时被称为享乐性的使用，据说，这类使用会使人成瘾，沦为奴隶，也会致人患病、贫困和堕

---

①《鸦片议定书》（Opium Protocol），全称为《关于限制和监管罂粟植物种植，鸦片的生产、国际和批发贸易及使用的议定书》，规定了鸦片只能用于医学和科学目的。

落，最终摧毁个人。毒品成瘾是反社会者和懦夫的最后一站，他们满足于"以生命的粪堆为食"。[58]

　　这种偏见在国际上普遍存在。一位俄罗斯精神病学家称，可卡因和犯罪是"结拜兄弟"。一位埃及医生称，乞丐们睡在亚历山大港的入口是因为他们常年吸食哈希什。一位巴西法医学教授指责吸食大麻引发了奇奇怪怪的犯罪行为。一位秘鲁精神病学家称，吸食古柯的人是感情麻木的文盲，经常无家可归、违法犯罪。一位日本纪录片摄影师称，毒品成瘾者是"活死尸"。[59]

第五章

亲恶习运动

　　1993 年，药物与精神病史学家约翰·伯纳姆出版了《坏习惯》（*Bad Habits*）一书，研究了美国历史上的饮酒、吸烟、毒品使用、赌博、婚外情、禁忌性行为和脏话。体面人士曾一度将这些恶习与男性犯罪集团联系在一起，维多利亚时代的人和进步主义改革者即使没有压制这些恶习，也曾将它们边缘化。这本书主要讲的是，禁酒令废除后，这些恶习迈着小碎步重新踏入了商业与文化的主流中。到了 20 世纪四五十年代，这种小步快走变成了慢跑，60 至 80 年代则变成了全速奔跑。

　　美国之所以变成了富裕版的维多利亚时代的地下社会，原因有很多。大萧条不仅仅带来了酒业收入，也带来了种种诱惑。手头紧张的电影公司制作了令人"性"致盎然的电影，直到 1934年美国严格实施《电影制作法典》①，这些电影内容才得到审查。囊中羞涩的牧师无奈将教区会堂让给了玩宾戈游戏的赌徒，气氛紧张起来时，赌徒们便一边摆弄着手中的幸运符，一边连连抽

①《电影制作法典》（Motion Picture Production Code）是美国电影业的审查性法规，1930 年被美国制片人和发行人协会采纳，1968 年被美国电影分级制度取代。

烟。第二次世界大战使数百万人染上了闻所未闻的恶习，市场、交通和科技领域的创新同样也使人们染上了恶习。当消费者有了可以看广告的电视、可以冷藏新式半打啤酒的冰箱，啤酒销售就水到渠成了。消费者还有了更多的娱乐时间。战后的派对狂欢不再是从周六开始，而是从周五晚上就开始了。

　　自由论者和浪荡子变得更加大胆了。1953 年，休·赫夫纳发行了《花花公子》（*Playboy*），将裸体人像夹杂在谴责清教主义的社论与出售高端汽车、立体声音响、流行服装、古龙香水和烟酒的广告之中。烟草广告商十分喜爱《花花公子》，因为杂志读者多是年轻人，烟瘾还都很重。赫夫纳的做法被争相效仿，在百无禁忌的消费文化中，这种做法将无节制的性爱幻想与跻身上流的憧憬联系了起来。百无禁忌包括不忌违禁药物，或者至少包括不忌各种相对温和的性药。20 世纪 70 年代，赫夫纳资助了美国全国大麻法律改革组织（National Organization for the Reform of Marijuana Laws）。该组织沿用了反禁酒令人士惯用的措辞："个人自由、代价、犯罪、禁果、法律限制的失效，人人都这么做。"[1]

　　事实上，并非人人都这么做。赫夫纳和盟友们激起了传统道德捍卫者的满腔怒火，让文化战争硝烟再起，而这与 100 年前的纯净运动十分相似。尽管共和党人打着保守道德政治的旗号步入政坛，但他们和赞助他们的企业丝毫没有扭转恶习成为主流的趋势，这一趋势一开始就激怒了道德保守派。到了 20 世纪 90 年代，各个便利店中啤酒、烟草、卷烟纸、彩票、避孕套和色情刊物一应俱全，一如 19 世纪 90 年代美国任何一家低级夜总会中的场景。美国的军人俱乐部里处处都有老虎机，这些老虎机每年能从醉醺醺的军人身上榨取 1.5 亿美元的零钱。那些曾经声名狼藉的反主

128

流文化事物现在在市场上司空见惯，在社会上无处不在。[2]

　　一直到 20 世纪 20 年代，全世界一半的新教传教士都来自美国。在这样一个清规戒律大行其道的社会中，恶习竟然能够成为主流，这一点着实引人注目。20 世纪 40 年代，美国成为世界上首屈一指的超级大国和文化参照点。在这样一个文化领域生机勃勃的社会中，恶习竟然真的成为主流，这着实深刻影响了全世界。"我第一次听到摇滚乐的感觉比我失去童贞时的感觉还棒。"捷克音乐家彼得·扬达回忆道。对于其他人而言，他们的"顿悟"则来自美国不受束缚的消费主义。这种消费主义通过超越国家的简化英语传播给了法国年轻人，他们欣然接受了英语中"周末"的说法"le weekend"；也传播给了德国人，他们会说"cool"（酷）表示赞同。1979 年，美国人口约占世界总人口的 5%，而美国广告支出几乎占据了世界广告支出总额的半壁江山，世界上四分之三的大型跨国广告机构都在美国。世界最大的广告公司智威汤逊（J. Walter Thompson）的一位主管曾写道，西班牙等国的年轻人认为所有好东西都来自美国，他一语道破了当时人们的普遍感受。他们也许并不关心美国政治，但他们喜爱美国的音乐、电影、汽车、金钱和自由。将这些特质与某个品牌（这位主管当时想到的是温斯顿香烟）联系在一起，然后便可静观其产品销量腾飞。[3]

129

战时

　　维多利亚主义在全球范围内的谢幕不仅与追随文化领袖的风潮相关。诸多改变了美国道德平衡的势力同时又独立作用于世界上的其他地方，尤其是不受计划经济或伊斯兰宗教束缚的西方社会。其中一股势力便是第二次世界大战。战时约 7 000 万人在世界各国的军队里服役，其中大多数都是处于应征年龄的男人。从进入训练营开始，他们就接触到了军营生活，在军营中，虔诚是社会责任，精明世故的人奠定了军营的基调。"士兵的社会并不文明，"1943 年《步兵杂志》（*Infantry Journal*）承认道，"这是一个男人的社会，他们常常蓬头垢面，专注做杀人的苦差事，他们所受的训练总是强调稍稍退回到茹毛饮血的状态也未尝不可。"似乎为了强调这一点，美国军队给士兵提供廉价啤酒、女郎海报、每月 5 000 万个避孕套和免费香烟，当他们身在异国时，这些免费香烟通常会用来换取一夜春宵。[4]

更加高雅的享乐也使得军中士气高涨。德国国防军为军队开设了点播节目和综艺演出。被困在斯大林格勒的德国兵曾在遍地废墟的街道上发现了一架大钢琴，他们即兴弹起了钢琴。100 名士兵头盔上搭着毯子，瑟瑟发抖，聚精会神地听一个战友演奏贝多芬的《热情奏鸣曲》，全然忘却了苏军的炮火。然而，在其他方面，德国士兵像其他所有国家的士兵一样，举止粗鄙下流。德国战俘的秘密记录揭示了堪比性旅游的真相。波尔多是"一个大妓院"。在巴黎，士兵只需找个"有女孩坐在桌边的酒吧，你就十分确定自己可以带她回家"。[5]

这么干可不行。德国军官反对四处勾搭以及可能由此带来的性病。但他们清楚，士兵们不可能错过征服占领带来的性机会。因此，他们建造了 500 多座妓院，非德国女性根据严格的卫生规定被迫在这里工作。士兵们通过卫生检查，拿到一张标有戳记和日期的通行卡，领到包装完好的避孕套和一小罐消毒剂，然后排队等待。17 岁的马丁·艾兴泽发现侍奉自己的是一个有着一头黑发、和他年龄相仿的斯洛伐克女孩。"和她做爱太棒了，虽然我听不懂她在说什么，"他回忆道，"最麻烦的是当她张开双腿时，我必须给她喷消毒剂。只有这样她才会在我的卡上签字。你必须把空罐子和通行卡一起拿回来。如果你没有喷消毒剂或者把空罐子拿回来，你会被罚额外做两周的劳役和看守。"[6]

所有这些故事都贯穿着恶习的常态化。香烟有配给量，娼妓有通行卡和包装完好的避孕套。战争也滋生了一些习惯性行为，不过算不上恶习。一个典型的例子就是服用甲基苯丙胺药片，德国人称之为柏飞丁（Pervitin）。战争爆发之初，这种药物和军队并没有什么特殊关联。20 世纪 30 年代末，德国甜品制造商甚至会将其添加到盒装巧克力内，推销给家庭主妇。（广告词"希尔德布兰德［Hildebrand］巧克力永远让您愉悦"自称是最真实的广告，的确是名副其实。）当军队意识到甲基苯丙胺有消除恐惧、打消睡意的特点时，它便迅速成为闪电战的关键组成部分，成为重要的军用药物。德军和脚蹬滑雪板的芬兰军队共同分享这种药物，以弱对强，迎战苏联红军。很快，英军和美军也发现了其中奥秘，开始向飞行员和士兵提供大量安非他命。研究人员发现，服药会振奋情绪。休假中的德国人也发现了这一点，他们称柏飞丁为"假期药丸"，享受药物对性欲的作用。[7]

131　　另一种假期瘾品是酒精。德国军队允许喝酒缓解压力，全然不顾纳粹的意识形态。军营商店出售烈酒，这一安排也使士兵的工资循环流动了起来。在医院疗伤休养的士兵会喝酒。海因里希·伯尔①曾是一名德军步兵，他在东部战线受过伤。一位富有同情心的医生让他多喝酒，这样他的伤口会痊愈得慢些，可以晚

---

① 海因里希·伯尔，德国作家，1972 年诺贝尔文学奖得主。

些重回战场。现役士兵也喝酒。"我们在每次突击之前都会疯狂喝酒。"一名轰炸机飞行员说。他在喝完酒后会吃柏飞丁以保证自己能保持警惕。军官会发酒作为对加班，包括执行任务的奖励。德国国防军病理学家调查的 1939 至 1944 年不明死因的死亡案例中，有整整三分之一最终被证实与酒精或者毒品有关。即便如此，研究战时饮酒的历史学家彼得·施泰因坎普夫写道："军队长官对饮酒视而不见，只要饮酒不会造成军队全员酩酊大醉就可以。"[8]

依靠化学药物提高警惕与战争重压之下寻求放松形成了循环，这种循环获得了道德上的豁免权。有时候不仅仅是豁免权这么简单：弃船的命令会使水手们扫荡船上的小卖部，寻找香烟，因为香烟对于提振救生艇上人员的士气至关重要。问题在于，老兵们不一定会放弃战时的习惯。伯尔在战争期间服用了大量甲基苯丙胺，战争结束后，他写小说写到深夜时，仍然会继续吃这种药。平民百姓也服用这种药。安非他命和甲基苯丙胺是肾上腺素类药物，能够使人振奋精神，减少抑郁，抑制食欲，在 1939 年之前就已经流行开来了。战争是催化剂，创造了更多使用者，更多磨难和更多库存。这些库存通常进入了战后的黑市。无家可归的日本孤儿用偷来的东西换取甲基苯丙胺，这能为他们提供能量，免受饥饿之苦。日本人不论男女老少都回收使用烟蒂，讨要香烟。火柴短缺的时候，他们便用放大镜点燃香烟。喜欢发号施令的电车售票员指着禁止吸烟的标志，却遭到了一番嘲讽："我们还有没有民主了？"害人最深的逃避现实之物是掺入甲醇的廉价酒。日本投降次年，数百名饮酒者死于饮用这些勾兑酒。没有人知道究竟有多少日本人因此失明，其中不乏伤残老兵。[9]

战后享乐胜地

如果说享乐、恶习和成瘾的历史与摆脱无聊、痛苦和压力的尝试息息相关，它也与移民、交通和通信的转变密切相关。战争也影响着上述转变。尽管编组站被炸得坑坑洼洼，许多船只都被鱼雷击中，但商用轮船、运输机和机场设备的大规模生产促进了货物和人员的远距离流动。1939 至 1950 年，经通货膨胀调整后的海运成本下降了 46%，飞机票价下降了 38%。军用运输机的民用机型 DC－4 点缀在从阿根廷到斯堪的纳维亚的天空中。[10]

价格合理的海运和空运促进了移民迁徙。1948 年，英国放宽移民政策限制，到 20 世纪 60 年代初，英国接纳了 50 多万移民。其中有吸食大麻的印度人和中东人。他们使得战前小规模的英国大麻市场越来越大，越来越持久。药品部门负责人称这些人为"没有工作的有色人"。20 世纪 50 年代末至 60 年代初，吸食大麻的习惯从"没有工作的有色人"传向了英国本地人。年轻白人吸食大麻引发了负面报道、更严格的法律，以及登上新闻头条的逮捕消息。最臭名昭著的事件是，1967 年，滚石乐队的成员基思·理查兹被捕。[11]

争议较小的是长途旅游。这些旅游目的地中最受欢迎的一些地方成了享乐胜地，这些地方配备了能够容纳大量游客的设施，是满怀期待的游客的朝圣之地。和所有经济活动一样，享乐胜地在相对具有优势的地方兴盛了起来。最成功的享乐胜地拥有自然美景、历史和建筑地标、文化和反主流文化聚集地（参观嬉皮士聚居区的大客车）、饭店、体育赛事、游乐园和购物，当然也少不了恶习，但不仅仅是恶习。人们戏称阿姆斯特丹是一个周围全是大麻商店的机场，这个玩笑对这个有着荷兰国立博物馆、安妮·弗兰克之家和阿贾克斯足球俱乐部的城市是不公平的。旅游业的最佳规划是集各种乐趣于一体，不论有序与否，都能够吸引不同口味、不同消费水平的多样客户。

巴黎、伦敦和纽约等一些国际都市拥有高租金的游客区，如巴黎第七区、伦敦西区和曼哈顿中城，除了这些国际都市，很少有战后享乐胜地能够提供所有吸引游客的东西。不过还有其他方法能打开市场。在慕尼黑和维尔茨堡等遭到严重轰炸的城市中，德国人煞费苦心地重建了中世纪式样的城区，保证钟琴塔能够准点报时。荷兰人擅长对事物稍加修改后重新利用。阿姆斯特丹水坝广场上的代尔夫特新教堂成了演奏厅和展览馆。布雷达市的一座女修道院坐落在比利时边境附近，它从基督教的蛹壳中破茧而出，成了国际化赌场。其他企业家东拼西凑，把当地所有吸引人的东西——沙滩、游猎、滑雪和罕见菜肴——一并拿出来，再用独特的方式将它们结合起来。多感官享乐相加的总和大于其组成部分。人们在圣托里尼岛不仅仅是为了吃饭，而是为了在一个露天阳台用餐，同时俯瞰岛上壮观的火山港口。

从 20 世纪 70 年代开始，圣托里尼岛和其他风景优美的港口出现了越来越多的大型游轮，它们是漂浮在水上的享乐胜地，船上卡巴莱歌舞表演、赌场、餐厅、商店、温泉疗养中心一应俱全，还可以在泳池边品尝点缀着马拉斯奇诺樱桃[①]的甜酒。在乘客们不慌不忙地从一个目的地驶向另一个目的地的途中，他们的体重平均每天会增加一磅。那些更倾向于文化体验的人会选择欧洲河轮。1992 年，莱茵-美因-多瑙运河开通，欧洲大陆游成为现

① 指腌制于糖浆或利口酒中的甜樱桃，多用于鸡尾酒和冰激凌等食物。

实，莱茵河畔的城堡、以半木结构的建筑风格为特色的小镇和巴
洛克宫殿如同颗颗璀璨珍珠由河流串联起来。河轮业巨头维京游
轮将白天游玩、夜晚开派对的模式推广至全球，在尼罗河、长江
和湄公河上提供类似的服务。在举办餐后历史讲座的时候，酒吧
仍然开着。[12]

　　大多数游轮乘客乘飞机从不同地方出发，到达登船港口。航
空公司的首要卖点是速度，而不是奢华。即便如此，20世纪三四
十年代，航空公司也开始提供烟酒作为消遣项目和镇静剂，这在
国际航班上尤其常见。波音在宽敞的377同温层巡航者腹部打造
了一个鸡尾酒酒吧。当座位安全带的指示灯熄灭后，鸡尾酒时间
开始了。到了20世纪五六十年代，经济舱中经常能够看到饮料
推车上放着酒，这是航空公司的另一棵摇钱树。机组人员也开派
对，他们在酒吧舞会上短暂逗留，回来后吸氧，往嘴里塞迪西
卷①。"你应该玩得高兴点，玩得尽兴，"一位泛美航空公司的空
乘回忆道，"这就是60年代，除了酒水还有很多大麻、哈希什和
其他东西……听起来可能有些让人震惊，但以前就是这样。"[13]

　　注意，这已经是过去时了。药检限制了机组人员参加狂欢宴
会。禁止吸烟令机舱空气清新如初。但航空业绝对没有和消遣性
恶习撇清关系。1997年，瑞士航空公司和新加坡航空公司在长途
航班的椅背上增加了赌博游戏：只需触屏就能玩。在阿姆斯特丹
转机的乘客在中转间隙赌博，如果他们厌倦了老虎机，就玩21
点或轮盘赌来试试自己的手气。"这确实能打发时间。"一位中途
停留5个小时的希腊乘客解释道。法兰克福国际机场的情趣商店

① 迪西卷（Dexedrine），一种含有右旋安非他命的药物，属于中枢神经系统兴奋剂，有
滥用和成瘾风险。

纽伦堡，维京"史基尼尔号"（*Skirnir*），鸡尾酒时间的忙碌，2017 年。享乐胜地和连接享乐胜地的享乐之船将许多具有吸引力的事物结合在了一起。其中，酒是唯一不变的元素，酒和柴油、航空煤油一样，是现代旅游业不可或缺的一部分

也一样。较为传统的机场消遣包括酒水、咖啡、寿司店、按摩中心、饭店、时装店和免税店。由于没有机场，梵蒂冈城利用一个老火车站和 1929 年签订的《拉特兰条约》①建立了一个三层高的免税店，店内哥顿金酒和古巴雪茄一应俱全。[14]

　　战后旅游业和旅行令曾经一度被视为恶习的事物常态化了。度假者本人可能会拒绝无上装日光浴甲板，或躲开随处可见的酒吧和老虎机，但他们无法回避这一信息：这些事物现在已经成为现代休闲景观的一部分。欧洲贵族阶级的壮游者曾接触的种种奢

----

①《拉特兰条约》（Lateran Treaty），指 1929 年意大利王国与罗马教廷订立的条约，该条约承认梵蒂冈是罗马教廷主权下的独立国家。

侈品和诱惑已经渗入中产阶级和富裕的工人阶级中。1960 年之后的半个世纪里，旅游业扩张了 30 倍，占全球生产总值的 5% 至 10%。随着曼谷、澳门和迪拜等旅游城市的兴起，这成为一种东西方皆有的现象。[15]

曼谷、澳门和迪拜的共同之处不仅仅在于日渐增多的机场航站楼，还有对外国游客的官方许可政策和对恶习的非官方纵容政策。例如，如果迪拜当地的酋长不欢迎非穆斯林投资者、居民、游客和移民劳工，实际上也就是所有来自阿拉伯联合酋长国以外的人，迪拜就永远不可能有今日的现代形貌——一个新兴城市、避税天堂、自动洗钱机、航空枢纽、不同建筑风格的结合体和国际妓院。豪华酒店为刚刚到达的性工作者提供免费住所，明白这些人能够服务酒店宾客。虽然迪拜政府会时不时做做样子，进行整治，但大多数时候他们对迪斯科、香槟早午餐和乌克兰妓女都睁一只眼闭一只眼。[16]

在阿联酋附近的国家巴林的首都麦纳麦，恶习几乎也是同样公开的。在那里，身穿贝都因服装的年轻男人喝了一轮又一轮，打量着异域舞者。"你需要喝点酒才能享受别的东西。"一位沙特阿拉伯游客解释道，他每周末都来这里。沙特阿拉伯的饮酒量就像所有阿拉伯国家的饮酒量一样，随着石油业繁荣而增长。西方广告商暗中推动了这一趋势，他们在允许酒类广告的区域性转口港黎巴嫩印刷杂志和报纸，然后将成千上万的杂志和报纸空运到沙特阿拉伯，从而打入王国内部。沙特的审查员尽可能地销毁这些东西。但是广告商们明白，审查员优先审查衣着暴露的女性，他们的许多威士忌广告都会通过。随后，1986 年，法赫德国王大桥开通，直接连通了沙特阿拉伯与巴林，使饥渴的内陆游客大量涌入。到了 2009 年，每年有 400 万沙特人前去朝圣，他们的消费占巴林经济的十分之一。[17]

南非的应变方法肥了一个人的腰包，这个人就是索尔·科斯纳。这位"南非的唐纳德·特朗普"在 1977 年抓住了一个重要的机遇。1977 年，实行种族隔离的南非政府批准博普塔茨瓦纳获得名义上的独立，博普塔茨瓦纳是一个部落定居地，距离约翰内斯堡和比勒陀利亚有一段车程。科斯纳开始建立太阳城，这个赌博和高尔夫度假胜地中有知名艺人、色情剧院和袒胸露乳、光彩照人的歌舞女郎。"让我兴奋的是，"科斯纳后来说道，"在一个不同种族被法律分隔开来的国家，我们创造了一个所有肤色的人可以一起吃饭、一起赌博、一起看国际表演甚至一起睡觉的地方。"他认为，即使是保守的南非白人，在参观了这个地方后，也会改变观念。他这种对自己利用种族分区谋利的自由主义解读暗示这种改变是进步的，但实际上是否真正如此就另当别论了。[18]

迪士尼世界，拉斯维加斯规则

138

享乐胜地不仅仅是地方。它们是不断改进的享乐配方，企业家为实现利润最大化尝试改变、完善、复制其原料。恶习从来不是唯一的元素。例如，迪拜的一个大型购物中心配有室内滑雪道。而某种程度上的恶习是不可或缺的，就连沃尔特·迪士尼公司（Walt Disney Company）也不能完全抛开这些恶习。

沃尔特·迪士尼是一位奋发努力、注重细节的商人，他富有经商天赋，平易近人的外表下隐藏着胁迫同事改造技术以实现自己愿景的手段。20 世纪 30 年代末至 40 年代初，迪士尼发明了动画电影，随后他又用50年代和60年代初的时间征服了一种新娱乐媒介——电视，以及一种老旧、脏乱的娱乐媒介——游乐园。迪士尼希望去除叫卖小贩和情侣隧道①，增加对童年的怀念和对未来的幻想，提供许多停车位和有益身心的娱乐。

　　这是完美的方案，恰逢其时。但是迪士尼从未将恶习之蛇从自己的伊甸园中驱逐出去。1955年，最早的迪士尼乐园在加利福尼亚州阿纳海姆开园，园内主街上有一家烟草店。迪士尼本人经常抽烟，他在第一次世界大战中做救护车司机时染上了这个习惯。他也喝酒，尽管他努力将酒水排斥在游乐园外。在这一点上，他失败了，更确切地说，他公司的继任者们失败了。位于佛罗里达州奥兰多的迪士尼神奇王国（迪士尼本人曾经设想过，但未能亲眼见到开园）在名义上是禁酒的，但在提供餐食的活动上却供应酒水。2012年，神奇王国在一家与《美女与野兽》（Beauty and the Beast）相关的法式餐厅中提供啤酒和葡萄酒。"酒真的不是重点，"一位迪士尼主管解释道，"重点在于餐厅，在于拥有一次神奇的主题体验。"这种体验似乎太过神奇，2016年园方又开了4家这样的餐厅。这时，主题豪饮已经在其他迪士尼园区颇为盛行，其中包括奥兰多的技术乌托邦未来世界园，该园区从1982年开园起就提供酒水。迪士尼的游轮船队上也有许多酒吧，和竞争者们的酒吧一样货品齐全。只有赌博仍然被禁止。[19]

139　　　迪士尼公司的运营策略是，在不损害家庭友好的品牌名声的前提下，逐渐接近不断扩展的被容许的边界。同性恋日始于1991年的奥兰多，当时3 000名同性恋在一个周六参观了迪士尼主题公园，虽然迪士尼公司并没有发起这项运动，但也没有阻止这些

---

① 指游乐场里供情侣乘车或乘船通过的黑暗隧道。

人。没有阻止这些人是明智的，因为他们在游园时花了不少钱。1996 年，迪士尼成为最早为同性情侣提供福利的大企业之一。2007 年，迪士尼童话婚礼服务将同性情侣包含在内，服务平均价格在 28 000 美元。奥兰多浸礼会神职人员表示失望，但也觉得这不足为奇。一位神职人员说："说到底，他们做生意是为了赚钱。"沃尔特·迪士尼工作室也是如此。那里的主管们发行迪士尼特许的家庭电影，成人题材的电影则交由其他工作室发行，那些工作室也属于迪士尼日益庞大的媒体帝国。而多厅影院的观众却对此一无所知。[20]

拉斯维加斯的运营手段恰好相反。拉斯维加斯从一个赌徒和歌舞女郎基地发展成为国际娱乐、会议和家庭度假的目的地，一直保留着"罪恶之城"的名号。和其他享乐胜地一样，拉斯维加斯仰赖公共基础设施和有利的法律环境。得益于联邦巨石峡谷工程和联邦公路连接了人口快速增长的天然市场加利福尼亚州，拉斯维加斯这座沙漠城市拥有廉价的电力和稳定的供水。如果没有同样由联邦政府出资支持的喷气式飞机革命，那时的拉斯维加斯仍不过是一个区域性旅游目的地。喷气式飞机旅行大幅削减了票价，一天之内就能将赌徒们送往六大洲。赌场经营者萨姆·博伊德经常在火奴鲁鲁做广告。航空公司提供了从大城市出发的直达航班和餐饮、赌博优惠券。从赌场记录和客户推荐中可以得知哪些人是豪赌者，这些人可以获得免费机票。其余的则由旅行社全权包办，他们安排廉价旅程，让赌场度假村的经营者能够全年获利。他们能够合法运作，是经济大萧条所致。1931 年，内华达州州政府批准了成人赌博，此外还加快了离婚手续的办理。立法者和州长用了 5 周时间就毁掉了反恶习活动人士用 5 年时间达成的成果。[21]

如果说比尔·哈拉营造了一种适合中产阶级游客的氛围，从而播下了现代博彩业的种子，那么哈拉最喜欢的建筑师小马丁·斯特恩则大规模实现了这一设想。斯特恩提高了拉斯维加斯的天际线，打造了设施齐全的度假宾馆，改变了世界享乐胜地的面貌。拉斯维加斯在建筑和设计方面的变化并没有局限在拉斯维加斯。

斯特恩研习艺术和建筑工程，在电影《乱世佳人》(*Gone with the Wind*, 1939) 中担任布景师，在"二战"中带领了一个排的工兵。他为部队修建桥梁，炸毁德军桥梁。随后，他又开始将东西重新拼凑起来。他成为一名军事长官，在这个职位里快速学会了协调食物分配、电力、运输、金融服务和建筑。回到洛杉矶后，斯特恩运用自己的后勤知识设计了各种东西，从军事基地到汽车友好型咖啡店，不一而足。1953 年，他成功打入拉斯维加斯市场，受托为撒哈拉酒店（Sahara Hotel）扩建客房，后来又为酒店增建了一座高塔和会议设施。作为酒店和赌场的设计师，斯特恩因对底线敏感而声名在外。作弊的人是个问题吗？斯特恩在自己设计的敏特酒店（Mint Hotel）的赌场中增设了"天空之眼"，可以让专业的监督员透过天花板上的单面玻璃监视赌场中的一举一动。

斯特恩最伟大的才能在于设计了一体化的赌场度假村。他留下的影响深远的建筑——国际大酒店（International Hotel）1969年开业时是世界上最大的酒店。国际大酒店高大宏伟，造型独特，呈"Y"型（客房在两侧，电梯在服务中心），拥有 1 510 间配备空调的酒店房间，还有几乎同样多的老虎机、赌桌、装饰华丽的酒吧和餐厅、皮草店、服装店、珠宝店、儿童照管设施、会议

监控摄像机普及之前的敏特酒店俯瞰画面（1969 年）。敏特酒店是小马丁·斯特恩整修的一家酒店兼赌场，位于拉斯维加斯市中心。酒店雇佣前职业赌徒担任监督员以检测作弊行为。赌场宣传用这些人是"出于安全考虑"，免费带顾客到后台参观。监督员真正的工作是确保利益收割的流程能够有序进行

设施，以及一个大而空旷的剧场，由芭芭拉·史翠珊担任开业表演嘉宾。这里的赌场在当时也是世界上最大的赌场，吸引了在前台登记入住的游客。[22]

斯特恩本人拒绝赌博，甚至连扑克牌都不碰一下。庄家优势就是另一回事了。斯特恩放弃了自己的部分建筑报酬，从酒店和赌博营收中拿提成。他变得腰缠万贯，在多维尔和马利布都有房子，他再婚了，娶了一位年龄只有自己一半大的妻子，建筑业务蒸蒸日上。随着模仿他的国际大酒店和更大的米高梅大酒店（MGM Grand，1973 年开门营业，也就是现在的巴利拉斯维加斯酒店［Bally's Las Vegas］）的建筑在拉斯维加斯和世界其他度假城市拔地而起，他的影响力与日俱增。其中一些建筑是斯特恩亲自设计的，或者是由曾在他公司工作的建筑师设计的。[23]

虽然将斯特恩描述成拉斯维加斯的霍华德·罗克①的想法十分有吸引力，但大型赌场度假中心的成功也需要立法手腕和精明营销。1967 年和 1969 年，内华达州修订了赌博法，使上市公司更容易进入博彩业。这一举动简化了大型项目集资，加速淘汰了年老体衰的私酒贩子和不法财团，这些人曾经玷污了 20 世纪中期的拉斯维加斯市容。米高梅、凯悦（Hyatt）和德尔·韦伯（Del Webb）等公司在拉斯维加斯和内华达州其他城市大量买进现有地产，修建新建筑。乐于助人的记者、公关专家和电影制作人提升了这一处于安全边缘的娱乐品牌的形象，并通过新闻故事、小道传言、旅行专栏和《十一罗汉》（*Ocean's Eleven*，1960）、《龙凤春光》（*Viva Las Vegas*，1964）等电影进行广泛宣传。"这

---

① 霍华德·罗克，美国作家安·兰德（Ayn Rand）在其小说《源泉》中塑造的天才建筑师角色。

是个令人激动的地方，"喜剧演员鲍勃·霍普安抚人们，"你不会觉得它仅仅是个赌博的地方。"尽管文人墨客一直批评拉斯维加斯的各种娱乐消遣（"太糟了，这不好。"安迪·沃霍尔说），但喜欢拉斯维加斯的娱乐旅游专栏作家打消了他们的顾虑，酒店老板愿意为他们提供免费房间、餐食和演出票。[24]

拉斯维加斯的宣传者双管齐下。他们利用传统"堕落周末"的生态系统，以及这一系统的核心——包括赌博、酒精、香烟、拳击和娼妓在内的罪恶又危险的享乐，并围绕这一系统建立了体面的娱乐套餐。他们将这个套餐标榜为一种解放天性的体验，是令人神往的避世假期，通往成人乐园，能够暂时逃离平淡无奇的世界。这种品牌重塑非常成功，拉斯维加斯的游客数量从 1941 年的 80 万人次一跃上升到 2005 年的 3 860 万人次。仅 2005 年一年的时间里，参观拉斯维加斯的游客数量就超过了波兰和加拿大的人口。[25]

规模如此庞大的旅游业能够通过博彩以外的方式产生稳定的收益。最精通多样化经营之道的创新者是史蒂夫·永利，他的父亲沉迷赌博，给家人留下了一屁股债，但他不赌博。永利和哈拉、斯特恩一样，在一体化享乐设计中发现了自己的职业追求。1989 年，他经营的一处突破性的地产项目开始营业，这是一个以南太平洋风光为主题、靠垃圾债券①融资的度假中心，名为"海市蜃楼"。但这个地方一点也不垃圾。单是塔楼设计就经历了 50 个不同的研究模型，才令永利满意。他用名厨、大堂中的热带雨林和魔术师搭档齐格弗里德与罗伊驯服的白虎招待客人。海市蜃楼更像是一个设备齐全的娱乐度假中心，只不过这里刚好有一家赌场，而不像是一家碰巧提供娱乐消遣的赌场。永利说，他的拉

143

---

① 垃圾债券（junk bond），指收益高、风险大的债券。

斯维加斯是给游客"丰富而深厚的情感体验，他们想做自己熟悉的事，但他们度假的时候，会想获得更好、更强烈的体验"。[26]

沃尔特·迪士尼可能也说过同样的话。赌博老手们抱怨说永利的成功令拉斯维加斯变成了一个"成人迪士尼乐园"。鼠帮①出入的赌场已经让位给了巨大的主题度假中心。赌场老板和庄家叫得出常客名字的日子已经一去不复返了。实际上，一去不复返的还有大多数赌桌。赌场设计师换掉了原有的赌桌，取而代之的是一排排蜿蜒排列的数字老虎机。不同颜色的地毯引导着玩家游逛到数字老虎机的区域。选择其他娱乐形式的参会人员和度假者络绎不绝，他们花高价购买东西，从 60 美元一个的神户牛肉汉堡到 600 多美元一瓶的顶级伏特加。伏特加是拥挤的舞厅的重头戏，舞厅里有明星 DJ，门口排着长长的队伍。永利的夜店 XS 在生意好的时候一晚上就能赚到 100 万美元。博彩业收入在拉斯维加斯总收入中所占的比重从 1996 年的一半以上下降到了 2016 年的约三分之一。曾经作为赌场诱饵的折扣客房、廉价食物、雪茄和免费酒水已经一去不复返了。"现在酒店全靠娱乐设施赚钱，"一位赌场经理说道，"它们比以往任何时候都更加商业化了。"[27]

"技术理性化"这个词比"商业化"更恰当。电脑追踪在酒吧玩电动扑克的人，当他们赌到可以获得免费酒水的时候，电脑就会亮起彩灯。（要按"最大赌注"四次，一位富有同情心的酒吧侍者告诉一位顾客。）"数据处理员和统计员毁了拉斯维加斯，"一个老游客抱怨道，"这些东西没有任何价值，没有一点益处。"记者马克·库珀是个老派 21 点玩家，他憎恨这种新的管理方法，

---

① 鼠帮（Rat Pack）指以亨弗莱·鲍嘉（Humphrey Bogart）为首的一群美国电影演员组成的非正式团体，团体成员常在拉斯维加斯演出、聚会。

将此番场景解读为新自由主义的寓言。"拉斯维加斯常常被描述成一座梦想和幻想之城，一座俗丽的虚幻之城，"他写道，"但这是一种误解。拉斯维加斯其实是美国市场伦理的极致展现，是一个摆脱了现代消费资本主义的伪装和规则的迷你世界。"[28]

2004 年，库珀写下这番谴责时，加上"美国"一词是多此一举。因为在过去的 10 多年里，拉斯维加斯已经走向国际，日益稳固的跨国博彩度假业因而蓬勃发展起来。到了 1994 年，希尔顿酒店（Hilton Hotels）已经收购了斯特恩的国际大酒店，其子公司正在加拿大、土耳其、澳大利亚、乌拉圭和埃及运营或规划赌场度假村。其中，埃及的赌场度假村每天能吸引 1 000 位以色列人，赌徒们心满意足地让钱财散去。希尔顿的竞争对手在东欧、加勒比地区和南美洲选址。永利认为，阿根廷北部的伊瓜苏大瀑布是理想的地点。"也许除了亚洲国家"，开创了博彩研究的经济学家比尔·爱丁顿说，政策态度已经"从将赌博视为一种恶习转变成将其视为一个可以利用的机会"。[29]

我们不难发现其中的模式。哈拉、斯特恩、永利等赌场企业家和设计师发现了如喷油井一般的收益来源。收益刺激了模仿，模仿促进了常态化，常态化巩固了收益，创造了净化恶习的良性循环。对这种急剧增长的首要威胁不是来自过去的卫道士，而是来自竞争性的过度修建，以及实体行业在未来可能会过时，因为新一代数字企业家发现了将恶习主流化的其他方式。

营销恶习

行为经济学的核心观点是，市场交易通常是不理性的。交易中的各方，包括专家，都无法摆脱进化给人类留下的认知偏见和情感弱点。其中，最重要的一点是，我们通过故事了解世界，包括那些引人入胜、被人用以辩解的故事，这些故事是用来让我们消费那些会造成经济、健康和道德隐患的产品。经济学家乔治·阿克洛夫和罗伯特·席勒称这些故事是"钓愚"。钓愚既发生在金融服务市场，也发生在消费品市场，原因都是一样的。就算一家公司没有钓愚，另一家公司也会这么干。1993年，美国银行决定不再受理内华达州各妓院（妓院在内华达州的农村各县是合法的）的信用卡业务，这时一家对手银行站出来，提供了必需的服务。"有了我们这样的客户，他们激动得要命，一点儿顾虑都没有，"野马牧场妓院①的老板说道，这位老板一晚上就开了几千美元的账单，"我们是一家合法企业，你知道的。"[30]

　　"合法企业"的讲法取决于社会环境中的一个特殊的变化，即1971年内华达颁布的一部法律。长期以来，这种转变影响了人们对恶习的态度，例如，战争、军队卫生和种族意识形态促使德国和日本建立了受监管的妓院，沦陷国的女性被迫在这些妓院里工作。但这些例子以及其他例子是对改变后的环境做出的反应，不论是好是坏。20世纪发生的改变是，企业行动者设计环境的能力越来越强，从而削弱或者消除对于恶习的担忧，为恶习的商品化和销量增长铺平道路。

　　他们的主要工具是广告，广告能够编造出各种故事，包括有关避孕药的故事。虽然现在人们普遍能接受避孕药，认为它是一种性解放工具，但他们很容易忘记，1960年避孕药首次商业化时

---

① 野马牧场妓院（Mustang Ranch），内华达州第一家获许经营的妓院，也是美国最大的、利润最多的妓院，1971年开业。

带来了多大的争议。和避孕套不同，口服药的避孕方法缺少预防疾病的作用，引发了社会对滥交的担忧，激起了宗教界对性与生育分离的反对，造成了本土主义者对他们眼中的正确人种生育率下降的愤懑。就连进步人士也莫衷一是。阿莉塞·施瓦策尔被称为德国女权运动中的格洛丽亚·斯泰纳姆①，她曾抨击避孕药是父权社会的阴谋，意在确保女性一直可以满足男性的性需求。

　　与这些顾虑和担忧相对的是一个赤裸裸的商业事实：1960年，全世界有超过五分之一的人口是育龄妇女，约为 6.3 亿人。如果制造商能够利用人们对人口过剩日益加剧的担忧，并且将避孕药重构为一种道德上可接受的药物，那将能够轻松打入这一巨大市场。因此，跨国药企先灵公司（Schering AG）将广告瞄准了德国全科医生，广告上一位衣着整洁的德国家庭主妇带着一个蹒跚学步的孩子，还抱着一个婴儿，抬头凝视着一位年长的医生，恳求道："两个孩子接连而来，对我来说负担太重了。"有了口服避孕药阿诺夫拉尔 21（Anovlar 21），哪位负责任的医生会拒绝她的请求呢？年轻的未婚女性则是另一回事。因此广告商强调预防过早怀孕的必要性，利用医生的父亲般的同情心。在西班牙，鼓励生育的观念更加根深蒂固，弗朗西斯科·佛朗哥的独裁政府禁止避孕广告，先灵公司及其竞争对手们选择秘密营销。他们宣传自己的新药会"抑制排卵"，能够有效治疗月经不调和痛经。虽然这种委婉说法并没有结束争议，但的确让这些公司迈出了第一步。20 世纪 70 年代，西班牙的民主转型和被压抑的计划生育需求改变了市场，大门完全敞开了。[31]

---

① 格洛丽亚·斯泰纳姆，美国记者、社会活动家，20 世纪六七十年代女权运动代表人物。

148　　　　彩票很好卖，尤其是和丰厚奖金、公益事业捆绑在一起的时候。教育彩票和老年服务彩票卖得很好。承诺整修约克大教堂或建成悉尼歌剧院的彩票也不错。彩票是政府、非营利组织和广告机构的摇钱树，在 20 世纪末迅速发展壮大。1970 至 1988 年，美国彩票销量平均每年增长 31%，各个州相继搭上了乐透彩的快车。在信奉新教的美国南方，三 K 党人一度痛击赌徒和私酒制售者，这里对彩票的抵抗时间最长。但随着喜欢将其他税收维持在低水平的主流政客和商界领袖支持彩票事业，南方也宣告投降。农村居民不了解城市穷人熟悉的非法数字游戏①，他们通过手册和电视广告学会玩这些游戏，手册和电视广告将赌博这种曾经违法的恶习重塑为一种公民美德。[32]

　　　　酒类的营销则更为困难，但战后的美国广告商证明了他们的能力足以应对这个挑战。啤酒是最容易销售的产品。因此，针对犹豫不决的家庭主妇，广告商推出了"啤酒属于"广告：啤酒属于野餐，属于烧烤，属于新冰箱。年轻消费者也是其目标客户，他们的道德观和习惯具有可塑性，可以终身维持对品牌的忠诚，而且他们已经开始偷偷喝酒了。广告商在大学报纸上打满广告，将销售专员派往校园各处。广告提供情感认同，播放亲密朋友听的音乐，转而切到举杯致敬的画面，让普通人感到自豪、阳刚又健壮。广告商在体育赛事中投放广告，在"超级碗"这种盛大活动中下血本，让广告在节日氛围里触及无数受众。他们还插入公益广告时段，提醒狂欢者们找其他人开车；加入诱导喝酒的因素——琥珀色的光线、啤酒表层的泡沫——令广告时段"跳动"起来，最大限度地刺激消费。他们用两个月的时间让广告持续渗

---

① 指一种赌博游戏，根据比赛结果中出现的无法预测的数字来决定玩家的输赢。

透市场，然后撤掉广告，再将其恢复。广告恢复时，人们便能立刻回忆起来，因为重复已经将信息刻进了受众的神经回路，增强了人们对饮酒提升情绪、彰显个性的接受度。如果提升情绪变成了一种强迫性行为，他们就将问题归咎于一小部分神秘的人。这些人的困境值得研究——这是我们资助研究的支票，但没有理由停止营业。[33]

诸如此类的策略可以用于新兴市场。马来西亚是一个穆斯林为主的国家，酗酒人数少，拥有鲜活的城市夜生活和温和的政府。因此，马来西亚进入了跨国酒类公司的视野。1995 年，豪帅快活（Jose Cuervo）龙舌兰酒经销商雇佣了"自由推广专员"，让她们戴上墨西哥草帽，穿上低胸短衫和牛仔短裤，然后将她们派往槟城各个酒吧。这些推广专员以提高"品牌知名度"的名义，邀请欢呼的顾客们从自己的胸上舔盐，尝一尝豪帅快活 1800，再尝一尝她们衔在嘴里的青柠。嘉士伯（Carlsberg）的策略更为巧妙。嘉士伯的广告由一位金发女郎——"身材修长、时髦的丹麦人"——和一位泛亚洲长相的"嘉士伯男士"主演。斯堪的纳维亚女神也许可望而不可即，但被拟人化为友好伙伴的啤酒永远触手可及——当然，是对于那些到了法定饮酒年龄的人而言。不满 18 岁的人可以参加嘉士伯赞助的摇滚音乐会，或者参观贴满嘉士伯标志的音像店和漫画书店。帝亚吉欧公司（Diageo）推销尊尼获加（Johnnie Walker）苏格兰威士忌，将其马来西亚的宣传活动与"激励个人进步"结合起来。帝亚吉欧发起了一项尊尼获加品牌运动，邀请马来西亚人从一份全球名人的名单中选出自己最喜爱的榜样。候选人包括纳尔逊·曼德拉、特蕾莎修女和——请听好——莫罕达斯·甘地。[34]

嘉士伯和帝亚吉欧在其他许多方面也有共同之处。它们都是经过合并的一体化企业，到了 20 世纪末 21 世纪初，它们都加入了全球寡头竞争。它们的经营者明白，相比成熟的西方市场，未来在于发展中国家，这些国家经济增长，人口年轻，酒类消费少。他们也明白，在消费者容易轻信广告内容，或者至少没有对广告产生厌倦的地方，广告最有效。正如一位美国电视编剧所写的那样，你只有看了这么多啤酒广告后，才会开始重新思考禁酒令的明智。饱和度较低的市场适合高端营销和低端营销双管齐下。跨国公司引入优质品牌以获得销售声望，同时并购、创造并推广本土品牌，扩大销量。它们以最低价销售某些产品，从而击败了私酒酿售者。它们在超本地化的广播电台上做广告，这些电台用区域方言播报，以单一民族甚至是一个小镇为目标。它们在学校附近竖起广告牌，它们将自己的品牌植入大众化的娱乐活动中。如果当地咖啡馆或体育馆里每个人都喝点酒，那么喝酒能有什么错呢？它们利用零售商作为常态化的媒介、反对繁重监管和税收的盟友，并将其作为向未成年酒徒转移的方法。他们通过宣传负责任饮酒的活动和慈善项目来掩盖自己的行迹。[35]

结果不出所料。从 2006 至 2010 年，跨国酒类公司瞄准的区域内（非洲西部及西南部、南亚、东南亚、东亚和安第斯山脉中部地区）的国家人均酒类消费量最有可能上升。处于影响中心的尼日利亚在 2006 至 2013 年的 7 年间因饮酒造成的交通事故死亡人数上升了 38%。制造商无视了贴标签标注的要求，还无视了许可证明和年龄限制。政府分得了属于自己的一杯羹，对问题视而不见。[36]

2011 年，新西兰研究人员莎莉·卡斯韦尔调查了酒类管控的乱象，她写道："我们面临的是一个全球生产供应机器，全球生产者资助的各个组织积极推广无效的政策，使用全球媒体进行品牌营销，与日益全球化的青年文化进行互动。"本章的观点——其实也是本书的观点——是，同样的商业巨头推动了所有恶习的命运，不仅仅是饮酒。到了 20 世纪末，全球反恶习运动在多个领域内已经被可以称之为全球亲恶习运动的势力击败了。跨国分销和营销机器已经在一系列有严重的成瘾风险、可能有严重危害的产品周围搭建了一套说服消费者的框架，并用一些策略性的、作为公关手段的劝诫作为伪装。[37]

更糟糕的是，不同恶习产品带来的风险经过依次消费或交叉消费后会叠加。尽管研究人员对引发恶习关联的原因争论不休，但没有人质疑他们的数据所呈现出的现实。例如，如果婴儿潮时期出生的人先吸烟或喝酒，那么他们尝试大麻的可能性更大；如果他们先吸大麻，那么他们更有可能尝试其他非法毒品。这一研究结果已经在北美洲、欧洲、中东、亚洲和澳大利亚社会中得到了印证。澳大利亚犯罪学家马尔科姆·霍尔总结道，澳大利亚 20世纪 70 年代中期的大麻和海洛因狂潮离不开国民巨大且不断增长的酒类、尼古丁和地西泮消费量。商业恶习的潮水上涨，让所有船只都随之升高。[38]

152

烟草陷入困局？

香烟的近代史令人们疑惑，某些合法产品的风险是否高到即使已成功数十年，其营销尝试也迟早会走向失败。运用经典的钓愚策略（吸烟是现代、高雅、性感、可以减肥、适合女性的活动，是电影明星及其粉丝的时尚单品），烟草业借助两次世界大战，为其具有成瘾性的产品创造了一个以北美洲和欧洲为中心的国际市场。20世纪10年代，陌生人会从在街角徘徊的年轻人口中夺走点燃的香烟，那时吸烟还是一种恶习。到了40年代，香烟成为一种不可或缺的商品。1944年8月25日，在巴黎解放后的第一个混乱的夜晚，夏尔·戴高乐告诉他的美国联络员，要让法国政府运作起来，他需要三样东西：香烟、C-口粮①和科勒曼营地灯。吸烟实际上是战后的一项公民权利。布宜诺斯艾利斯的广告商为其增添了一丝庇隆主义色彩，他们告诉迷恋香烟的市民们，"每个人"都有权抽"纯正阿根廷风味"的香烟。1949年，每10个英国男人中有8个吸烟，每10个英国女人中有4个吸烟。1953年，风度翩翩的虚构人物英国特工詹姆斯·邦德首次亮相（邦德有一次曾开枪击中了一个海洛因走私犯），在作者伊恩·弗莱明的13本书中，邦德从未断过吸烟喝酒，具有类似喜好的弗莱明本人1964年死于心脏病，享年56岁。[39]

到了1964年，即弗莱明去世那一年，许多证据将香烟和其他烟草产品与呼吸系统癌症等致命疾病的早期发病联系起来。如果说公众当时被烟草业的空话——我们正在资助研究，吸烟与患病的因果关系还不确定，放轻松，继续抽吧——愚弄了，流行病学家可没有。在接下来的30年里，他们汇总了一长串与吸烟相关的危害，其中包括吸烟对不吸烟者造成的危害，这一点非常重要。马里兰州一位身体健壮的酒吧服务员被告知需要做心脏搭桥手术时，他坚称自己从不吸烟。"不，你吸烟，"医生告诉他，"你的客人们替你吸烟。"他这才恍然大悟，他的父母、同学、队友，甚至他的教练们也都吸烟。他的动脉栓塞属于

153

---

① C-口粮指罐装湿口粮，最早在美国陆军中应用，后推广至其他国家。

连带伤害。这个故事驳斥了烟草业声称成年人可以自由选择吸烟风险的论调。[40]

然而，更糟糕的是烟草业的商业模式被揭露的真相：通过各种活动促使青少年吸烟成瘾，活动目的在于招募新吸烟者来代替死于吸烟或者最终成功戒烟的人群。泄密文件和曝光资料清晰地表明，烟草业一边掩饰其营销行径，一边增强其产品的诱惑力。如果烟草是钩住人心的鱼钩，那么现代香烟就是捕鲸叉。制造商加入薄荷醇舒缓疼痛，麻醉人体；加入氨来提味，以增强尼古丁的刺激。他们精心设计了具有成瘾性的香烟，因而对公众健康构成了前所未有的威胁。[41]

政策性抵制始于20世纪60年代中期，当时抵制规模较小，到了20世纪末才真正声势浩大起来。西方各国政府出台了越来越明确和生动的警示标签；对烟草业实施广告限制，提高征税；资助反烟草信息；对烟草企业提起诉讼以覆盖医疗费用；颁布禁令，禁止在公共场所、餐厅和酒吧室内吸烟。迪士尼乐园也禁止室内吸烟，园方在1991年关闭了烟草商店，在1999年终止了所有香烟销售。同年，美国司法部起诉香烟制造商及其贸易组织，控告它们进行了长达40年的欺诈，据说它们从中攫取了2 800亿美元的非法收益。这一历史上最大的民事诈骗案以一部旨在打击有组织犯罪的法律为根据——这正是政府的用意所在。烟草业当然是非法运营，现在它将为此付出代价。[42]

一方面，烟草业的确付出了代价。在开展严厉反吸烟运动的西方国家，烟草业营业额急剧下跌。1993年，英国成年人平均每天吸烟数量比1973年减少了40%。就连银幕上的詹姆斯·邦德也戒烟了。然而，这产生了一个问题——利润减少了。在英国和其他地方，开始吸烟或持续吸烟的人要么文化程度较低，更少考虑未来，要么患有精神疾病。"亲爱的沙龙①公司职员，"一个马萨诸塞州女人在一封给雷诺烟草公司的信中写道，"我患有躁郁症，我们这类人能听到各种声音。1990 年，我听到了一个声音，他让我吸烟。如果他让我吸烟，我就会吸烟。"然而，她手头紧张。公司能否帮她拿到她每月所需的 7 条沙龙香烟？"我迫切需要香烟来保持清醒。"[43]

吸烟者阶级和心理健康状态的转变或许减缓了戒烟速度，但在另一方面也帮助了卫生官员。与社会下层阶级和行为异常者相关的产品更难以营销。在法国，人们变得非常厌恶吸烟，到了 2010 年，大多数不吸烟者表示，自己不会与吸烟者约会。继续吸烟的美国烟民发现自己的朋友越来越少，有权有势的朋友也越来越少。社会学家兼医生尼古拉斯·克里斯塔基斯表示，吸烟对人的社交健康和生理健康同样有害。但失败的境地是导致成瘾行为的诱因，还是逃离成瘾陷阱的动力？抑或二者兼有？对于这个问题，人们各执一词。许多反吸烟倡导人士提出了"去正常化"，一些更大胆的人则提出了将吸烟者污名化对健康的益处。虽然批评人士认为后一种做法有些过火，尤其是对于像上述患躁郁症的女人的类似案例来说，但是这种做法仍可能会给其他类型的吸烟者带来一种心理上的惩罚。[44]

20 世纪八九十年代，烟草公司进行了全球转型以应对越来越严重的危机。它们利用贸易自由化和海外投资机会向烟草管控较少的中低收入市场扩张。它们在塞尔维亚和菲律宾等地收购、翻

---

① 沙龙（Salem），美国雷诺烟草公司（R.J. Reynolds Tobacco Company）1956 年推出的世界上第一个过滤型薄荷烟品牌。

新、修建工厂。它们发现，亚洲、非洲和拉丁美洲的青少年也会被它们的花言巧语左右。

卫生活动人士努力阻止一场即将爆发的大流行。2003 年，他们颁布了《烟草控制框架公约》（Framework Convention on Tobacco Control），这部世界卫生组织公约呼吁缔约国家实施各种国内烟草管控措施。尽管最终有 180 个国家签署公约，但其中许多缔约方都是肯尼亚这种相对贫穷的国家，在这些国家，吸烟仍然十分普遍，香烟走私司空见惯。直到 2008 年，全世界 90% 的人口仍然没有抵御烟草营销的保护措施。[45]

结果是，虽然全球人均消费量曲线平缓了，但 2010 年后的前几年，吸烟者总数和香烟数量仍在继续上升。1980 年，7.21 亿吸烟者消费了 5 万亿支香烟。2012 年，9.67 亿吸烟者消费了 6.25 万亿支香烟。2016 年，香烟消费量降至 5.7 万亿支，但目前尚不清楚这一下降有多少是因为烟草管控，有多少是因为人们从烟草转向了其他产品。目前可以肯定的是，1900 年，全球消费了约 40 亿支加工香烟。一个世纪后，人口增长了 4.5 倍，香烟销量增长了 1 000 多倍。这些销量并不都是合法的。跨国烟草公司用广受欢迎的品牌充斥低税率市场，期望这些品牌能够被走私到高税率市场，在街上或者商店、酒吧中零售。这种做法非常普遍。2004年，菲利普·莫里斯国际公司最终同意向欧盟支付 12.5 亿美元罚款，这就是做生意的代价。[46]

全球烟草营销也搭上了人口变化的顺风车。1990 年，全世界44% 的人口生活在城市中。2018 年，生活在城市中的人口占到了55%，种种迹象表明，城市化趋势在加快。就像助长其他恶习一样，城市生活也会助长吸烟的恶习。城市中压力更大，匿名性更高，零售商和推广活动更多，曝光机会也更多。然而，从烟草业的角度来看，更好的一点在于新兴国家中城市化的年轻人口增长最快，这些国家对烟草的管控最为薄弱。[47]

中国的情况略有不同，因为中国长期实行烟草垄断制度。其主要竞争来自假冒伪造，而不是跨国竞争对手。制售假烟者在国内外卖烟，尽量不弄乱包装或写错警示标签。但是，不论是制假售假还是其他手段，由于人们收入增长以及将烟草与富贵联系起来的传统观念，新中国成立后，香烟销量迅速增长。到了 2013 年，中国吸烟者平均每天消费 22 支香烟，比 1980 年多了 50%。[48]

这并不是说跨国烟草管控自始至终都是失败的。进展是循序渐进的，正如一个世纪之前的毒品管控。各国政府最终决定接受《烟草控制框架公约》的营销监管和大幅增税，它们取得了一些成果——例如，乌拉圭吸烟的年轻人数量每年下降 8%。另一方面，跨国烟草公司已经度过了 20 世纪末的危机。它们在海外扩张，在国内市场打响了一场有利可图的后卫战，拉拢少数族裔以及包含同性恋在内的少数群体。烟草业经过兼并联合和技术改进，抬高售价，压低成本，使用配有机器人的工厂大量生产香烟，将液体注射到电子烟内。电子烟这种新型产品拥有无数种口味和混合的可能，具有战略优势。它们使烟草业的反对者产生了分歧，因为相比点燃式香烟，它们既体现了真正的健康方面的优势，又是一个真正的威胁，可能会重新燃起年轻人的尼古丁之瘾。[49]

烟草业的坚持与独创性得到了投资者的回报。跨国烟草公司的股票市盈率在 20 世纪 90 年代末遭到压价，21 世纪初又迅速回升。最大的几家烟草公司拥有稳定需求、全球空间、高利润和高准入门槛。一家能够在全球香烟市场中高效竞争的工厂需要花费至少 3 亿美元，这还不包括研发优质品牌所必需的时间和金钱，也不包括一小支由律师、说客、专家证人、研究人员和公关顾问组成的团队的工资支出。从长期股票收益来看，这些人是在替 20 世纪最成功的企业进行辩护。[50]

全球资本主义，跨国犯罪

简而言之，卡斯韦尔曾说，酒业已经成为一个全球供应机器，拥有用不完的营销手段，这句话同样适用于烟草，也适用于赌博，以及电子游戏和充满糖类、脂肪与盐的食物等新兴恶习。[51]

伊斯兰革命后的伊朗严格限制酒类，再创了禁酒时代的环境。私酒贩子将黑塑料袋里装着的酒瓶送往德黑兰的公寓和住宅，一些人大胆地配备了背光酒吧。如果不巧遇上了警察，总有机会商量行贿。否则违法者将面临鞭刑、高额罚款、入狱，多次违法还将面临死刑的风险。然而，即便存在这些风险，非法交易也没有停止。"需求高，收入可观，"一位私酒贩子说，"很难金盆洗手。"饮酒也是一样。一位德黑兰翻译在工作日每天工作 14 个小时，周末的时候便在自己的两室公寓里举办派对，她举起一杯私酒说："如果没有这东西，我还能有什么样的生活啊？"[52]

答案是，生活既会增加一些痛苦，又会减少一些痛苦，生活将缺少兼具解放性与奴役性的乐趣，20 万伊朗人曾因这种乐趣成为酒鬼，成千上万的伊朗人就此过上了前途未卜的生活。私酒贩子销售自酿酒，偷运法国葡萄酒和俄罗斯伏特加，卖给买得起的人。走私犯冒着更大的风险为伊朗约 200 万瘾君子提供鸦片制剂和冰毒，这些瘾君子中大多数人已经从传统的鸦片转向了更易隐

158
159

藏和掺假的海洛因。鸦片制剂来自阿富汗。冰毒来自非法转化的伪麻黄碱——这是一种合法的易制毒化学品。令人难以置信的是，伊朗竟成了世界上第四大伪麻黄碱进口国。[53]

伊朗酒类和毒品的多种来源，以及虽有严厉压制但其国界依然具有可渗透性，体现了20世纪末21世纪初全球的某些重要特征。第一次全球资本主义是欧洲帝国主义的产物，在20世纪中期的几次危机中土崩瓦解。冷战结束后，全球资本主义再次出现，成为拥护私有制、市场经济和全球贸易的各主权国家的体制，其中全球贸易由世界贸易组织等政府间的机构监督。到了2010年，进出口产品日益由廉价劳动力生产，以集装箱货物的形式高效运输，占世界经济总产出的一半以上。相比之下，1900年这一占比不足四分之一，1800年不足十分之一。[54]

全球贸易是大型贸易，但不一定是合法贸易。跨国犯罪组织抓住了新的机会。这些组织是地方或区域团体组成的联盟，它们进行合作，非法长途运输产品和人口，并将所得赃款"洗干净"。黎巴嫩的制假商制造假伟哥，将其销售给巴勒斯坦人和以色列人。哥伦比亚的毒贩将可卡因藏在塑料玩具和香蕉秆中，再用集装箱把东西运往佛罗里达州和安特卫普。欧亚大陆的犯罪分子经中东和巴尔干地区到欧盟沿途的腐败无能的国家。沿着这条路，他们运输毒品和军火，贩卖人口，偷捞鱼子酱，盗伐硬木，偷猎濒危物种，抢来一摞摞百元美钞，百元美钞是世界上备受青睐的犯罪货币。许多现金最终进入了迪拜，在这里，人人都能开银行账户。资金可以从这里转到巴基斯坦等罪犯避难所，巴基斯坦的工厂制造海洛因供出口，制造毒品供国内150万瘾君子使用。以物易物是另一种选择。四处奔波的墨西哥毒贩用黑焦油海洛因换取从商店里偷来的李维斯（Levi's）501 牛仔裤，这些牛仔裤在哈利斯科非常流行。南非犯罪团伙用偷猎得来的开普敦鲍鱼换取冰毒，在当地销售或通过海空直达航线运往北美洲。[55]

不论各个犯罪组织的产品是什么，不论它们采取何种运输方式，它们都利用了手机和互联网简化通信和物流。地下经济提供了可自由支配的廉价劳动力。到了 2007 年，全世界有一半以上的工人靠自雇或非法工作勉强度日。在里约的贫民窟，工人们通常会加入贩毒团伙。他们在被搜查时蹲下来，看着警察和士兵离开，然后放鞭炮以示重新开张。在拉丁美洲的其他地方，无所事事的年轻人被称为"尼尼族"（los nini，来自 ni estudia ni trabaja，指既不上学也不工作的人）。他们成为毒品加工者、人体藏毒者、士兵和毒品贩子。他们获得了稳定的收入和一定的社会地位。是的，一个墨西哥米却肯州的制冰毒者向纪录片采访者承认道，他们正在伤害美国人。"但我们能怎么办呢？我们出身贫穷。"一个身穿米却肯州乡下警服的墨西哥人表示赞同。"这永远不会停止，就是这样。"就算冰毒不是在他这个州生产出来的，也会在锡那罗亚州或格雷罗州生产出来。[56]

随着冷战结束后人口贩卖死灰复燃，这些铤而走险、负债累累的人也成了一种走私货。2013 至 2017 年，全世界每天有 2 300 万至 2 700 万人被威逼利诱，进行强迫劳役。妇女和女童是人口贩卖的主要受害者。联合国调查人员发现，她们最常见的命运就是去卖淫。一些人利用假护照和签证乘飞机到达了目的地，另一些人则靠面包、水和一条毛毯躲在货物集装箱里到达。暴徒用威胁、毒打、毒品和文身让她们就范。墨西哥犯罪集团泽塔斯（Zetas）会在自己的东西上标一个"Z"。罗马尼亚的皮条客在马德里市中心强迫贫穷的移民女人接客，他们会在企图逃跑的女人手腕上文上类似条形码的标记。尼日利亚的人贩子不做标记，如果恐惧不已的受害者打算逃跑，他们会威胁受害者说，会对她们使用巫术。[57]

2012 年 10 月，加利福尼亚州帝国沙丘的边境墙。美国边境巡逻队的警察逼近时，走私犯扔下了吊在半空中的切诺基吉普车和自制坡道，逃回了墨西哥。他们一直在运输毒品或人口，抑或二者兼有。吉普车不是什么大损失。一些走私贩会购买二手拖车，运完走私货后就直接弃车。做生意真正的成本是配备私人军队，买通墨西哥警察、武装力量和政府。冷战后，墨西哥的非法军事走私组织全球化了。他们扩宽自己的供应链，西至东亚，南达安第斯山脉。他们的分销网络东到非洲、欧洲，北至美国全国，其中美国是他们的主要市场

全球恶习在合法贸易与非法贸易的边界上互相交错。20 世纪末，烟草税居高不下。那时，跨国交易的香烟中约有三分之一是非法销售。汉堡等欧洲港口城市的吸烟者走进自己最喜欢的小酒吧，要求购买"蓝标"香烟，走出去的时候能省下一大笔钱。蓝标是一些小片蓝纸，合法制造商将蓝纸粘到包装上，印花税票会

被贴在蓝纸上。但这些蓝纸上没有贴印花税票，这是烟草公司和走私者共谋的结果。每个国家都有过这种通过逃税来兜售香烟的非法交易。在安哥拉，各种香烟——合法制造的、假冒伪造的、走私偷运的——最终都会流到商家手里，他们将香烟交给战争遗孤，让这些遗孤沿街叫卖。这种交易究竟该被算作什么才好？[58]

使用和走私大麻是另一个灰色地带。在西班牙，大麻非常常见，到了 2007 年，大麻甚至已经成为一种合法的毒品，就像未成年人在年龄稍大的朋友的帮助下用以放纵自我的酒一样。"因为太多人抽大麻烟卷了，"一名学生告诉研究人员，"你就好像不那么害怕尝试了。"另一名学生说，如果其他吸大麻烟的人没事，你也不会有事。西班牙的一些地方自治政府是这样应对这种情况的：允许个人栽种，以及在家中或私人俱乐部中吸食大麻，但禁止走私和在公共场合吸食大麻。然而，走私犯仍然继续从摩洛哥进口大麻。只要闻一下巴塞罗那周五晚上的空气，你就会明白，公共场合的禁令不是警察的优先处理事项。[59]

此外，还有俄罗斯的赌场，其中 2 700 家是在 20 世纪 90 年代开设的。这些赌场虽然在名义上是合法的，但通常由犯罪组织经营，他们利用了松懈马虎的经营许可批准和所有者审查。2007年之后，政府试图限制可以合法经营赌场的地点，而犯罪经营者没当回事，继续从事非法经营活动，以及海外赌注登记、网络赌博和洗钱活动。政治学家菲尔·威廉斯表示，跨国企业成功地摆脱了国家主权的控制。而跨国犯罪组织则对国家主权构成了持续的威胁。[60]

在很长一段时间里，现代国家对商业恶习采取的措施由带着迟疑的攻势转变为了明确的守势，跨国犯罪组织的威胁标志着这

163

一逆转的完成。19世纪末20世纪初，各国政府决定至少限制某些恶习时，它们实际上已经成了猎场看守人。他们面对着两类偷猎者，这两类偷猎者大多数时候是他们的对手，但有时也会成为他们的盟友，即躲避监管、逃税的企业和违反禁令、除贿赂外根本不缴税的犯罪集团。政府还必须处理互相敌对的改革派别的问题。这些派别坚称自己选择的禁令、监管、税收和惩罚组合措施最有利于公众健康、安全、道德、秩序、税收、繁荣和备战。（也不一定照此顺序：改革的诅咒在于，不同的价值观意味着不同的优先事项。）结果就是无休无止的政策争论，其中最明显的趋势（麻醉药物的非医疗性使用除外）是，人们对于严厉禁令的失望。

这就是20世纪30年代初的情形。接下来，弱化、分化和污名化恶习的改革运动日益变得难以实现。由于萧条、战争、精心设计的广告和营销活动、享乐工程和环境设计的发展，以及与长途运输发展密切相关的休闲旅游业兴起，商业化恶习再次从阴影中崛起。这些变化，加上地下经济、跨国产业、跨国犯罪网络和无国界贸易的增长，共同创造了一条全球恶习的超级高速公路，使伯纳姆笔下的种种坏习惯变得司空见惯，也使对这些坏习惯的压制愈发徒劳无功。

第六章
食物成瘾

伯纳姆的坏习惯名单——饮酒、吸烟、吸毒、赌博、不检点的性行为和脏话——是传统的坏习惯名单。体面的维多利亚时代的人会将它们全部认定为恶习，也会为它们在 20 世纪的常态化而震惊。但真正能让他们大吃一惊的是诸多新奇快感、恶习和成瘾的激增。

这里的关键再次落到了享乐变革的加快上——可以说是大脑奖赏的摩尔定律。在史前时期，享乐发展的进程是渐进的，且通常是偶然的。采集狩猎者发现了新奇的食物瘾品，农民最终耕种了这些作物，在某种程度上是为了减轻文明的负担。长途贸易传播了纸牌游戏、吸烟和蒸馏工艺等新鲜事物，强化了赌博、烟草、鸦片和酒带来的喜与悲。欧洲帝国和种植园使得食物瘾品越来越廉价和广泛。工业化和城市化使它们变得更加强效，引发了更大的社会争议，导致了 19 世纪末 20 世纪初的禁令之争。但当改革的大炮熄火时，恶习企业家又从散兵坑里冒出来了。起初他们谨慎前进，然后加快步伐，队形密集。

他们遇到了零星的反对。公共卫生倡导者予以还击，不过是在安全地带有选择性地还击，提出种种倡议，例如监管烟草营销，保护不吸烟者免受二手烟伤害，打击酒驾等。这些倡导者没有发起反对一切商业恶习、通常带有宗教或乌托邦色彩的跨国运动，这种运动曾经激励了他们维多利亚时代和进步时代①的前辈们。"恶习"一词基本也已从公共卫生的语言中消失了，以防污名化病人，阻碍降低危害②的工作。即便如此，成瘾领域很少有人能够忽视种种威胁的激增。其中最重要的是对食物成瘾（本章的主题）以及对电子设备成瘾或通过电子设备成瘾（下一章的主题）。

并非所有人都认为这些行为构成了成瘾综合征，这也可能只是一些大手大脚的人单纯吃得太多或发信息发得太多而已。但怀疑论者发现自己面对着新事物——一个拥有十足把握的高科技成瘾研究机构，将各种成瘾重新定义为一系列相关的脑疾病。醉癖假说认为，基于错乱的神经细胞，不同的致醉物质会产生一种共同的典型表现，这个被人们遗忘的假说又强势登场了。只是这一次，医学研究人员试图纳入宏观统一的成瘾理论的对象不止酒精、烟草和麻醉药物。

大脑疾病模型

在超越药物成瘾领域的研究人员中，最著名的一位是诺拉·沃尔考。沃尔考生于国际化的墨西哥城，并在这里接受教育。她的父亲是一位化学家，是革命人士列昂·托洛茨基的孙子。母亲

---

① 进步时代（Progressive Era）指 1901 至 1929 年间，美国在全国范围内开展社会、政治改革的时期。
② 降低危害（harm-reduction）指通过一系列公共卫生政策和干预手段，最大程度地减少药物成瘾带来的危害。

是一位来自马德里的时装设计师，因为西班牙内战逃出了家乡。沃尔考是一位学术奇才，她博览群书，精通四门语言，是游泳健将，学习医学，在美国做精神科住院实习医生。在那里，她开启了利用神经成像研究精神疾病的研究事业。这些精神疾病包括成瘾。她最喜欢的叔叔和自杀的外祖父都是酒鬼。她疑惑，为什么会有这么多人在一个有害习惯的祭台上自我献祭？他们曾尝试控制这个习惯，但都失败了。为什么成瘾的力量如此强大？

20世纪90年代，沃尔考有了查明真相的机会。她和同事们研究了所有主要的精神活性物质的神经性作用，这项工作加速了人们对成瘾的认知正转向成瘾的大脑疾病模型。转变非常显著，这一模型有了自己的缩写——BDM（Brain Disease Model），发出了自己的宣言："成瘾是一种大脑疾病，它非常重要。"这句宣言出自美国国家药物滥用研究所（National Institute on Drug Abuse，简称NIDA）所长艾伦·莱什纳之手，1997年获准发表在学术期刊《科学》（Science）上。"我们现在需要观察成瘾者，"莱什纳写道，"因为其思维（指大脑）已经被毒品彻底改变了。"因为这种改变是永久性的，成瘾已经打开了一个影响大脑方方面面活动的"开关"，复发的趋势已经成为其固有的一部分。然而，我们仍然有理由心存希望。医学应寻找反成瘾药物，逆转或弥补本质日益明晰的神经改变。只关注成瘾的犯罪层面或社会层面是回避问题。"如果大脑是问题的核心，"莱什纳得出结论，"解决方案的一个核心部分应该是呵护大脑。"[1]

不论莱什纳的主张有何种价值，他对时机的把握都无可挑剔。NIDA积极利用神经成像技术和神经科学，采用"医学研究可能会拯救被药物劫持的大脑"这种比喻性的说法，为这个领域

166

带来了名声、关注和乐观的态度，而这三者正是该领域长期缺乏的。2003 年，小布什总统任命沃尔考为 NIDA 所长，这一领域获得了一位精力充沛、富有感召力的领导。沃尔考不满足于管理一个拥有近 10 亿美元预算的机构（据说这一预算占世界成瘾研究资金的 85%），她将工作变成了一个媒体讲坛，在这里宣扬成瘾神经科学的福音。[2]

2014 年，沃尔考在名为"为什么我们的大脑会成瘾"的 TED 医学演讲中强调说，成瘾神经科学包括强迫性暴食。演讲最开始，她提出了一些常见的猜测：酗酒、吸毒和性格差。沃尔考说，大多数人认为酒鬼和吸毒者是意志薄弱的人，认为他们会牺牲一切，寻求强烈但又短暂的快感，因而对他们不屑一顾。然而，成瘾的病人们通常承认使用毒品不再有快乐可言。科学家从动物研究中明白了为什么成瘾起初会带来快感。毒品或其他刺激物先释放了一股激活大脑奖赏通道的多巴胺。但人类的大脑成像增补了关键细节。通常情况下，长此以往，重复刺激会减少某些神经受体的有效性，尤其是多巴胺 D2 类受体。D2 类受体的缺失降低了大脑的敏感度，增加了对外界刺激的耐受性和依赖性。受体缺失发生在大脑影响情绪的边缘结构中，但也发生在与边缘结构相连的额叶区，这里掌管判断和自制的能力。成瘾就像是逆向的体育锻炼，它不可阻挡地减弱了自律而非强化自律，能够从活动中获得的快感也随之减少。

那么为什么人们会坚持做对自己有害的事呢？一些活动（例如进食与性行为）能够增强体魄，有动机参与这些活动的人在进化过程中占据着优势。因此，我们的大脑已经进化出了不止一种方式来释放多巴胺，以对这些活动予以奖励。大脑不仅仅会在我们从事这些活动时释放神经递质，当我们接触到与这些活动相关的提示时，大脑也会释放神经递质。我们对条件性刺激做出反应，这一过程可以通过成像研究检测出来，它解释了为什么好习惯和坏习惯都会持续存在。任何能够增加大脑动机回路多巴胺的事物都会维持执行特定行为的动机以获得奖赏，尽管奖赏本身的强度通常会降低。欲望的增强与它所产生的快感无关，这就是为什么成瘾既难以摒弃又易于复发。欲望是一种比喜爱更强烈、更持久的感觉。

沃尔考认为，以上两种产生多巴胺的方式是进化过程中产生的解决动机问题的绝妙方案。然而，另一个过程——文化——打乱了计划。文明使奖赏与健康分离开来，这一陷阱在大规模种植可可、甘蔗等食物瘾品中体现得十分明显，人类将它们混合，制成了诱人的美食。她 TED 医学演讲中的一张幻灯片上展示了一张可卡因滥用者的大脑 PET① 扫描图。下一张类似的幻灯片是一位病态肥胖患者的大脑，后面跟着一张诱人的巧克力的图片。"这块巧克力看上去真不错，我现在就想把它吃掉。"沃尔考承认道。她的多巴胺已经开始不断释放，预示着奖赏。[3]

沃尔考认为，享乐既与期盼有关，也与感官有关，既与联想有关，也与进食有关，许多证据支持了这一观点。安慰剂释放各种神经递质，其中包括多巴胺。人们会在想象中经历快乐，既享受白日梦中的"现实仿制品"，也享受现实本身。影响人们吸毒体验和行为的心态与环境取决于条件作用和提示。成瘾者对后者尤为敏感。只需听到两个房间远的轮盘赌桌上硬币叮当作响的微弱声响，陀思妥耶夫斯基就会摇身变成赌徒，"几乎出现了痉

① 指正电子发射断层显像（Positron Emission Tomography），一种核医学领域比较先进的临床检查影像技术。

挛"，在豪掷一笔赌金之前，他的大脑早已飞速运转。烟草广告商利用警示标签巧妙地进行营销，根据大脑扫描结果，这些标签不经意间反而会激发吸烟者的渴望。在某些施加条件作用的主体身上，仅仅依靠提示就能够先一步阻止戒断症状。医生仅靠无菌皮下注射就能令接受收容治疗的吸毒者安定下来。因抽烟酗酒进了戒断所的记者彼得·佐夫斯基听信了同样的关于咖啡因的谎言。他需要一点提神的东西才能开始一天的生活，他回忆起当自己终于不再发抖，能将第一杯让他感到幸福的咖啡送到嘴边时，自己深深的解脱感。他用咖啡振奋精神，直到出院时才明白医生给他的一直是脱咖啡因咖啡。[4]

然而，条件作用不能解释为什么大多数人接触了令人愉悦的刺激物却没有出现大脑完全成瘾的情况。沃尔考将完全成瘾的大脑比喻成失去了刹车的汽车。简单而言，一些大脑生来就具备比其他大脑更优良的行为刹车装置。基因发挥了作用，发育和社会环境也发挥着作用。然而，有效的预防措施不光需要识别基因变异和补偿个体不幸。我们必须面对各种社会变化，它们从我们年幼时起就开始用损害大脑的刺激物对我们进行狂轰滥炸。沃尔考指出，人类擅长改变环境。为什么不重构我们的环境来强化而非弱化我们的生理机能呢？如果试点项目能够通过提供健康食物或鼓励锻炼以减少小型社区内的肥胖症患者的数量，那么就让这些项目多一些吧。从实际上和道义上来讲，方向都是明确的：将资源分配到已被科学证明有价值的人道主义项目上去。[5]

169　　这很好，只不过留下了一个关键问题需要解决。这种开明的行动能够在不破坏那些鼓励有害活动的企业的前提下成功吗？托洛茨基是个坚定的禁酒人士。有一次，一位团长在晚宴上端上葡萄酒庆祝革命纪念日，托洛茨基以军法审判了这位团长。托洛茨基一定会提醒自己的曾孙女：进步需要以破坏为代价。反恶习运动（谨慎对待污名的沃尔考是其态度不明的继承者）认为，商业化恶习用有害习惯换取了企业和帝国的利益，在建成进步社会之前，必须控制商业化恶习。如果不先由法律支持的垄断机构关闭私营的低端酒馆，那么建立受监管的酒吧，让工人们清醒地离开这些酒吧，去享受酒业资助的公园和图书馆，还有什么意义呢？[6]

如果说沃尔考的政治观点存在一些缺陷，那么她的大脑疾病模型史也有不足。尽管她强调了大脑成像的作用，但科学对成瘾的认识早在20世纪四五十年代就已经发生了转变。酒类研究的关键人物——博学多才的E.M.耶利内克将酗酒重新定义为一种少数饮酒者会患的慢性疾病，患者会从间歇性怡情小酌发展为长期醉酒，最终失去控制力。与耶利内克相似的药物研究领域的专家是神经精神病学家亚伯拉罕·威克勒，他曾领导NIDA的前身：成瘾研究中心（Addition Research Center）。威克勒表示，毒品会造成中枢神经系统的生理变化，对社会嵌入提示的敏感会使人在长期戒断后复吸。20世纪50年代中期，心理学家詹姆斯·奥尔兹和彼得·米尔纳在老鼠身上进行的多个实验证明，自我刺激大脑隔区内的奖赏回路会让人产生强迫行为。研究人员在从蜗牛到人类的生物身上复制了这一实验，证明了注射毒品也会产生类似的结果。1957年，神经药理学家阿尔维德·卡尔森证明了不同物种共有的多巴胺是一种重要的神经递质。这一发现最终令他获得了诺贝尔奖。[7]

20世纪70年代，发现的步伐加快了。研究人员绘制出了大多数重要成瘾性药物的受体位置，证明了一种内源性阿片肽系统

171　的存在，该系统具有多种功能，其中一个功能就是刺激多巴胺。1975 年，NIDA 举办了首届大脑奖赏研讨会，詹姆斯·奥尔兹出席会议。20 世纪 70 年代末 80 年代初，NIDA 研究人员拼凑出了大脑奖赏回路，他们称这些回路不同于戒断症状的解剖回路。诊断成瘾的标准从身体的依赖性转变为大脑长期变化引起的冲动、渴望和快感缺失。研究人员开始研究不同的物质和行为是否会激活相同的奖赏回路，新一代的神经成像仪生动呈现并证实了这一假说。"这就好像我们把身体变透明了，"研究人员迈克尔·库赫惊叹不已，"这真的是童话成真了。"[8]

　　沃尔考可能将大脑疾病模型的历史限定在了不远的过去，但她对未来进行了广阔的展望。对身体的透视也许可以揭开更多的秘密，不仅仅是揭示一些强效药的影响。事实上，沃尔考在 TED 医学演讲中几乎忽略了毒瘾者。她转而关注管不住嘴的病态肥胖者。其中一位年轻的女性曾遭过霸凌，甚至想过自杀。和沃尔考的外祖父一样，她的大脑发生了改变，迷失在了许诺给她解脱和奖赏的刺激物海洋中，让她痛苦不堪。不同之处在于，让她成瘾的诱因是食物。

作为瘾品的食物

　　一个政府资助的大型药物研究机构的负责人竟然会选择关注食物成瘾，而且资助该机构的政府还补贴牲畜饲料和高果糖玉米糖浆，这似乎有些奇怪。但沃尔考是在追踪比毒品更大的猎物。她想为涉及多种行为的病理性学习找到一个科学的解释，众所周知，这些行为增加了人们患上大多数慢性疾病和早逝的风险。了解是什么在破坏大脑的食欲控制机制，就能了解是什么在毁坏生命。她并非唯一一个探寻答案的人。库赫沉思道，想想有多少疾病能够回溯到奖赏控制系统出了问题上来。医学界需要开始将大脑奖赏回路和条件作用回路看作一个集中式生物系统，这个系统影响的病状"远不止药物滥用"，还包括习惯性暴食。无论怎么看，习惯性暴食都是基于奖赏的最重要病状之一。[9]

172

这也是一个有历史渊源的观点。20 世纪 50 年代末以来，医生们一直在暗中尝试探讨食物成瘾的概念和与食物成瘾密切相关的暴食综合征。同样在 20 世纪 50 年代，一位名叫巴特·霍贝尔的哈佛研究生对肥胖十分好奇。霍贝尔攻读心理学专业，想法独特，兴趣异常广泛。他坚持研究颇具争议的老鼠糖瘾问题，最终获得了普林斯顿大学的教授职位，拥有了实验室，成为食物成瘾领域的引路人。2007 年，霍贝尔参加了一场食物与成瘾的重要国际会议，共同参会的还有著名心理学兼神经科学教授凯利·布朗奈尔，精神病学家兼神经科学家、成瘾研究先锋人物马克·戈尔德以及来自 24 个学科的近 40 位专家。会议在耶鲁大学举办，由沃尔考发表主旨演讲，牛津大学负责发表会议记录。这证明了食物成瘾研究及其证实并延伸的大脑疾病模型获得了机构支持和学术声望。现在看来，这种支持和声望正是早期统一整合成瘾领域的工作期望得到的。[10]

食物成瘾也得到了媒体较好的报道，有大量相关新闻。美国食品药品监督管理局（Food and Drug Administration）前局长大卫·凯斯勒和普利策奖得主记者迈克尔·莫斯等作者出版了诸多畅销书，控告食品公司用高糖、高盐和高脂肪的食物吸引消费者。"如果有东西叫声像鸭子，那它就是只鸭子。"戈尔德写道，他也很有感染力。"美味可口、高能量的食物已经成为一种被滥用的物质。"女性杂志抢先开始了报道。"你对糖'上瘾'了吗？"将糖比作可卡因的法国时尚杂志《费加罗夫人》（*Figaro Madame*）这样问道。各路名人齐声附和。"食物是我的首选用药，"奥普拉·温弗瑞写道，"我进食和毒瘾者使用毒品都是出自同样目的：抚慰身心，安抚自我，缓解压力。"[11]

普通大众学会了同样的说辞。匿名食物成瘾者康复协会（Food Addicts in Recovery Anonymous）中的加拿大人说自己一天到晚总想着吃饭，当自己感到无助、绝望的时候就会狂吃东西，他们会经历"难熬的日子"，克制自己的渴望，他们像匿名戒酒者协会的成员一样依靠资助者，控制"终身瘾症"。玛格丽特·布利特-乔纳斯是一位圣公会牧师，她曾带着恶心、自我厌恶的情绪盯着空空如也的馅饼盘子。她认为食物成瘾和其他所有难以自控的冲动一样，可以突然摧毁你的决心。

> 一个周六的早上，你可能正在街上开着车，想着自己的事。突然之间，冲动控制了你，让你停在面包店前，拿起了一个香蕉奶油派，开车回家后，你当即非常迅速地吃掉了整个派。因为你是个无法自控的暴食者，所以这个想法听起来既不滑稽也不怪异，反而非常合理，非常紧迫。你不能劝自己克服这种突如其来的渴望，你甚至不能确定自己想要克服这种欲望。你饿不饿并不重要。生理饥饿和这有什么关系？那天早上你是不是对自己做了各种保证，保证自己今天再也不会在食物问题上发疯了，也不重要。想吃的冲动向你袭来，你便只有一件事能做——吃。

作家凯特琳·莫兰同意关键在于那种心心念念的状态。普通暴食者会在假日大吃大喝，难以自控的暴食者则会不断想到食物。然后他们会焦虑不安地走进厨房，让自己吃到获得近似恍惚的平静。他们继续吃，直到胀痛的胃和强烈的愧疚让他们停下来，"就像你最终因威士忌或毒品晕倒了一样"。[12]

怀疑论者对食物成瘾与药物成瘾的类比不屑一顾，认为这些类比是时髦的医学合理化解释。成瘾研究人员反驳称，食物成瘾者和药物成瘾者的行为表现出了客观、可测量的类似性。难以自控的暴食像药物成瘾一样，会导致疾病和早逝，造成肥胖率上升，而肥胖率又是心脏病和至少 13 种恶性肿瘤的关键诱因。（这就是减肥手术在 10 年间使癌症风险降低了三分之一的原因。）肥胖与糖尿病密切相关，而糖尿病是海湾国家[①]等富裕国家和墨西哥等中等收入国家成年人的首要死因。毋庸置疑，这一趋势是全球化的。1980 至 2015 年，73 个国家的肥胖率增长了一倍，大多数其他国家的肥胖率也在稳步上升。[13]

并非所有肥胖症患者都是食物成瘾者。但四分之一以上的肥胖症患者是食物成瘾者，他们符合成瘾的一条基本医学标准。他们由渴望驱动的习惯性行为对自身有害，也给社会带来了繁重负担。美国人付出的代价尤其高。到了 2006 年，三分之一以上的美国成年人肥胖，是 1980 年的两倍。同年，肥胖患者的人均医疗支出比体重正常的患者的人均医疗支出多 1 429 美元，二者年均支出相差 42%。[14]

大脑成像揭示了食物成瘾和药物成瘾存在的另一个相似之处。食物成瘾者和药物成瘾者的大脑扫描结果相似，都会出现多

---

① 海湾国家（Gulf States），指波斯湾沿岸的国家。

巴胺 D2 类受体数量减少的情况，奖赏提示会激活相同的神经回路。给一位食物成瘾的女性展示一杯奶昔和给一位酗酒者展示酒会产生同样的成像结果。纳曲酮（naltrexone）研究表明，这种视觉上的相似不仅仅是巧合。纳曲酮是一种针对过量使用麻醉药物的拮抗剂（受体阻断剂），也可以用于治疗酗酒以及强迫性的暴食、赌博、性行为。纳曲酮通过与阿片受体捆绑，在实验中能够抑制人类和老鼠等动物的多巴胺活动，让老鼠少吃它们喜爱的巧克力。同样的拮抗剂竟然会对不同的成瘾行为产生同样的抑制效果，这表明了这些成瘾行为有一个共同的神经化学依据。[15]

　　然后是替代行为。肥胖症患者的身体质量指数（BMI）越大，他们使用酒或非法药物的可能性就越小。相反，当吸烟者和吸毒者戒烟、戒毒后，他们的体重会增加，通常是因为吃甜食。罗纳德·里根爱吃软心豆粒糖的习惯（他最喜欢甘草味的）就是在他步入政坛后戒烟时养成的。烟草、酒精和其他瘾品与食物，尤其是甜食互相竞争，争夺大脑的奖赏区域。正如匿名戒酒者协会的人们所说，如果你不想醉，就不要太饿。接受可卡因和酒精脱瘾治疗的记者大卫·卡尔非常认真地听从了这一建议。他用吃甜甜圈的习惯作为替代，这让他的运动裤尺码从均码变成了加大码。[16]

　　行为生理学家乔治·科布，也就是后来的美国国家酒精滥用与酗酒研究所（National Institute on Alcohol Abuse and Alcoholism, 简称 NIAAA）所长曾说，人类的快感储量是有限的。挥霍无度会招致报应。科布称这种报应是"生物加尔文主义"，是一个进化悲剧。享乐对于生存和繁衍至关重要，但这仅限于在享乐造成破坏、引发中毒之前。这就是享乐控制系统进化而成的原因。可惜我们发现了破坏该控制系统的方式，比如大量服用可卡因。强烈快感使我们对刺激诱发的渴望十分敏感，更为糟糕的是，快感过后我们更易受长期倦怠、持续抑郁和加剧的压力影响。[17]

持续性的戒断症状解释了复发和替代行为。食物成瘾者或其他成瘾者学会了在无法获得自己习惯的奖赏时借助其他物质或行为应对脱瘾和戒断症状。人们发现，减肥手术会带来惊人的风险。术后第二年，患者的酒精滥用水平会迅速上升，尤其是那些早已习惯吸烟、喝酒或毒品等替代性大脑奖赏的年轻男性患者。他们有其他方式获得解脱。毒瘾者也一样。1978 年 2 月，一场暴风雪袭击了康涅狄格州纽黑文市。依赖美沙酮①的病患被大雪困住，连续三天无法去诊所。大多数人喝酒，一些人大吃大喝，"就像是感恩节到了"，直到戒断引发了恶心。另一些人用弯曲的汤勺作炊具融化糖块，将融化物倒入注射器，然后喝掉溶液或将其注射到身体里。换言之，他们会做一切能让他们熬过夜晚的事。[18]

食物、药物和行为成瘾拥有相同的诱因。正如沃尔考所说，它们往往共进退。有一个理论强调"奖赏缺陷综合征"。缺陷基因和持续压力或社交挫败等艰难的生活境况使得一些人和动物的多巴胺 D2 类受体低于正常值。当他们发现可乐和薯条——或者是毒品、赌博、其他刺激行为——能够提振低迷情绪时，他们就会开始自我治疗，垃圾食品只是诸多解决方案中的一种。他们自我治疗的时间越久，其享乐控制系统和大脑以及身体的其他部位遭受的损害就越严重。在一项针对肥胖症患者的对照研究中，沃尔考和同事们发现，多巴胺 D2 类受体的可获得性与 BMI 之间存在强负相关关系（-0.84）。他们无法确定低受体获得性是习惯性

176

---

① 美沙酮（methadone），一种阿片类镇痛药品，具有抑制亢奋快感的药效，主要用于阿片类药物依赖的替代治疗。

暴食的诱因还是结果，但是考虑到更广泛的证据模式，完全有可能既是因又是果。[19]

另一种可能性，也是食物和药物成瘾的另一个相似之处，在于风险会影响几代人。一些研究表明，怀有身孕的食物成瘾者会对尚未出生的孩子造成伤害。就动物而言，孕期高脂肪饮食会改变后代的多巴胺和阿片基因表达，巩固后代对高糖高脂美味食物的偏好。就人类而言，食用高糖高脂食物的肥胖女性所生的孩子患胰岛素抵抗、肥胖症和注意缺陷与多动障碍（ADHD）的风险更高。其中，注意缺陷与多动障碍和吸烟、网瘾等其他成瘾行为相关。[20]

这一系列研究令人沮丧地想起了代际贫困这一难题。我在本书第三章中提到，从历史角度来看，压力、醉酒和成瘾互相作用，困住了社会底层的人们。另一些人强调，重点在于基于种族、民族、阶级、教育、性别和居住地的歧视，贫穷儿童在社会化过程中形成的自我挫败的态度，以及"选择性婚配"对儿童教育前景的遗传效应。（这意味着父母儿时的成绩单会造成长久影响。）这些解释并不相互排斥，现在我们必须再加上另一种可能性，即就特定阶级而言，母亲食用高糖饮料和其他不健康食物会导致或强化使贫困儿童生活机会进一步减少的特性。研究人员卡罗琳·戴维斯提醒孕期女性，食用甜食可能会造成"胎儿糖类谱系障碍"，该病症的症状与孕期喝酒女性所生育的后代表现出的症状无异。[21]

食物之争

我们先将习惯性暴食油腻食物是否会伤害后代的问题放到一

边，它真的会像神经科学家们现在坚称的那样，导致类似酗酒的成瘾吗？批评人士的回答是否定的，对于食物成瘾或其他事物成瘾是一种慢性、易复发的大脑疾病这一笼统的说法，他们表示质疑。关于这一问题的辩论杂乱无序，充满争议，我将其再现为支持"食物成瘾论"和反对"食物成瘾论"两大阵营的一组对话，每一轮展现各阵营的一个观点。辩论双方是拼凑合成的，但论点是真实存在的。[22]

反方：毒品和食物不能互相比较。我们不必吸毒，但我们必须要吃东西。

正方：吃东西没什么问题，但吃精心加工的食物是错的。人们不会暴食玉米，但会暴食加工成奇多、多力多滋的玉米，以及其他经过大众营销、人工调味的产品，这些产品设计的目的是将大脑奖赏最大化。

反方：那就把垃圾食品从食品清单中剔除出去。

正方：如果你上瘾了就没那么容易做到。

反方：那就不要上瘾。这是个坏习惯，与精神分裂症或多发性硬化等真正的大脑疾病不同。人们总能戒掉坏习惯。

正方：人们不会戒掉渴望，也不会无视提示。他们无法打个响指就恢复失去的受体。

反方：但他们能通过养成其他更健康的习惯来克服坏习惯。他们可以改变自己的日常活动。开始去慧优体①，不再去麦当劳。你所说的成瘾有选择和成长轨迹的成分。随着年龄增长，人们会意识到问题。随着年龄增长，他们会逐渐放

---

① 慧优体（Weight Watchers），始创于 1963 年的美国减重机构。

弃曾让自己上瘾的东西，通常会自行戒掉。一些发达国家以前的吸烟者多于现在的吸烟者。

正方：然而，正如你所说，人们必须得吃东西，也必须购买食品杂货。显然提示无处不在。解决方法确实有，比如学着用新鲜低脂、仔细称量的食材准备饭菜。还有避免使用果糖，那不过是种取悦大脑的添加剂。

反方：许多人都会食用、饮用果糖，至少偶尔会。他们也会食用其他令人愉悦的添加剂。但这些人没有都成瘾。

正方：你也可以这样说毒品。那些曾经尝试过强效可卡因或海洛因的人当中只有不到20%的人最终成了瘾君子。难以控制食物摄入的人远比这多，他们渐渐毁掉了自己的健康。

反方：你是说高糖、高盐和高脂肪食物比硬性毒品更易令人上瘾吗？

正方：不是。但即便真的如此，易于成瘾的潜质也不会决定成瘾的普遍性。可获得性、价格和易受影响的程度都十分重要。加工食物比加工毒品更廉价，更容易获得。贫穷社区有缺乏新鲜食品供应的"食物荒漠"，在这些地方，加工食物几乎是人们可以获得的唯一食物，而且这些地方的人们面临着更多成瘾诱因。成本和社会配给解释了总体而言为什么我们的食物控制问题比毒品控制问题更多，尽管大多数人食用高脂肪食物后分泌的多巴胺要比吸食海洛因等毒品后分泌的多巴胺少。

反方："控制问题"和成瘾不是一回事儿。你一直把吃得太多和成瘾混淆在一起。

正方：你一直忽视了成瘾行为会逐渐形成这一事实。人们可能会过度赌博或喝酒，但还没到无法自拔的地步。在美国，前10%酒类消费者中的酗酒者比前10%至前20%酒类消费者中的酗酒者更多，前者平均每天喝4杯以上的酒，后者平均每天喝2到4杯酒。但第二个10%中的人比很少喝酒或滴酒不沾的人成为酗酒者的概率高很多。这就是我们称他们为潜在酗酒者的原因。高脂肪食物和高糖食物同样如此。暴饮暴食的消费者可能处于亚临床状态，因为他们尚未表现出各种成瘾症状。由于暴食症和其他进食障碍，他们甚至可能根本不胖，但他们存在潜在风险。

反方：亚临床是"大多数"的同义词。假设一些病态肥胖的暴食者真的有无法控制的食欲，但他们只是个例，只能解释 NIDA 基于极端案例的大脑疾病模型。这同时适用于毒品和食物。研究对象比普通大众有着更多精神问题。把所有在人生某个阶段对某物上瘾的人——我们大多数人都是这样——都贴上大脑疾病的标签不仅仅是个小错误这么简单，因为这个标签来自患有心理疾病、瘾症易于复发的亚群体。这是对普通成瘾者的诅咒，这些人本来可能会随着成长和生活环境的改变而戒掉瘾品或减少摄入量。

正方：前提是他们能够活到改过自新的时候，而且他们还没有遭受重大个人损失和社会损失。

反方：重大个人损失和社会损失可能是由社会因素和环境因素造成的，而不是某个一直开着"喂我"的大脑开关造成的。全世界一半以上的成年人都超重或肥胖。他们不可能全都是食物成瘾者。如果肥胖的真正原因是食物荒漠、食品产业补贴、人们开车而不走路、大分量食物、高卡路里、广

179

告和对过度放纵的文化默许——嘿，比赛开始了，叫个比萨吧——那么成立更多匿名食物成瘾者康复协会的分部就不是解决方案。

正方：没有人认为肥胖这种全球趋势只有单一原因。医学文献清晰表明，大多数肥胖患者不满足食物成瘾的临床标准。要说非常美味的食物像令人上瘾的药物一样发挥作用，不需要所有肥胖者都是成瘾者，就像支持实行枪支管控的理由不需要所有被害人都死于枪伤一样。即便是像斯坦顿·皮尔这样批评大脑疾病说法的人也承认，有些人过于依赖暴食，从中寻求情感慰藉，并为此付出了沉重代价，他们"或多或少接近成瘾的标准"。一件事物不一定是最常见的，但这不代表它不是真实存在的。

反方：事物也可能是特洛伊木马。大脑疾病模型关系到食品加工者，尤其是从遗传的角度来说。食品加工业可能会说，来吧，让我们找出并提醒一些易患病的罕见个体，提醒他们注意自己吃的东西，然后继续和普通大众做生意。酒业和赌博业数年来一直在这样掩人耳目。

正方：哪一种疾病没有社会建构的因素？或者说哪一种疾病没有利益相关群体？这些群体从社会含义、官方定义和医学对疾病程度和患病原因的观点的转变中获益或亏损。这不是忽视疾病病理或对遗传因素置之不理的理由，这种忽视和不屑虽然不一定是社会造成的，但可能受社会影响。想想孤独症吧。我们对孤独症的诊断过度了吗？可能是。孤独症是倡议人士、研究人员和临床医生的收入来源吗？是。孤独症是一种神经发育障碍或一系列障碍吗？是由遗传原因和可能存在的环境原因引起的吗？扰乱了儿童及其家人的生活吗？一定是。忽视这一事实既无情也不科学。

反方：你不能选择得不得孤独症。

正方：你也不能选择得不得强迫性暴食。这种危害生命安全的生物行为障碍伴随着细胞层面和分子层面可观测、可预测的长期大脑改变，包括基因表达改变。这是一种疾病，它符合美国成瘾医学会（American Society of Addiction Medicine）对成瘾的定义："一种大脑奖赏、动机和相关回路的慢性原发病……表现为个体病态地追求物质使用及其他行为带来的奖赏和/或慰藉。"

反方：告诉医学会，真正的疾病有具体的生物标志物，你可以通过血液化验等方式检测和诊断出来。医学会所说的疾病仅仅是一种依赖综合征。或者说有许多通路和诱因的多种综合征，一些诱因是文化性的，另一些则是生物性的。

正方：基因有什么文化性可言？家庭、领养和双生子研究一致表明，半数以上的成瘾倾向可以归因于遗传。

反方："可以归因于遗传"是一切谬论之母。易感基因既不是成瘾的充分理由，也不是成瘾的必要条件。遗传影响特定环境中的行为。将携带易感基因的孩子们区分出来，让他们远离早期创伤，不要过早接触瘾品，给他们稳定的社区环境和警觉、清醒的父母，然后再观察他们的成瘾率有何变化。

正方：但是如果保持环境因素不变，基因上更易感的人会上瘾。

反方：就算他们上瘾了，那又如何？NIDA 的世界观不会拯救他们。将迥然不同的综合征归在一个普遍的疾病模型之下并没有取得任何治疗成果。请说出一个食物成瘾神经科学研究出来的具有突破性的治疗方法。尽管有大脑疾病的说法，全世界人仍然在继续发胖。对于酒水、烟草以及其他瘾品，我们已经拥有了提高征税、禁止广告等经过检验的、基于人口的预防策略，为什么还要寻求用高科技干预大脑呢？大脑疾病模型错误地配置了精力和资源。

正方：科学认识往往比有效治疗早数十年。19 世纪微生物理论已经成熟，而抗生素疗法在 20 世纪才成熟。医学研究人员可能尚未发现能够减少食物成瘾或其他类型的成瘾的可能性、减轻危害和耻辱感、改善预后的治疗方式。想想阿片类药物，我们已经拥有药物来控制渴望，缓解戒断症状，扭转过量使用——

反方：在 NIDA 爱上大脑扫描器之前，医学已经了解了这些——

正方：而且研究人员正在研发疫苗以阻断可卡因等毒品的欣快效应。这些可以预防新增成瘾病例，防止已成瘾者瘾症复发。

反方：深入挖掘文献资料，你就会发现，热衷于反成瘾疫苗的人承认这些"突破"极其复杂，价格高昂，充满技术问题和伦理问题，并且不是 100% 有效。继续挖掘文献资料，你会发现，神经科学家们在关键问题上意见不合。多巴胺与欲望更相关还是与喜爱更相关？是应激激素引发了戒断和复发吗？大脑适应只有一种模式吗，还是有多种模式，每一种模式都与不同的使人成瘾的刺激物相联系？许多互殴都发生在幕后。

正方：这和癌症化疗、免疫疗法有何区别？这不是灵丹妙药和守旧科学的问题，而是运用来之不易的知识不断取得进步，抗击与生物相关的致命疾病。大脑疾病模型不是十全十美的，但它合理、清晰，令全世界的成瘾研究人员第一次用同样的神经解剖语言和神经化学语言发声。单是这个事实就能证明耐心和进一步研究的合理性。[23]

或许它并不能证明进一步研究的合理性，这取决于人们怎样评判这场仍在继续的辩论。让人更难以判断的是，除了刚刚概述的实践问题和经验问题，还存在一系列哲学问题和政治问题。批评人士，尤其是社会科学家，指责大脑疾病模型的支持者犯了还原主义、生物本质主义和朴素实证主义的错误。他们发现该模型的支持者支持缉毒战争，因为大脑的脆弱性暗示了有必要实行严格的治安措施，来控制瘾品供应。他们抱怨支持者使用障眼法，在成瘾者所谓被控制的大脑的扫描图上，用鲜明的颜色对比来突出并不明显的神经差异。[24]

最常见的指控是还原主义，这既准确又离题。科学在对小问题的聚焦研究中进步。例如，实验室研究人员想知道缺少某种突触前受体会如何扰乱抑制性反馈，或者 DNA 变异如何生成增加成瘾风险的受体亚单位。社会学和经济学不会帮助他们找到答案。2015 年，在对批评人士的回应中，沃尔考和科布表示，在大脑疾病模型的框架内耐心解决这类技术问题，就有希望取得进一步的治疗成果，实现成瘾的去污名化，有效地瞄准预防项目。实验工作可能看上去有些平凡枯燥，但指导实验工作、有着光明前景的新范式绝不单调。所以，继续关注，继续资助，继续收看吧。[25]

　　但是收看什么呢？收看唯一的频道吗？真正的问题在于出现了附带的和集体的还原主义，因为沃尔考及其科学界的盟友消耗了太多可用的宣传和资源，尤其是他们昂贵的事业：NIDA 的国际项目。截至 2014 年中期，该项目至少已经培训了来自 96 个国家的 496 位研究人员。NIDA 产生了全球性的影响，这种影响又因 NIAAA 支持大脑疾病模型用于酗酒研究而得到增强。然而，NIDA 同时也产生了窄化效应，因为它把人们的注意力从贫穷、精心营销和成瘾产品设计等社会驱动力上转移开来。当 1997 年莱什纳为成瘾贴上了大脑这一标签时，他声明成瘾是"一种大脑疾病，促使其形成并展现出来的社会环境至关重要"。反对成瘾神经科学的核心理由是后续研究基本上只关注到前六个字。失调的神经元和出现故障的基因获得了关注，而其余所有方面都只是口头上说说。

　　这种忽视使得成瘾研究领域的领导人物开始出现分歧。精神病学家兼《成瘾》（Addiction）期刊的编辑格里菲斯·爱德华兹写道："毒品不仅仅是作用于大脑的化学物质，也是充满社会含义的有力符号。"这些社会含义对于毒品使用者和毒品政策具有真实影响，有时会产生有害影响，这些影响在随时间变化而变化的特定社会"生态"中发挥着作用。假装不是这样就是在盲目行事。另一位权威药理学家哈罗德·卡兰特称，NIDA 和 NIAAA 的大脑模型"回归到了彻彻底底的医学基础上，事实上忽视了一个世纪以来社会领域、行为领域和经济领域的所有工作……我认为这是一个严重的错误，我确信未来所有其他领域的重要性会再次获得认可"。[26]

有意设计的食物成瘾

没有什么时候比现在更合适了。我自己关于食物成瘾之争的看法是，神经科学的说法与其说是错误的，不如说是不完备的。研究跨国食品公司和广告商与研究 PET 扫描和纳曲酮实验都能为成瘾性食物和成瘾性药物的相似性提供有力的论据。显而易见，跨国食品公司和广告商的举动是边缘资本主义的一部分。我用"边缘资本主义"这一术语来表示大多数非耐用商品和服务的设计、生产、营销以及在全球范围内的分销，这些商品和服务（起初）会创造强烈的大脑奖赏，让消费者染上具有破坏性的习惯。大型食品公司越来越像大型烟草公司，表现为主管们在私下召开的会议上，甚至担心自己可能因为产品对健康的影响而遭到起诉，他们也的确遭到了起诉。

在法律和舆论的法庭之上，关键问题始终在于充满糖类、脂肪和盐的方便食品。如果你想知道人们为什么会暴食，名厨沃尔夫冈·普克说，只需看看这三种成分就行了。糖是最明显的提味调料，因为它在作用上最像毒品。霍贝尔也因为一次经历认识到了这一点。有一次，他让一位研究助手把纳洛酮（naloxone，一种阻断阿片类药物作用的药物）喂给喜欢吃糖的老鼠。老鼠们立刻出现了浑身颤抖、牙齿打战的戒断反应。而人类对甜食的偏好是与生俱来的，可以说这种偏好由母亲孕期的饮食所强化，并且毋庸置疑地通过过早接触含糖产品得到增强，每一口甜食都使人牢牢记住了所有饮食都应该是甜的这一经验。拥有美味"口感"的脂肪完美补充了糖类的味道。糖类反过来掩盖了大量脂肪。盐增强了食物的甜味，遮住了苦涩等不受欢迎的味道。作为一种天然的防腐剂，钠晶体也可以制成各种人工样式，附在每一口零食上面，更好地激发出最强烈的风味。人工成分通过保证新鲜度、改善口感、提亮颜色和增进味道来包装食品。伊利诺伊州一家公司登记了 8 万种人工香料配方，光香蕉口味就有 1 000 种配方。想来点异域风味？来一份"香蕉福斯特"① 吧。[27]

　　人类的享乐总是伴随着各种好东西的混合。食品公司的做法是将混合提升到企业科学的高度，就像它们曾将食品生产、制造、分销和营销方法抬高一样，这些方法保障了它们快速制造的产品能够永远廉价，易于获得。尽管大卫·凯斯勒等批评人士指控这些做法是全球肥胖的原因，但食品业内部人士明白，这些做法对于扩大市场份额、争夺企业生存权至关重要。随着雀巢和卡夫食品（Kraft）等行业巨头吞并了朗特里②和吉百利等老牌甜食制造商，企业存亡也成了不确定的事情。达尔文主义的思维方式既作用于动机的神经生物学，也同样作用于食品和证券市场。

　　那么问题一直在于系统——寡头边缘资本主义，超高热量美味食物的分配——而不仅仅是出谋划策的人。人是精通化学、生物学和数学的技工，完善产品、解决问题是他们的工作。用微波炉制作的蛋糕糊是不是闻起来像炒蛋，尝起来像硬纸板？那么，试试将诱人的香气放在酵母菌中，酵母菌会在微波炉里振动、破裂。最终目标是用最低的成本达到最美味的"极乐点"。这是一个算法过程。食品工程师运用数学模型计算各种成分的最佳组合，然后用大规模试验验证结果。食物成了药物，新食物产品就

① 指一种由香蕉和冰淇淋制成的甜品，配以黄油、红糖、肉桂、朗姆酒调味而成。
② 朗特里（Rowntree's），雀巢旗下的糖果品牌，知名产品有奇巧（Kit Kat）等。

像新药一样从数据驱动的筛选中诞生。到了 20 世纪 80 年代，每 10 个试验性食物产品中只有 1 个能够成功进入全国市场或全球市场，其余的产品止步于焦点群体或地区试销。优胜劣汰的压力不曾停止，并且种种压力都朝着一个方向奔去。"其中 90% 是为了让你感觉不错，"菲多利公司（Frito-Lay）的食品科学家罗伯特·林说，"感觉不错就意味着尝起来不错。"[28]

食品科学家们努力让美味的食物更美味，让廉价的食物更廉价，让快捷的食物更快捷。他们用马铃薯实现了这三点。一直以来，厨师们懂得如何将这种不起眼的主食变成美味佳肴，他们将马铃薯切成薄片，做成薯片或薯条，用油炸，然后裹上糖和盐。问题在于，自制薯片和炸薯条的成本相对较高，就像机械化生产出现之前的香烟。但随着"二战"后薯片和薯条生产线实现自动化，劳动力限制和成本限制便消失了，适合机器加工的马铃薯在大型工业化农场中大范围种植，自动售货机和快餐特许经营店等节省时间的便利设施出现，袋装薯片等待着人们购买、开袋、享用。1995 年，通用食品公司（General Foods）首席执行官查尔斯·莫蒂默说，便利（Convenience）是一种应该首字母大写的食品原料。同样的话适用于成本（Cost）。第一次世界大战结束后的一个世纪里，美国等国家将农业产出工业化并对其进行了补贴，这些国家的食品价格下降到了原来的十分之一。（食品价格是通过购买同样数量的食品所需的工作时长来衡量的。）薯片既便宜又诱人。"没有人能只吃一片"成了一场乐事薯片广告宣传活动的核心，这场运动将失控变成了一种美德。[29]

还有品客（Pringles），这是一种大小一致、可整齐堆叠的"薯片"，实际上不过是糖、盐、脂肪、味精和其他调味料组成的

186

高淀粉矩阵。在一次实验中，研究人员发现，头戴式耳机里传出的咀嚼声音越大，吃品客薯片的主体越有可能觉得薯片尝起来鲜脆。格外脆天生就是卖点。[30]

心态和环境会影响所有的食物瘾品，不仅仅是薯片。白色马克杯里的咖啡尝起来比透明杯里的咖啡更加醇厚。红色易拉罐里的苏打水尝起来更甜，红色碗里的爆米花尝起来也更甜。（下一次你去电影院时，可以留心一下爆米花盒子的颜色。）产品线延伸也需要考虑心态和环境，根据特定文化进行调整。北美洲人喜欢酸奶油味和烤肉味的薯片。俄罗斯人喜欢红鱼子酱味的薯片，泰国人喜欢辣鱿鱼味，中国人喜欢番茄酱味。如果你不是泰国人或中国人，你尝后会厌恶地"呸呸呸"，这就说明了文化的差异。[31]

找到正确的食物配方并不能保证成功。各种令人感觉不错的产品与设计类似、不断升级的竞品不停地争夺着货架空间和菜单空间（最终也争夺大脑空间）。广告商的首要工作是抓住消费者的眼球。广告植入是一种方法，即花钱让品牌出现在电视剧或电影中。可口可乐很早便采取了这种方法，到了20世纪50年代中期，可口可乐做到了让品牌在电视上至少一天露一次面。但大多数食品公司依靠付费商业广告，这些广告不可避免地变成了食物色情片①。分镜师简要勾勒出颜色鲜亮的蛋黄在打蛋机的搅拌下被打散，融化的切片奶酪像瀑布一般倾泻而下，让人垂涎三尺，闪光灯增强了效果。"你在看色情片和食物时用到的是大脑中相同的部分，"一位商业广告导演解释道，"我们正努力成为当代巴

187

---

① 食物色情片（food porn），指广告和其他视觉媒体中展现的可口、诱人、夸张的美食影像。

甫洛夫，用这些图像向你摇铃。"[32]

成倍增长的屏幕使图像无处不在。牛津大学实验心理学家兼食品业顾问查尔斯·斯彭斯这样描述踏上周围是各种视频广告的伦敦地铁自动扶梯时的景象。"我用眼角的余光看到的每个屏幕上都是一块热气腾腾的千层面被慢慢地从盘中夹起，融化的奶酪滴落下来。"斯彭斯认为这一效果让人无法抵抗。我们的大脑已经进化到能够发现、追踪并锁定动态的蛋白质。对于没被其他事物分散精力的通勤族来说，这就是"铃铃铃"。[33]

广告商用声音增强视觉。快餐广告的音轨（"效果最好的音乐激昂有力，旋律高亢，通过打击乐器积聚能量"）可以调高调低。环境也可以变化，只要能够让人想起美好时光。"一切都是为了快乐，"一位澳大利亚营销专家说道，"为自己考虑一下，来这个好玩的地方吧。吃得开心。"到了 2009 年，快乐饮食转移到了网上。吃播成了一种网络播放节目，年轻可爱、口若悬河、大吃大喝的网络主播获得了数百万粉丝，赚得了数千美元，他们直播业余的食物色情片，一边吃海量食物，一边和网络观众聊天。[34]

面向儿童的专业食物色情片是食品广告中最具争议的一面。行业内部研究、独立医学研究和大脑成像都指向了同一个结论：标志识别和品牌忠诚度在小时候就形成了，然后保持不变。广告商早在 20 世纪初就已经知道了这一点，但是在快餐时代，这一原理表现出了新的紧迫性。一些公司，例如早餐谷物食品制造商，在广告上花的钱是在实际原料上的两倍，广告主要针对儿童。食品原料包括大量糖、盐和脂肪。[35]

香烟和酒的营销方式相同。对于这两种产品，公关、营销和广告专业团队将会使人成瘾的产品标准化，销售这些产品并建立品牌忠诚度，直接或间接地瞄准大多数年轻消费者，他们用"令人振奋""心满意足""味觉享受"或者其他"过瘾"的委婉说法奖赏消费者。这些营销活动影响了各条产品线，有时也将不同产品线结合起来。例如，在百威啤酒旁边展示鳗鱼、奶酪和午餐肉可以提高啤酒和小吃的销量，对食品杂货商来说是双赢之举。食品杂货店成为"货架图设计"的试验场，模拟货物摆放和陈列的方式，实现销量最大化。把含糖的谷物食品放在孩子看得到的地方，剩下的就交给"妈咪，求求你"吧。美国广告商也会委托他人进行心理特征描述和消费者调查，包括对重度消费者进行的关注情感因素的重点调查，以完善其对松饼糖浆、糖果棒、啤酒和其他类似的迅速取得成功的产品的宣传活动。到了 20 世纪五六十年代，这些精妙的策略在大型广告机构中已经司空见惯。[36]

　　更重要的是，美国产品和广告策略可以出口。战后的欧洲出现了许多小吃店和电视机。餐饮店通过提供可口可乐和汉堡一并反抗传统主义者和共产主义者。到了 1964 年，卡夫食品公司利用卫星技术从美国向欧洲放送奶酪广告。广告专家艾伯特·斯特里斯贝里意识到，产品没有传播过程重要，传播过程使"同时接触到大量的人"成为可能。传播学家马歇尔·麦克卢汉见证了电子化全球村的出现，而斯特里斯贝里等广告商见证了一个电子化全球市场在自己手中诞生。这一市场显然具有边缘资本主义的形式。到了 20 世纪 70 年代末 80 年代初，六类品牌产品花费了跨国公司国际化宣传 80% 至 90% 的资金。它们分别是加工食品、软饮料、酒类饮料、香烟、药物和洗护用品。[37]

　　跨国食品公司和此前的酿酒商、蒸馏酒商、烟草公司一样，

现代生活虽然在名义上是为了进步和健康，但却日益被让我们采用不进步、不健康消费方式的各种企业所控制，这是对艺术家班克西 2009 年的戏仿作品《北方天使》的众多解读之一。这位吸着烟的维纳斯在夜店玩了一夜后双脚酸痛，跌跌撞撞地穿过恶习留下的垃圾，包括快餐盒和含糖饮料瓶

在发展中国家投钱打广告，做促销，公司未来的增长取决于这些国家。雀巢雇巴西的贫民窟小贩向贫穷的邻里推销产品，允许人们赊账购买，赊账期限长达一个月。最畅销的 24 种产品都含大量糖。2010 年，一艘名为"雀巢带你上船"（Nestlé Até Você a Bordo）的超市驳船开始向生活在与世隔绝的亚马孙城镇上的 80万潜在消费者运送奶粉、巧克力、冰淇淋和果汁。面对雀巢此举，批评人士的反应仿佛是英国东印度公司重新向珠江三角洲运输了鸦片一样，从历史和神经化学的角度来看，它差不多就是这么令人担忧的事情。2017 年 7 月，雀巢最终停止提供这一颇具争议性的服务之后，私人船主填补了空位。当地的人们已经很难摆脱对这些消费品的依赖了。[38]

全球食品销售商也巧妙利用了宗教差异和饮食禁忌。到 2012年，麦当劳已经在印度市场开设了 271 家店铺。在印度，牛对于印度教徒而言是神圣的，约三分之一的印度人不吃牛肉。解决方案为：用鸡肉巨无霸代替牛肉巨无霸，为素食主义者提供香辣烤土豆饼制成的麦香薯堡。店面装潢和菜单一样灵活调整。一个 40英尺的充气麦当劳叔叔以莲花坐姿坐在雅加达的麦当劳旗舰店里。打坐冥想的麦当劳叔叔是麦当劳公司态度暧昧不明的一个典范。他可以被看作苏菲派①圣人，也可以被当作面露微笑的佛陀，尽管店内的顾客几乎没人下定决心根除欲望。[39]

这一切的矛盾之处在于，企业的理性导致了社会的非理性。它将起初未曾预料到的集体损害和集体成本分离了出来，这些损害和成本主要由它们的生产者之外的其他人承担。社会学家丹尼尔·贝尔可能会把这些外部效应称为边缘资本主义的文化矛盾。其

---

① 苏菲派，伊斯兰教神秘主义派别，主张苦行禁欲。

191

他社会学家更喜欢用"麦当劳化"[①]一词，他们用这一概念描述从主题公园到性工作等各种事物，这些事物逐渐有纲可循，技术含量降低，依赖网络。和其他所有事物一样，恶习可以被合理化。然而，麦当劳化最令人不安的一点在于，它能够将看似普通的商品和服务变成不健康的习惯。一个显而易见的例子就是原始形态的麦当劳化，即生产、特许经营、销售快餐和含糖饮料。[40]

各国政府既容易助力麦当劳化，又容易阻碍这一过程。到了2011年，平均每个墨西哥人每年消费45.5美制加仑可口可乐产品，不包括其他糖类来源。同时期墨西哥人死于糖尿病的可能性大约是死于凶杀的可能性的7倍，这样的消费量实在荒谬。墨西哥政府后来才意识到了这一点，它克服业界反对，向含糖饮料征税。2014年年初，该税开始生效，含糖饮料的销量第一年下降了5.5%，第二年下降了9.7%。然而，鲜为人知的是，早在21世纪的前几年，当可口可乐公司向墨西哥内地扩展时，政府给予了可口可乐公司大量税收优惠。政府先将马从马棚里引诱了出来，而2014年的销售税则是尝试将马棚的门关上。[41]

墨西哥出现的朝令夕改、拉拢合作以各种形式在世界各地上演。活动人士可能会破坏某个麦当劳餐厅，例如破坏位于法国米约区罗克福尔镇中心未完工的麦当劳餐厅。[②] 但麦当劳的车轮滚滚向前，在罗马、麦加、莫斯科和北京开设新店。到了2000年，麦当劳已经成立了3万家门店，引发了无数效仿。全世界都吃得

---

① 麦当劳化（McDonaldization）为社会学家乔治·瑞泽尔（George Ritzer）提出的概念。他指出，高效、可计算性、可预测性、可控性等快餐店的特点正逐步支配着整个社会。
② 指1999年法国农民、活动家若泽·博韦（José Bové）领导的抗议活动，反对美国向欧洲出口用激素处理过的牛肉，以及美国对进口罗克福尔奶酪和其他农产品的限制。

心满意足，也吃得大腹便便。各地诊所的糖尿病患者排到了门外。获得快餐享乐和利润的代价是致命疾病，早衰，蛀牙以及砍伐森林、径流增大、含水层干涸和气候变化造成的环境恶化。平均每生产 1 磅汉堡就会产生 25 磅二氧化碳排放量。还有数十亿动物遭殃，它们被圈养囚禁，用抗生素喂养，归宿是烤架和烤箱。更不用说把这些动物加了盐和糖的肉吃个精光的强迫性暴食者们，他们也痛苦不堪，自我厌恶。[42]

这种强迫性暴食有多么普遍？运用耶鲁食物成瘾量表等已被验证的研究工具，许多研究一致表明，每四个肥胖成年人中就有一人满足标准。根据世界卫生组织的肥胖症数据，2014 年，全世界可能有 1.5 亿成年人食物成瘾，比生活在俄罗斯的人还要多。如果根据物质成瘾和行为成瘾专家史蒂夫·萨斯曼提出的更保守的患病率估计，全球食物成瘾总人数应该接近 1 亿。但不论是高估值还是低估值都没有包括儿童和青少年，与成年人相比，他们一生中面临的强迫性暴食的风险更高。这些估值也没有否认新的事实，即加工食物成瘾已经成为 9 位数的人面临的状况。[43]

192

第七章
数字成瘾

沃尔考认为食物成瘾是一种大脑疾病，尽管批评人士对此持有异议，但除脱离实际的自由意志主义者以外的所有人都同意沃尔考的如下观点：暴食包含有意的商业设计的成分。人们普遍像沃尔考一样担忧高刺激环境，这不仅仅包括那些担忧强迫性暴食的人。记者马克·库珀、文化人类学家娜塔莎·道·舒尔等博彩业的研究者发现，精心设计的赌博和精心加工的食物之间存在着一种异乎寻常的相似性。这些相似之处在拉斯维加斯最为明显。正如库珀所说，在拉斯维加斯，市场伦理得到了极致的展现。对消费者弱点的利用，并将这种利用进行微调，然后将其标准化的冲动也暴露无遗，批评人士称这一趋势为"赌博的麦当劳化"（McGambling）。

机器赌博

虽然赌场中出现了各种令人眼花缭乱的娱乐方式，但赌场运营者从未放弃赌博。他们喜欢各种自动化设备，尽可能多地在赌场里安装老虎机和电子扑克机。机器没有茶歇，不需要请产假，无须技能就可以上手，用最大效率套牢消费者。"不用做决策——机器都给你做好了，"一位赌博机管理人解释道，"你只需站在那里，变得兴奋就可以了。"或者说，变得非常兴奋。"对于一些人来说，他们赌博的时候脑子里会出现类似于美国国庆日的东西，"社会学家博·伯恩哈德告诉库珀，"现在流行的说法是赌博正在席卷美国。但大多数情况下是机器赌博席卷美国。这些机器融合了众多元素：资本主义逻辑、技术以及人们越来越熟悉这些机器了。"[1]

　　强迫性赌徒大多是逃避型赌徒，不同于喜欢掷骰子和21点的行动派赌徒。詹姆斯·邦德不玩老虎机。但女人们玩老虎机，而且她们不都是穿着网球鞋的退休人员。"如今有赌瘾的人可能是一位34岁的女性，有两个孩子，上过两年大学，"拉斯维加斯的成瘾治疗专家罗伯特·亨特说，"还有电子游戏成瘾。我们现在很少看到过时的行动派赌徒，他们赌博是为了追求一时的刺激；我们现在看到的是说自己想要麻木，想要放空，想要忘记周遭一切的人们。"他的一位患者说，关键是要消失。这位患者是一位快40岁的女性，她在婚后搬到了拉斯维加斯。想要消失的举动在3年间花费了她20万美元。[2]

　　她的损失不同寻常，但她作为拉斯维加斯居民的这种状态却非常常见。1960至2015年，拉斯维加斯所属的克拉克县人口增长了200万。博彩业从中获利。到了1991年，博彩成为当地第四受欢迎的商业娱乐方式，仅次于下饭店、看电影和购物。到了1999年，全县约6%的居民是强迫性赌徒，是美国全国平均水平的4倍多。接触赌博非常重要，新鲜感和社会阶级也非常重要。大多数经常赌

博的人是新来的居民，受教育程度低，其中许多人在度假村做苦
工。他们下班后就会光顾邻近的赌场，或者在餐厅、酒吧和杂货店
无处不在的赌博机上来几局快餐式赌博。一些"当地人的赌场"
把赌注加得更高，给老顾客积分奖励，积分可以用来换烟酒。[3]

　　舒尔想知道，为什么机器赌博这么容易让人上瘾，为什么这
么多女性染上赌瘾。答案是商业恶习这一猎人和猎物故事最新的
数字版。猎人们将拉斯维加斯作为试验场，完善计算机化的赌博
机器，这些机器既是营销设备也是追踪器。机器拥有电视主题，
类似小型消费配件，这两点营造了一种无害的娱乐氛围，吸引了
新一代猎物。许多年轻的玩家是焦虑、抑郁的女性，她们想要在
高压社会的繁重生活中获得喘息的机会，她们无法满足社会的期
望。她们赌博更多是为了暂时逃离，而不是为了能让自己逃离的
大奖。一个女人说，目标是"留在那个机器空间①里，在那里，
其他一切都无关紧要"[4]。

　　赌场建筑师热心打造了满布赌博机的迷宫，赌徒在迷宫中迷
失自我，满足了自己逃离的渴望，直至体力耗尽，钱财花光。单
独、持续、快速的下注制造出一种类似恍惚的状态，使玩家忘记
了焦虑、抑郁和无聊。数字化机器赌博和安定一样可靠，而且起
效更快。经常进行电子赌博的人比通过其他方式赌博的人成瘾速
度快三到四倍。他们玩的速度也更快，每三到四秒就能迅速打完手
里的电子扑克牌。他们的手指在操作键上飞快地跃动。最沉迷其中
的玩家即使肚子咕咕叫、憋不住尿也一动不动，不会离开电子赌博
设备。一位退休的消防员一次玩了 14 个小时，他说，即使这个地

① 机器空间（machine zone），娜塔莎·道·舒尔著作《运气的诱饵》中赌瘾者常用的
一个概念，指赌徒赌博时所处的与外界现实隔绝开来的状态。

方被烧毁了，只要他还有赌博积分，他就不会走开。"想都别想，我不会离开，除非让我带着机器一起，我会先被烟雾呛死。"[5]

游戏设计者们明白成瘾的风险和获胜的概率，所以他们不玩游戏。里诺国际游戏科技公司（Reno's International Game Technology）的一位设计师被问到是否沉迷游戏，他难以置信地回答："老虎机是为失败者准备的。"公司"负责任赌博"部门的主管说，自己的设计师没有考虑成瘾的问题，他们考虑的是击败竞争对手。"他们是富有创造力的人，他们希望赌博机能够创造最大利润。"还有一些人对胜利的代价更加直言不讳。"利用小老太太们的心理弱点并没有让我觉得很光荣，"一位游戏研发人员告诉舒尔，"我不能坐在这儿说'我只是给炸弹拧上了螺丝，我只是组装了弹头'，因为我确信我制造的产品毁了某个地方人们的生活。"[6]

老虎机确实已经被研发成了武器。这个武器首次展现威力是在 1984 年，当时拉斯维加斯的四皇后赌场（Four Queens Casino）安装了配有微处理器的"虚拟转轮"老虎机。每台机器能够产生的转轮停止位是标准的机电机器的 10 倍，因此获得头奖的可能性也更大。赌场工作人员比较了新旧机器的表现，发现数字化老虎机产生的收益翻了一番。行业杂志散播了这个好消息。[7]

在接下来的 20 年里，数字化赌博席卷了博彩业。由于 10% 的赌徒带来了 80% 到 90% 的收入，所有能够加快常客游戏速度、延长游戏时间的东西一定能够提高收益。劳动力成本也下降了。玩家身份证和带条形码的现金票取代了过去推着硬币推车的找零服务员和在出纳室销售一卷卷 25 美分硬币的出纳员。就连鸡尾酒服务员的饭碗也不稳了。到了 2008 年，哈拉娱乐（Harrah's Entertainment）开始在赌场休息厅试行自动酒吧。顾客可以玩触屏游戏，浏览

YouTube 视频网站，只需点击一下就能调配、购买专属定制饮品。[8]

　　和度假中心的建筑一样，拉斯维加斯发生的一切并没有只停留在拉斯维加斯。数字化机器赌博迅速在迫切需要财政收入的国家传播开来，从斯堪的纳维亚传到南非。设计师根据当地条件和传统进行调整。弹球盘游戏厅实际上是日本的赌场，也经历了数字化改造。但不论在哪里，策略都是相同的，即建立玩家的习惯并巩固习惯。结果就是各种常见的风险上升，最后致人无法自控和破产。拥有 1 000 万人口的匈牙利允许酒馆、酒吧和赌场的数字化赌博。到了 2012 年，匈牙利拥有了约 10 万赌博成瘾的赌徒，还有 50 万经常赌博的人面临着在游戏中失控的危险。在英国，投注站沿主要街道扩散。最吸引人的是 FOBT 赌博机，即固定赔率投注终端，提供从轮盘赌到老虎机等各种虚拟游戏。下注者可以一分钟花掉 500 英镑。仅统计赌徒输掉 1 000 英镑及更高金额的情况，FOBT 赌博机每年就能带来 23 亿英镑的收入。一位职业扑克玩家不满地写道，不妨干脆把海洛因放到一个奶酪推车上，把推车放在药店和公交站中间。[9]

　　在澳大利亚，数字化赌博已成为席卷全国的狂热。到了 20 世纪 90 年代末，澳大利亚每 80 个成年人就拥有一台老虎机。当地的俱乐部和酒吧安装了老虎机，酒店和赌场也安装了老虎机。每 10 个澳大利亚人中有 8 个人赌博，有 4 个人经常赌博。赌场用可以兑奖打折的积分卡激励顾客，也提供便于使用的借记卡，这些借记卡默默追踪着顾客的习惯，获得了关于少数成瘾者的营销线索，这一群体带来了大多数收益。在澳大利亚的一家赌场，2.3%持有积分卡的人提供了 76%的老虎机收益。赌博游说团体保护并扩大了收益。2015 年，新南威尔士州（澳大利亚人口最密集的州）政府将赌场赌徒能够在智能卡上存储的最大金额从1 000澳元提高至5 000澳元。此举令资深博彩业观察人士目瞪口呆，因为这显然是为了把问题赌徒牢牢拴在定制座椅上。[10]

对于深深沉迷机器赌博的人来说，不论信用额度是多少，他们都离不开赌博了。赌博已经成为他们精神家具的一部分，仿佛是带他们逃离忧郁的弹射椅。"我还在去赌场的路上时就开始有了这种感觉。"一位成瘾的赌徒告诉舒尔：

> 我正在开车，但我的心已经在赌场里面了，我想象自己在四处走动，寻找自己的机子。到了停车场，这种感觉更加强烈了。
>
> 等我走进赌场时，我已经渐渐进入了那个机器空间。
>
> 这和声音、光线、气氛、穿过过道的体验都有关。然后等我终于坐在了赌博机前面开始玩的时候，我好像甚至已经不在那里了，一切都渐渐消失了。[11]

陷入网中

机器赌博者谈到的全神贯注、满怀期盼、提示唤醒和寻求遗忘与毒瘾者和食瘾者的情况有着惊人的相似性。最主要的区别是，食瘾者必须要吃，而毒瘾者和赌瘾者至少有机会完全戒掉。但他们的数字亲戚——网瘾者则和食瘾者更为相似。网络的诱惑几乎无处可躲，上网已经成为发达国家社会生活中的一个既定特点。成瘾治疗专家深知问题的症结所在。他们的目的是"停止使用有问题的应用程序，控制并平衡网络使用"，就像食物成瘾康复团队提倡谨慎、均衡饮食一样。[12]

二者的相似之处不止于此。食瘾者和网瘾者都会沉迷其中，失去控制，出现耐受性（吃得更多，上网时间更长），出现焦虑冲动等相关失调症状，在戒断的时候都会经历抑郁。虽然有家人软磨硬泡、社会抨击指责，他们还是经常故态复萌，依旧我行我素。而且食瘾者和网瘾者的数量都在增长。2000 至 2009 年（在智能手机的普及加剧这种情况之前），美国和欧洲开展的数项调查显示，网瘾普遍率在 1.5% 至 8.2% 之间。中国的研究发现，这一数值在 2.4% 至 6.4% 之间，但一些子群的网络成瘾率接近 18%。在发达国家，网络成瘾至少已经和食物成瘾一样普遍。在青少年之中更是如此。[13]

对互联网和其他消遣娱乐的电子设备成瘾在戒绝的刺眼光线下展现得一清二楚。2010 年，一组国际研究人员让来自 10 个国家的 1 000 名大学生 24 小时不用电子媒体，然后记录他们的感受。典型的回答包括惊异、焦躁、无聊、孤独、焦虑和抑郁，他们的开场白通常是坦白承认自己过度使用电子设备，承认上瘾，这种反应跨越了不同文化：

中国学生：事实上，我非常沉迷于电脑和互联网。这次实验结束后，我认识到媒体就像一张张开的大网，把我困住了。

乌干达学生：如果我不一上来就承认自己其实非常依赖网络，那么这将不会带来任何好处。

阿根廷学生：我意识到，每 24 小时中，我有 15 个小时都和一个机器绑在了一起。

墨西哥学生：现在已经很晚了，我脑子里唯一的念头是

（一个精神病患者的声音）："我想上脸书。""我想刷推特。"
"我想看YouTube。""我想看电视。"

英国学生：24小时一结束，我立刻抓起了我心爱的黑莓手机，打开了我的笔记本电脑。我觉得自己简直就像是毒瘾者，经过了长时间的彻底戒毒后重新获得了毒品。[14]

和酒精、毒品、加工食品、赌博一样，使用电子媒体也受毒物兴奋效应的影响。人们的使用程度各有不同，从偶尔使用到数字版茶歇——打发无聊、提振精神的有益使用，再到损人害己的过度使用和逃避现实的使用。对于是将最后一种情况称为网络成瘾、网络成瘾障碍、网络使用障碍、病态互联网使用障碍还是其他，临床医生们存在分歧。然而，他们发现了一个共同点。那些过度使用网络的人变得非常喜欢用网上娱乐躲避现实生活中的麻烦。他们的举止非常像进入机器空间的机器赌徒，只不过他们的大多数活动——例如大型多人在线角色扮演游戏（MMORPG）——都带有社交元素，这增强了虚拟的吸引力。没有哪个自尊心强的《魔兽世界》DPS（每秒输出高伤害的角色）愿意错过团队的下一次大规模作战。现实生活中的人对这些追求持悲观看法。老师给出不及格的分数，家长威胁恐吓，老板拿出解聘通知书，配偶拿出离婚文件，法官给出治疗令，将人送去网瘾治疗营。[15]

自由意志主义者和医疗化怀疑论者认为强制治疗十分荒谬。它真的是像毒瘾一样的瘾症吗？它是一种某类人群更容易得的后天的大脑疾病吗？这些有关食物成瘾的争论在网络成瘾的问题上再次浮现出来。只是这一次争论更加混乱，因为网络成瘾比强迫性进食涉及更广泛的活动，成瘾对象包括数字色情作品、网络赌博、电子游戏和角色扮演游戏、成人幻想聊天室、eBay 等购物网站、社交媒体平台和网上闲逛。不同群体表现出不同类型的成瘾。男性更倾向于对电子游戏和色情作品成瘾，女性则更倾向于对视觉主导的社交媒体和强迫性购物成瘾。一些精神病学家将后者归类为成瘾，其他人则将其视为一种强迫症。如果比较食物成瘾和药物成瘾就像比较苹果和橙子，那么比较食物、药物和网络成瘾就像是比较苹果、橙子和不同品种的葡萄。[16]

人性中的邪恶天使

网络成瘾难以评估的另一个原因在于它相对新奇，尤其是通过配备的摄像头、可以上网的移动设备使用社交媒体的习惯。历史需要视角，但这是我们所缺乏的。在印度等国家，一些廉价的声控设备带有使用方法简单、以视频为中心的应用程序，这些设备才刚开始将社交媒体革命带给贫穷、文化程度较低的消费者。但进行一些说明还是有必要的，因为毋庸置疑，数字技术加速了享乐、恶习和成瘾的历史。简而言之，有三个现象最为突出。[17]

第一，数字化互通和移动性带来了全新的成瘾行为模式。撇开学术界对这些行为分类和成因的争议，这些行为本身已经成为社会现实。当我告诉人们自己正在写一本关于成瘾历史的新书的时候，几乎所有人的反应都是，我应该把孩子们沉迷智能手机加进去。曾经的小麻烦已经成了真实的担忧，注意力不集中的司机导致了越来越多的事故伤亡，更不用说越来越多的有关霸凌、焦虑和学业失败的报道了。无法自拔地琢磨社交媒体上的帖子使得学习其他东西的时间减少了。

2014 年 12 月，海斯贝特·范·德尔·瓦尔的摄影作品展现了学生们无视伦勃朗的著名画作《夜巡》。这张图迅速传播开来，控诉了失落的虚拟一代沉迷社交媒体。一些人辩称，这些年轻的学生当时只是在从荷兰国立博物馆的应用软件上搜集艺术史信息，但这似乎不太可能。2017 年 6 月，我站在画中同一地点，从 14 位年龄相同、姿势相同的学生肩膀上看过去。全是社交媒体，只有一个例外。他们与展厅另一边的学生形成了鲜明对比，那些学生被现场解说吸引到这幅杰作前

第二，互联网的发展为旧恶习和旧瘾症的传播创造了新的全球机遇，这些恶习包括赌博、精神活性药物、卖淫和色情作品。的确，从互联网商业化伊始，色情作品已经占据了互联网流量的一大部分。约翰·伯纳姆在书中描述的最后一个坏习惯——脏话也有了新的发泄途径。过去，脏话从未带有浓重的商业化色彩，这也是我几乎没有提到脏话的原因。但它是一种传统的恶习，是一种经边缘系统而非大脑皮层语言区处理的情绪化语言，也是一种禁忌，一种具有刺激触发性质的攻击性行为。脏话和与它相关的其他男性恶习、低级恶习一样，会冒犯和贬低他人。两次世界大战期间，脏话在士兵间盛行，然后日益成为常见的公众行为。当《坏习惯》一书于 1993 年出版时，讲脏话已成为常态，在伯纳姆看来，这是美国反恶习者的又一败绩。在接下来的 25 年里，这一败绩演变为全球性的溃败。网络的放荡主义和匿名性助长了脏话、侮辱性言论等各种语言攻击，例如故意挑衅、引发争端的行为（trolling）。《城市词典》① 将"trolling"简洁地定义为："在网上做个混蛋，因为你可以这么做。"[18]

第三，新恶习和旧恶习的新发泄方式都经过了精心设计，将收益、消费者数据和设备或应用软件的使用时间最大化。和赌博机器一样，注意力是企业的关键资产，行为科学是获取注意力的方式。伦理学家特里斯坦·哈里斯指出，对于每一个努力自我控制电脑使用时长的人而言，屏幕的另一端都有一千个负责破坏自控的专家。游戏开发商研究年轻玩家，分析他们的鼠标点击量，设计出强化方案，以延长游戏时间，促进游戏相关产品的销售。

_____

① 《城市词典》（Urban Dictionary）是一个收录了大量英语俚语、流行语和网络用语的在线词典。

一些强化方案是限时提供的：你最好继续玩，不然就错过了。还有一些强化方案是虚拟金币。中国无产者在多人线上角色扮演游戏的打金工厂中 12 小时轮班"种植"虚拟金币，将快速升级所必需的虚拟资产提供给韩国等富裕国家缺乏耐心的玩家。一位福州的"打金农民"① 一个月赚到了 250 美元，他说，和其他工作相比，这份薪水还不错。他的大部分工资和中间商的收益都来自电脑游戏产业养殖、捕捉的挥霍无度的"鲸鱼"②。[19]

　　记者南茜·乔·塞尔斯在 2016 年出版的《美国女孩：社交媒体和青少年的秘密生活》（*American Girls: Social Media and the Secret Lives of Teenagers*）一书中重点介绍了数字恶习和成瘾的三个面向——新的、旧的和精心设计的。塞尔斯采访了 200 多位拥有智能手机的女孩，她们的年龄在 13 至 19 岁之间，塞尔斯问她们，社交媒体如何改变了她们的生活。全书的主旨是这些女孩将现实转移到了一个数字世界，那里充斥着偶像崇拜、露阴癖、酒后约炮、色情性爱、不断分心、集体失眠、恶言恶语、网络欺凌、脱敏、有关容貌和受欢迎程度的焦虑。主要的受益者是化妆品制造商和硅谷老板，他们将青少年的时间同广告收益等同起来。塞尔斯写道，他们倾向将女性物化，就像学校里给女同学发色情短信，希望能收到裸照回复的男生一样。

　　塞尔斯的研究对象主动承认，她们对手机、网络视频和社交媒体成瘾或者说沉迷其中，最严重的用户一天要在上面花费 9 到 11 个小时。和其他瘾症一样，强化既有积极的一面，又有消极的

---

① 打金农民（Gold Farmer）指打网络游戏赚取虚拟金币的玩家，他们将其卖给国外的玩家来赚钱。

② 指在游戏中大量支出的玩家。

一面。帖子或照片上的每一个赞、每一条转发消息都是随时会到来的精神小奖励。持续不断的信息流，尤其是关于个人排在性感等级排序什么位置的信息，是一种强有力的奖赏。无法获得这类信息是一种令人苦恼的焦虑之源。和网络上的其他事物一样，它有自己的名字——"错失恐惧症"（Fear of Missing Out，简称 FOMO）。

错过一次大型周末派对是年龄更大、性生活活跃的女孩最大的担忧。"大家都喝醉了，开始亲热。"博卡拉顿的一位高中生麦迪逊解释道，和她一同接受采访的还有她的三位朋友：比莉、萨莉和米歇尔。"毕业班学生的想法是，让我们尽情狂欢吧。我们马上要去不同的大学了，我再也不会见到你了，所以咱们就，你懂的，这么做吧。"塞尔斯问，色情片是不是和性随便有关系。

204

她们一致回答："是的。"

"男生们整天都在看黄片。"比莉说。

"他们在课上看。"麦迪逊说。

"每当你给一个男生发短信问他'你在干什么'的时候，他们都说自己在看黄片，"萨莉说，"我班上的一些男生在别人做课堂报告的时候看黄片。詹妮弗在做报告，这些男生就把手机这样放……"她把手机立起来露出屏幕。"他们会这样说，嘿，詹妮弗，我有个问题，然后把手机举起来，上面是黄片。詹妮弗甚至都没办法集中注意力。太糟了。我为她感到难受。"

她们的老师坐在教室最后，什么也没看到。为什么她们不告诉老师呢？塞尔斯问道。女孩们面面相觑。"如果你告发了他们，他们会叫你永远也忘不了这件事。"塞尔斯在洛杉矶采访另一组女孩时问她们，如果社交媒体让她们的生活变得痛苦不堪，为什么不直接远离社交媒体。回答是："因为那样的话，我们就没有生活可言了。"这是典型的成瘾者的回答，但稍稍有些不同。在戒断症状的名单上，焦虑和烦躁已经获得了一个新伙伴——对社会性死亡的担忧。[20]

其他文化中上网的孩子们发现自己也和智能手机捆绑在了一起，智能手机是世界上最有吸引力的东西。他们说，自己不能想象没有手机的生活。手机是他们的生命，如果手机丢了，他们会发疯。他们需要应用软件来增强自信，他们渴望完美的自拍。一切都绕着社交媒体转。他们不能抛弃网友，无法放弃深夜聊天，因为害怕遭到排斥。这些孩子和他们在美国的同龄人一样，已经掉进了终极的奢侈品陷阱。[21]

随着智能手机和平板电脑征服了消费电子产品市场，社交媒体开始转向移动端，这个陷阱在 2007 年以后变得更为隐蔽。到了 2015 年，92% 的美国少女每天都上网，24% 的女孩"几乎一直"在线。其中原因不难看出。一个个性化外壳里的智能手机似乎将青春期的解放体现到了极致，手机就像一台便携的自动售货机，里面满是令人心情愉悦的应用程序。但像其他许多例子一样，在智能手机这件事上，消费者自主的羊皮下，是远程操纵情绪的恶狼。[22]

最令人反感的操纵者是纠缠女生，向她们索要裸照，要与她们发生性关系的男生，如果女生不照做，她们就会遭到骚扰和诋毁。然而，男生也为轻松、不受审查地上网付出了代价。他们陷入了一种粗俗的兄弟文化中，落入了一个充满色情幻想的世界，可能由此引发性功能障碍。一位常春藤大学的男生告诉塞尔斯，

大学男生之所以会有勃起障碍，是因为他们看了太多黄片。对着
网络色情作品自慰就像是一天喝 10 杯咖啡。和非情侣关系的真
人而不是色情片演员"随意发生性关系"的期待也会激起性欲，
但就像是只喝了两杯咖啡，"相比之下没有那么刺激"。生物加尔
文主义既适用于酒水和毒品，也适用于网络色情作品。据估计，
调情时的"性致勃勃"会变成失望，或是完全无法勃起。[23]

　　在一个世纪的时间里，仿佛发生了三次技术与性革命。第一
次革命是人工避孕，将性与生育分离开来；第二次革命是数字化
色情作品，将性与真实人际接触分离开来；第三次革命是网络的
距离感和非人格化，将性与求爱及其惯常的目的——婚姻——分
离开来。当性关系廉价、快速且总能获得时，为什么还要操心鲜
花、烛光晚餐和婚戒呢？

　　岌岌可危的不仅是传统。自从社会学家诺贝特·埃利亚斯的
开创性作品[①]问世以来，历史学家和社会科学家开始认识到培养
并展现良好的礼仪极大地增强了人们控制冲动的能力，而社会秩
序有赖于这种能力。塞尔斯的受访者们不需要一个已经过世的德
国社会学家也能明白出问题了。其中一位受访者告诉塞尔斯，如
果这些人当着我们的面说在网上对我们说的话，我们可能会给他
们一记"断子绝孙脚"。[24]

　　批评人士指责塞尔斯宣扬女权主义，忽视了社交媒体的其他
用途，例如分享家庭消息或与活动人士建立联系。没有智能手机
和社交媒体，就没有"黑人的命也是命"（Black Lives Matter）
运动。新消费技术有其解放性的一面。心理学家史蒂芬·平克在
2011 年出版的代表作《人性中的善良天使：暴力为什么会减少》

---

① 指埃利亚斯的成名作《文明的进程》（*Über den Prozeß der Zivilisation*）。

（*The Better Angels of Our Nature: Why Violence Has Declined*）一书中剖析了从古至今不断减少的暴力和偏狭，他认为，20 世纪60 年代以来，人权和动物权利革命的加速是电子消费品革命的副产品。集成电路上的晶体管每年翻一番，使得启蒙运动时期出现的知识分子社群更加壮大。它连接了具有文化修养的大众，传播了科学革命和人道主义革命的方法和理想。有了维基百科，有害思想存活的概率就更低了。某些种族天生具有犯罪倾向、女性享受被强奸、有必要打孩子，或者动物的痛苦在道德上无关紧要……鼠标一点，这些偏见就能被揭穿。改写一下伏尔泰的话，对于那些能让我们相信无稽之谈，从而犯下暴行的人来说，互联网是个坏消息。①25

　　这个理论有其合理之处，但也不是无懈可击。喷子和他们的机器人军团同样擅长用荒谬言论和脏话充斥网络空间，正如评论区和推特动态所证明的那样。诱惑者也没闲着。20 世纪 90 年代中期，最初作为学术邮件和文件分享网络的互联网展现出了邪恶的另一面，成为充斥着免税贸易、诱人消遣和恶习的全球自由意志主义者的公共区域。心理学家亚当·奥尔特表示，直到 20 世纪 60 年代，人们还是在成瘾诱饵相对较少的水域里游泳，其中主要的诱饵是烟酒和毒品。毒品价格昂贵、风险高，而且通常难以获得。但到了 21 世纪 10 年代，消费者的水域里已经满是诱饵了。这些诱饵中有脸书、Instagram、色情片、电子邮件和网上购物。钓鱼已经变成了网络钓鱼②。26

---

① 伏尔泰原话为："那些能让你相信荒谬之事的人，也能让你犯下暴行。"
② 网络钓鱼（phishing），指通过发送欺骗性的邮件、短信等，诱导用户提供敏感信息的网络攻击方式。

　　奥尔特忽略了食物成瘾这一真实现象及其网络诱因，如吃播、外卖应用程序。若把强迫性暴食及其数字诱因考虑在内，就进一步证明了其论点。平克认为，21世纪初是肢体暴力减少、权利扩展的黄金时期。在这一时期，人们面临着有史以来数量最多、设计得更狡猾的诱惑，将自己引向有害的习惯。

　　虽然坏习惯对各国的危害有所不同，但全球模式一清二楚。生活在2014年的成年人平均死于不良习惯相关疾病的可能性比死于战争或凶杀的可能性高了30倍。不良习惯包括我们熟悉的吸烟、酗酒、吸毒和没有保护措施的婚外性行为，以及暴食、高盐高糖饮食、久坐不动和开车分心等相对较新的杀手。人性中的邪恶天使似乎和善良天使同时出现了。即使平克对电子通信安抚人心的作用和人道主义意义的看法是正确的，其背后同样的技术革命最终既带来了巨大机遇，又带来了严峻风险。[27]

　　随着数字诱惑越来越多，它们也越来越容易引人上钩。2006年9月，脸书还只是又一个"有趣"的新网站，对所有年满13岁、拥有有效的电子邮件地址的人开放。10年后，脸书令人着迷，每天有10亿多活跃用户，吸引了全球近40%网民的注意力，是世界上第五大市值企业的根基。这一切并非偶然。和食品工程师一样，社交媒体平台设计师和电子游戏设计师依靠传统工艺：将诸多乐趣混合在一起。不同之处在于，他们混合的不是糖、盐和脂肪，而是诸多心理要素。六大要素是：用户差一点就能达到的有吸引力的目标、不可预测但具有刺激性的反馈、递增的进步感和来之不易的掌控感、越来越具有挑战性的任务或关卡、需要解决的冲突，以及与志趣相投的用户建立的社交联系。业内人士把社交面向称为"部落的奖赏"。部落也会进行惩罚。"你必须和虚拟的人攀比。"瑞安·范·克利夫解释道。他是一位英语教授，丢掉了在克莱姆森大学的工作，因为他一周玩 60 个小时的《魔兽世界》。为了不失去家人，他最终戒掉了游戏，这之后他出现了盗汗、恶心和头痛的症状。[28]

产品不需要成为游戏才能产生像游戏一样的效应。图片分享应用程序 Instagram 的用户数量从 2010 年的 100 万激增到 2017 年的 7 亿，教科书式地例证了变动性强化①。一些帖子无人问津，而另一些帖子获得了许多赞。用户为了追求点赞量不断发布照片，不断回到网站去支持他们朋友的帖子。Instagram 简单、快速、通用，因为它以视觉为主，和推特、脸书等平台相关联，不需要语言流利。而且，它会令人上瘾。"我每天早上醒来后，心脏要从胸腔里跳出来了，"一个用户说道，"我有多少新粉丝了？我丢掉了多少粉丝？我今天要发什么？"[29]

应用心理学家尼尔·埃亚勒曾是一名电子游戏设计师，他称 Instagram 是一个设计缜密的习惯性产品，用他的话来说，消费者让 Instagram 成了自己日常生活的一部分，在上面释放自我。消费者之所以这样做，是因为 Instagram 和类似的应用程序利用了无聊、沮丧或错失恐惧症等小应激源，将它们变成了内在诱因，导致了一种"几乎是瞬间完成的且常常是盲目的行为，来消除负面情绪"。成功的产品设计师明白如何将心理学和技术结合起来，满足这些迫切的需求，让人形成正面联想和持久的习惯，从而增加收益。[30]

---

① 变动性强化（variable reinforcement）是间歇性强化的一种，其中强化的频率、时距和强度是不固定和不可预测的。因为个体无法预测何时会得到强化，所以他们倾向于持续行为。

增加收益的效果在 2012 年变得显而易见。2012 年，脸书以 10 亿美元的价格收购了 Instagram，当时 Instagram 还没到两岁。事实证明这笔投资非常值得。脸书的大多数活动是浏览他人的照片，而 Instagram 非常适合定向广告。美食爱好者拍摄三星菜肴，拼布①爱好者拍摄拼布聚会，滑雪爱好者拍摄他们喜欢的度假胜地。技术发烧友罗伯特·斯科布尔告诉《福布斯》（*Forbes*）杂志："这些数据简直价值连城！"他指的是有关用户喜好的数据。2013 年 Instagram 加入视频功能后，它变得更有价值了。脸书拥有了窥探摄影爱好者心灵的一扇窗。当这些人打破规则，用难以识别的阿拉伯语标签分享非法毒品广告和色情视频片段时，脸书也了解了他们的恶习。[31]

把用户吸引到互联网和社交媒体平台的究竟是违禁内容，还是人们短暂浏览的解压信息？抑或是二者兼有？无论是哪种情况，批评人士都开始关注到过度上网的负面影响。除了开车分心和走路分心造成的创伤，这些影响很少造成严重的后果，也不像酒精或毒品一样具有毒性。网瘾者不属于容易过量用药的人。他们对网络的沉迷是一种慢性毒药，日积月累下会造成认知和道德层面的伤害。

最主要的危险，尤其是智能手机的危险在于，让人不断从人际沟通、睡觉、开车、学习、反思、练习和工作上分心，这种分心造成难以实现或维持亲密关系、健康、安全、知识、创造力、专长和具有社会建设性的心流状态。和赌博机一样，社交媒体和其他数字娱乐产品通过让人们付出金钱和时间代价的虚拟捷径提供了替代性的心流状态，削弱了人们现实生活中的成就、满足感

209

---

① 拼布指将布料拼接起来做成布艺作品的过程。

和对没有电子设备的生活本身的容忍度。一位参加戒瘾实验的墨西哥学生写道："我意识到自己处在一种不断分心的状态中，这让我感到不舒服，也非常吃惊，好像我的现实生活和我的虚拟生活存在于不同的平面上，但占据的时间相同。"[32]

　　或许二者占据的时间不同，毕竟一天只有那么多个小时。"脸书一直是对我工作最大的干扰，"作家扎迪·史密斯坦言，"我喜欢它这一点。"由于文学职业生涯岌岌可危，两个月后她和脸书"分了手"。她这样做非常明智。小说家乔纳森·弗兰岑在创作《纠正》（The Corrections）的部分内容时，曾戴着眼罩，塞着耳塞。他怀疑和互联网打交道的人能否写出好的小说。教授们也怀疑经常上网的学生能否提出独创观点，研究表明，社交媒体使用和成绩呈负相关，证实了这一担忧。心理学家表示，就算只接触静音智能手机也会弱化认知能力，对于习惯性用户来说尤其如此。不论是屏幕亮了还是手机振动，智能手机一定会分散注意力，其他形式的频繁上网也是这样。[33]

　　这种情况有一个名字，叫"time suck"（浪费时间的事），《城市词典》将其定义为"非常吸引人、让人上瘾的东西，但会阻止你做真正重要的事情，例如赚钱养家、吃饭、照顾孩子"。和其他容易上瘾的行为一样，浪费时间的事可以自我延续。如果抛弃现实生活中的责任造成了压力，或者说沉浸在虚拟世界带来了孤独、焦虑和抑郁，那么逃避主义正合所需。乔治·科布曾这样描述酗酒带来的不断加剧的痛苦："人们经常喝酒是因为他们感觉不好，但喝酒会让他们感觉更糟，所以他们喝得更多了。"这句话同样适用于数字成瘾。[34]

　　从互联网和连网的移动设备破坏自控力的程度来看，它们也成为平克在另一种语境中说的去文明化进程的一部分。这个标签适用于各种形式的边缘资本主义，但不适用于资本主义本身。生产和交换无可挑剔的商品和服务通常是作为一种进步力量发挥作用的。市场竞争让普通人受益，如果一个城镇里只有一家由国家垄断经营的商店，那么很少有人愿意生活在那里。商业资本主义和工业资本主义促进了自律、未来导向和高效时间管理的特征。资本主义创造了财富，财富为公共卫生、安全和教育提供了资金，这些事物让人们过上了更健康、安全和理性的生活。平克将这些条件与长期以来暴力和野蛮的减少关联起来。然而，同样的特征和环境似乎与恶习和成瘾矛盾。[35]

所以，我们发现了一个难题：为什么暴力和野蛮减少的同时，商业化恶习和新奇瘾症却在激增？一个答案是暴力的技术（武器）和成瘾的技术（武器化的快感）在心理学上各有特点。当发射导弹的值勤军官坐在计算机操纵台前时，他们的脉搏依然稳定；而当电子扑克游戏成瘾者坐在哗哗响的游戏机前时，他们的脉搏却在狂跳。"人类的行为是目标导向的，而不是刺激驱动的，"平克写道，"对暴力的发生最重要的是，一个人是否想让另一个人死。"实际上，行为既是目标导向的，也是刺激驱动的。但他的观点依然站得住脚。技术使武器更加致命，但致命性不会转化为更高的暴力死亡的持续速率，因为其他方面的历史发展使得人们不再那么愿意自相残杀。这些发展等同于一张现代性的清单，清单开头是法治和互惠贸易扩大下的个人安全。平克称贸易是"温和商业"，他的助手罗伯特·赖特称其为非零和博弈。"如果你问我为什么不支持轰炸日本，"赖特表示，"当我说因为他们制造了我的汽车时，这不全是玩笑话……如果你觉得别人的幸福和你的幸福呈正相关，你更有可能放过他们。"[36]

　　但如果贸易伙伴制造的不是汽车，而是垃圾食品或成瘾性药物和应用程序怎么办？边缘资本主义是资本主义邪恶的孪生兄弟。它基于刺激，不温和，是零和博弈。通过商品贸易，边缘资本主义创造了源源不断的大量利润（以及相伴而生的阻碍反对的手段）。贸易商品包括色情作品和香烟等能够引起反感的商品，或者因为成瘾设计变得有争议的日常商品，如食物和手机。善良和邪恶的兄弟紧密相连，它们的联系并非自诞生之日起就如此紧密，而是在科技使商品可以成为恶习的历史节点上变得紧密相连。有时，这一过程是无意造成的。皮下注射治疗是一个医学突破，令人意想不到的是，它也伴有麻醉药物成瘾的巨大风险。但从19世纪末开始，恶习产品的发明、改进和营销就成了有意为之的过程。这些过程打击了启蒙运动的希望，即温和贸易会使各方利益水涨船高。事实上，紧密相连的双生资本主义抬高了一些船只，而淹没了另一些船只。这就是为什么主流反恶习人士及其公共卫生继承者更喜欢监管和选择性的禁止。改革只是为了杀死孪生兄弟中邪恶的那一个。

含糊其辞

　　消灭恶习的道德正当性不言而喻：在吃人的产品毁灭我们和我们的社区之前，我们应该先毁灭它们。面对以上的论述，掠夺者回应说，有问题的不是产品，而是个人。无论诱饵多么诱人，人们仍然可以抵抗诱惑。人们提出了这一论点的一些变体，用在各种令人成瘾的产品和消遣上，包括数字产品和消遣，以及其他的产品。他们所需的只是熟练地运用模棱两可的说辞。尼尔·埃亚勒在习惯峰会行为设计大会（边缘资本主义的数字家族年度集会，一个入场名额价格高达 1 700 美元）举办前的两次讲座上做了教科书式的演示。

212

埃亚勒在 2014 年的第一次演讲中讨论了习惯性产品设计的四大优点：它们增加了"客户生命周期价值"，即能从用户身上攫取的总金额；因为需求的弹性较小，抬高价格的空间就更大了；它们用"短暂的病毒式传播周期"快速刺激增长，这意味着沉迷其中的用户可以迅速招募其他人；最后，它们提高了消费者对其竞争对手的"防御性"。屏幕上面的一张幻灯片上是一架装满机枪的轰炸机。幻灯片传达的信息清楚明了：我们抓到你了，而且我们会一直折磨你。[37]

三年后的 2017 年，埃亚勒再次在习惯峰会上发言。他先是回顾了一番各种具有迷惑性的论述。是的，滥用的确存在。分散注意力是个问题，但这个问题可以通过温和的社会压力来解决。试着对餐桌上沉迷智能手机的人说"一切都还好吗？"鼓励消费者下载保持注意力集中的应用程序，它们会拦截网络诱惑，限制使用手机的时间。为什么呢？因为他自己也用这些程序。那些把社交媒体看作毒品的人想错了。"我们不是在吸食脸书，也不是在注射 Instagram，"埃亚勒说，"我们不能觉得自己无能为力，只有当我们认为自己无能为力的时候，我们才真的无能为力。"除了对沃尔考嗤之以鼻外，埃亚勒还展示了一张幻灯片，上面是满是碳水化合物的面包房货架。"就像我们不能责怪烘焙师制作出如此美味的食品一样，我们也不能抱怨技术制造者把产品做得那么好，让我们想要使用，"他说，"这当然是技术公司要做的事，但是坦白来讲，我们不正希望如此吗？"[38]

　　总部位于深圳的中国互联网服务巨头腾讯的管理者们深有同感。2016 年，腾讯营业利润增长了 38%，其年度报告认为网络游戏是重要的增长引擎。收益来自数据挖掘，数据挖掘用于对已有游戏性能进行微调，"深入观察"玩家行为，即观察什么让玩家一直在线、不断消费，来完善自己的游戏角色。大赢家是虚拟角色扮演游戏《王者荣耀》，《人民日报》抨击该游戏是"毒药""毒品"（报告中省略了这一细节）。腾讯的管理层并没有辩解，而是有倾向性地解释了这一类比，告诉投资者推广手机游戏的策略是"吸引众多休闲玩家，逐渐让他们成为中度发烧玩家和重度发烧玩家"。至于那类已经是《英雄联盟》（*League of Legends*）等游戏的重度发烧玩家的群体，腾讯可以借助"挖掘数据获得的信息"准备好"有吸引力的新内容"来安抚他们。[39]

　　一些业内人士厌倦了委婉用语和含糊其辞。推特和其他应用程序的用户通过下拉屏幕可以刷新信息，2017 年，下拉刷新机制的发明者洛伦·布里切尔表示，自己后悔发明了这一机制。他说，这一机制令人上瘾，是老虎机上的摇杆。编写了"点赞"按钮原型代码的贾斯汀·罗森斯坦希望自己从未给一个注意力分散的世界带来"虚假快感明快的叮叮响"。脸书负责用户增长的前副总裁查马斯·帕里哈毕提亚厌恶"我们创造出来的由多巴胺驱动的短期反馈回路，它们正在破坏社会的运作方式。公民话语消失了，合作也不复存在，到处都是不实信息和假象"。他强调，这不是一个美国问题，而是一个全球问题，而且非常棘手。吸引眼球并将注意力变现已经成为一个令人无法抗拒的游戏。[40]

　　无论后悔与否，硅谷的精英都密切关注着自己家人的眼球。

"在家里，我们限制孩子们使用科技产品的频率，"苹果公司的史蒂夫·乔布斯告诉一位记者，这位记者对此充满怀疑，因为他之前觉得乔布斯家里的餐桌上一定放满了 iPad。"完全不是这样。"乔布斯说。他希望孩子们在家吃饭的时候讨论书和历史。《连线》(*Wired*) 杂志前主编克里斯·安德森的五个孩子抱怨父母不准他们使用科技产品的规定。"那是因为我们亲眼目睹过技术的危险，"安德森告诉同一位记者，"我在自己身上见识过，我不想让我的孩子也这样。"帕里哈毕提亚则更加直接。他不用"这种垃圾"，也不会让孩子们用。其他一些技术高管和工程师通过限制使用时间，拒绝在孩子们十六七岁之前给他们手机和绝对禁止手机、电脑出现在卧室里来解决问题。他们还将低科技的命令拓展到了家庭之外，让孩子们就读禁止使用 iPhone、iPad，甚至标准笔记本电脑的预备学校。[41]

从功能和美学角度来说，没有人质疑 iPhone 和 iPad 是了不起的技术成果。但过去将鸦片运往中国的飞剪式帆船也同样如此。创造和寄生，华丽和伪善贯穿于边缘资本主义的历史，如同明亮鲜艳、互相交织的线。那些数钱的人明白这一事实。他们和我们大多数人一样，通过间隔化的心理防御机制应对不体面的冲突。

小马丁·斯特恩是这方面的冠军，这位建筑师构想了高耸入云的大型赌场度假村。1969 年的一天，斯特恩正开车前往国际大酒店，这是他拉斯维加斯建筑的原型。到达一个十字路口时，他抬头凝视着自己的杰作，完全没有注意到自己即将闯过红灯。他呆住了。"这是座漂亮的建筑，"他告诉自己十几岁的儿子，后者吃了一惊，"这真是座漂亮的建筑。"的确如此，而且将来它会在世界各地被仿建。但斯特恩并没有称赞这座建筑最具吸引力之处——赌博。他认为自己巧妙安排的桌游和老虎机是游客和输家的"愚蠢"消遣。而他既不是游客，也不是输家。[42]

超越空间的地下世界

尽管斯特恩闪闪发光的"捕鼠夹"拥有物理学意义上的三个维度，但它也在第四维度——时间上运行，更准确的说法是，在夜间运行。历史学家和社会学家认为夜间是一个时间意义上的边缘地带，人们通过人工照明、电气化和机动车辆将其殖民。维多利亚时代的酒吧顾客和妓女是早期的夜间拓荒者，因为他们使用煤气和电灯扩大营业范围。战后的日本赌徒、酒吧工作人员和卡巴莱歌舞演员借助安非他命这一"提神药"延长夜晚。斯特恩又迈出了合乎常理的一步，创造了永无休止的享乐宫殿，那里装着空调，配有停车场，设备齐全。在这座宫殿内部，昼夜和墙上的挂钟一样无关紧要，为了让赌徒沉迷游戏，挂钟都被拿掉了。[43]

215　　老鼠们必须还要够得到斯特恩的奶酪。这就是为什么交通运输的速度和价格对拉斯维加斯以及其他享乐胜地如此重要。20 世纪 50 年代，游客乘车从芝加哥到拉斯维加斯需要两天时间，吃六顿饭，在汽车旅馆住一晚。环球航空公司（Trans World Airlines）的"星座"客机将这一行程缩短到了 5 个小时，一张游客票 75 美元，游客省下了大把时间，可以玩上一整晚。在接下来的 30 年里，低油耗的大型喷气飞机和解除管控的票价使得游客数量激增。1958 年，每天约有 60 架民航客机抵达拉斯维加斯。到了 1988 年，这一数字远远超过了 500。[44]

由此可见，在互联网出现之前，乐趣、恶习和成瘾的历史很大程度上是时间和空间拓展的历史。过去先有孤立的地方，人们在这些孤立的地方发现、种植、加工、混合、交易食物瘾品，最终精神活性物质的商品链遍及全球。然后有了城市，人们在这里寻求或忍受商业恶习，以成瘾为中心的亚文化开始扎根。随后是路灯亮起后的深夜时间，擦着口红的妓女从暗处走出，寻找顾客。

反恶习活动人士视最大程度地压缩这些领域为己任。他们取得了一些胜利。然而，尽管他们不断发起运动抵制非法药品和香烟，他们还是输掉了遏制商业恶习并将其边缘化的更大的战争。到了20世纪90年代，人们只需打开电视机，逛逛当地的音像店，或者瞟一眼杂志架就会明白，在反恶习运动的发祥地——新教国家，反恶习运动已经溃不成军。[45]

互联网给出了致命一击，将反恶习运动打出了拳击台，让它跌落到了第三排的椅子上。这是因为物理供应关卡的限制策略（打开你的后备厢）、人工检查站（出示你的证件）和时间、空间上的管制（规定时间之后不得销售，学校周围不得出现广告）难以战胜在虚拟的第五维度运行的技术，第五维度是一个全球互联、超越空间的环境。反恶习运动行不通了。数字商业却获得了成功，它转变了恶习的可获得性、可负担性、匿名性和广告。

一个明显的例子是性。在互联网出现之前，孩子们从同龄人和媒体中获得非正规的性教育，从老师和家长那里获得正规的性教育。在互联网出现后，孩子们只需在搜索引擎中输入一个字符串，就能获知关于性的一切。2007年末，美国一项研究分析了前1000个关于"如何……"的搜索，发现17.3%的搜索涉及性，排名前10的搜索中有4个与性有关。这4个搜索的用词——如何做爱，如何接吻，如何怀孕，如何亲热——表明打字的人是年轻人。色情视频提供了进一步的性爱指导，或者说提供了在互联网性爱的物化世界中被误认为是性爱指导的东西。寻求非法活动指导的搜索占到了"如何……"问题搜索的 9.5%。排在第一的是如何种植大麻。虽然搜索者可以轻松获取这样的信息，但 DIY 的恶习也不是完全匿名或免费的。跟踪 Cookie、病毒和恶意软件会让他们付出代价，而色情网站经常会对定期访问收费。但这比在危险的社区和陌生人打交道，或者冒着被看到出现在那些地方的风险容易多了。硅谷的高管们禁止孩子们在卧室里使用电脑，这个决定相当明智。[46]

人们也能从网上获取有益知识。在 2007 年的研究中，"如何写简历"的搜索排名第 5，"如何写书"的搜索排名第 62。网友敲敲键盘就可以欣赏画家卡拉瓦乔或歌唱家玛丽亚·卡拉斯的作品。然而，问题在于相对流量。2018 年，"如何种植大麻"的点击量是"卡拉斯咏叹调"的 15 倍之多。内容调查得出的重要结论是，互联网提供了一个几乎畅通无阻的入口，让人们进入过去所谓的"那种生活"（the life）之中。"那种生活"是一个地下世界，是个令人激动又险象环生的地方，法外之徒在那里骗钱、拉皮条、赌博、吸毒，为了赚钱无所不用其极。"那种生活"是一个具有阶级性、亚文化属性和地方性的用词，比起在富人区，在穷人区更常听到这个词。但随着互联网和社交媒体的出现，所有人几乎都处于"那种生活"之中了，不论他们居住在哪里。[47]

酒商知道 20% 的销量都来自未成年人，他们很快就发现了互联网的潜力。到了 1995 年，酒水公司已经开始赞助网站，提供赠品、促销活动和喝酒游戏的玩法的信息。社交媒体出现后，跨国酒类公司将自己的品牌与流行文化"网红"捆绑在了一起。未成年浏览者可以接触到大多数广告，他们将自己最喜欢的东西上传到 YouTube。推特用户极力为酒高唱赞歌。脸书和 Myspace 用户上传自己和其他孩子酩酊大醉或者嗑药的照片和视频。正如美洲印第安人跟着最糟糕的老师——容易酗酒的毛皮猎人和边远地区的商人——学会了喝酒一样，上网的青少年跟着大口喝酒、抱住马桶、断片倒地的同龄人学会了喝酒。病理性学习既具有社会性，也具有化学性和商业性。[48]

早在 1995 年，中国政府就抨击"色情反动"网络内容的危害。但在接下来的 20 年里，一些商业活动违反了官方的要求。有的制造商供应了网上销售（和展示）的性玩具。腾讯等软件公司通过设计令人成瘾的网络游戏等发了财。[49]

中国不少家庭担心年轻人，这个担忧在所有接触互联网恶习的国家的调查中都能找到共鸣。对色情作品的研究一致发现，新手在很年轻的时候就进入了数字地下世界。2003 年，澳大利亚研究人员发现十六七岁的孩子中有 84% 的男孩和 60% 的女孩曾无意或有意浏览过网络色情作品，包括"几乎所有能想象到的性行为图片"。这些数据可能已经是保守的估计了，因为收集数据时，每 3 个澳大利亚家庭中只有 1 个家庭连上了互联网。孩子们找到了办法。在冰岛，孩子们用游戏机上网。在肯尼亚，学生们在网吧和大学寝室下载色情作品，组织黄片之夜活动。一名大学生被朋友发来的一个黄片链接激起了欲望。"从那之后我就一直渴望着更多这样的网站，"他说，"它真的非常令人上瘾。"[50]

互联网提供了一种获得商业化性爱的方式，也提供了虚拟体验商业化性爱的方式。到了 20 世纪 90 年代末，纽约妓女在网上宣传陪伴服务。用电脑预约时间比躲避警察和街头掠夺者更容易、安全。Craigslist 和 Backpage（2018 年被关闭）等分类广告网站为妓女和皮条客打广告，其中包括贩卖未成年人的皮条客。2016 年，一位明尼苏达州的检察官控告 Backpage 是"一个买卖儿童的平台"。另一位检察官称其为"反乌托邦地狱"。但地狱有自己的辩护人，包括互联网贸易协会和科技公司，它们反对打压和审查，担心形成对自己不利的判例。恶习希望即使不能免费供应，起码要让人唾手可得。[51]

　　恶习也想变得移动化。擅长治疗性成瘾的专家罗伯特·韦斯指出："我可以对手机说：'嘿，Siri，哪里有妓女？'它就会定位到半英里、一英里、两英里、三英里内的陪伴服务，附有电话号码、地图以及对不同妓女的评价。"在印度，过去卖淫局限在红灯区，现在妓女们抛弃了妓院，买来便宜手机，取个假名，就可以拜访打过电话或发过短信的客人。"您好，我是尼兰，我的条件是脱衣服之前付现金。"由于生意变得灵活、匿名化，兼职人员也进入了市场。男人们喜欢方便的移动性爱。艾滋病防治从业者对此持负面看法。因为相比线上分散的卖淫活动，当卖淫活动在线下的分布较为集中时，推广安全性行为的工作才能更有效地进行。[52]

　　不论是暗网还是其他网站，都开始贩卖毒品和吸毒用具。网购者可以买到从粉状咖啡因（这种东西比它听起来更危险）到芬太尼（一丁点也会致命）的各种东西。到了 2014 年，据估计，约有 4 万至 6 万个网站无须处方就能提供毒品。那些网站的名字（如网购奥施康定）直接地表明了自己的意图。其他网站还提供了如何欺骗医生，获得镇痛药的信息。假装纤维肌痛

互联网广告既出现在线上，也出现在线下，例如，2010 年英国林肯郡一个售酒商店外的这块广告牌。广告牌以多立克式壁柱为框，为了照顾夜间驾车的人和路上的行人，采用泛光灯照亮，将可获得性、可负担性、匿名性与广告流行语和网址结合了起来。与酗酒相关的另一个特点——社会失范也暗含其中。"如果您感到孤独，情绪低落，我们会为您提供廉价酒水，在网上就可以购得。"

是个比较稳妥的选择。只需选一个贫困地区的医生，然后用现金挂号预约。[53]

　　域名选择权需要花大价钱购买。2011 年，大麻企业家贾斯汀·哈特菲尔德花 420 万美元购买了大麻网站的域名。他觉得，如果有一天政府卸下假面，允许大麻成为非处方药，自己便可以跳过当地的大麻店，直接销售给顾客。大麻网站可以成为新的 wine.com（葡萄酒网站）。同时有网站可以帮助担心毒品筛查测试的男性顾客。他们可以下单订购一个名为 Screeny Weeny 的假阳具，与之相连的是一袋用带子捆紧的合成尿液，可以挤出干净的尿液。制造商提供了各种肤色的割过包皮和未割包皮的型号。毒品店提供补充液。它们在网上接单。[54]

同样重要的是毒品相关的信息：使用剂量，注射方法，自己制毒的方法。数字技能推动了欧洲和北美洲大麻市场的转变。借助信息、大麻种子和网上获得的专业装备，美国国内种植者开始种植强效大麻品种，例如精育无籽大麻和荷兰超劲大麻。四氢大麻酚（THC）含量高的美国国产大麻与摩洛哥哈希什、墨西哥大麻等传统品种互相竞争，前者表现出了良好的竞争力，通常能够取代后者。合法苗圃和五金店也加入了赚钱的行列，销售生长介质、育苗盘、高强度照明灯、发电机、风扇和用于室内种植的除湿机。规模最大、最精细的操作加入了计算机和其他自动化设备，分担了种植者的监控杂务，节约了劳动成本。种植大麻和其他事物一样变得高效化、数字化。[55]

自动化大麻种植也可以被解读为一个反乌托邦的征兆。未来学家们（其中包括从历史学家转为未来学家的尤瓦尔·诺亚·赫拉利）认为，近代发生的一件大事就是意识与智能的分离。拙劣的人脑未能跟上数字算法的步伐。随着信息处理能力不断增强，二者的差距会不断扩大。智人注定要被进化淘汰。智能机器会取代人类，它们——或者说，他们——淘汰了其大多数或所有无经济价值的先驱们。我们面临着设计好了的灭绝。[56]

这一未来前景会招致怀疑。图书馆的书架上和录像带垃圾箱里堆满了没有成为现实的反乌托邦设想。然而数字成瘾的简短历史表明，数字设备还可通过其他方式寄生在其创造者身上。数字设备不仅擅长数据处理，还擅长识别、预测和操纵人类的情感。"嘿，Siri，哪里有妓女？"不仅为 iPhone 拥有者提供了答案，还教会了 iPhone 一些东西。如果信息和处理信息的能力是真正重要的东西，那么在这种情况下谁是拥有者，谁是被拥有者？随着机器智能与良知、意识分离，随着算法被用于培养习惯和追求利润，谁能说奇点①不会成为令人上瘾的存在？而人类这个逐渐衰败的物种在毁灭前却仍在数字鸦片中寻求慰藉。当然，怀疑态度也适用于这个设想，但要补充一点：

　　我们当中一些人已经到了这一地步。

---

① 奇点（singularity）指人工智能超越人类的临界点，将引发不可逆、不可控的根本性变革。

第八章

反对过量

　　谷歌和 Siri 这样的虚拟助手能从一个花 10 年时间研究享乐、恶习和成瘾历史的人身上了解到什么，我们无从知晓。然而，如果没有互联网搜索工具，我无法写出这本书。过去谁能想到设计师款情趣用品可以通过无线连接实现音乐同步，让用户能够安排好歌单从而达到最佳振动模式？古代人有雕刻出的阴茎，千禧一代有可振动、可用蓝牙连接的阴茎。这类可充电的产品体现了技术上兼收并蓄的享乐史。而更棒的一点在于，它由和乐高积木一样颜色明亮、质地结实的塑料制成。[1]

　　临近研究的尾声，我用一种更传统的方式使用互联网，即将本书的书稿分享出来并收集评论。最真诚的批评可以分为两类。一是我太快接受了新奇瘾症及其在神经上存在共性的观念，二是我低估了边缘资本主义的危害，未能解释人们该如何应对其冲击。一位历史学家告诉我，我写的书说明了谁在控制我们的大脑，但仅仅为这个系统命名还不够。[2]

　　当批评的言论出现分化，人们很容易将它们互相抵消。然而，我控制住了这种冲动。我严肃看待"轻信"和"政治无为主义"这两种批评的声音，并利用它们来细化、拓展、归纳我的论点。为了避免结论过于枯燥，我又设想了一组对话，这次是围绕边缘资本主义的讨论，其中提炼了具有批判性的读者们抛出的一些问题。我再次让一位成瘾怀疑论者来发起讨论：

> 所有人都认同恶习会流行起来。各种类型的色情作品几 223
> 乎都能在网上找到。问题在于，这些产品和服务能否造成真
> 正的成瘾。你在许多不同的语境中都用过"成瘾"一词。

而语境和术语一样，都在不断变化。医学史学家查尔斯·罗森博格曾写道："在某些情况中，直到我们通过觉察、命名、应对，认同疾病确实存在，疾病才存在。"对于成瘾来说尤为如此。无论你是否认为成瘾是一种疾病，我们都处在一个觉察、命名和应对成瘾的繁荣市场之中。不论成瘾是社会建构的，还是由其他原因所致，不可否认，我们生活在一个成瘾时代。[3]

让我们以美黑为例。谷歌搜索"美黑成瘾"，你会发现，这个词条有成千上万的浏览量，其中许多是经过同行评审的医学文献。你会发现，有些文献涉及生理性和心理性依赖，有些关于耐受性、渴望和戒断，有些讨论到了可被纳曲酮给药阻断的"类阿片内啡肽"的释放。你会发现，一些研究表明，相比其他方面完全相同的日晒床，95%的频繁美黑者更喜欢能够释放紫外线的日晒床。单纯的安慰剂效应不足以解释紫外线类似药物的效果。

一位儿科皮肤病专家说，美黑成瘾是"一种新型物质滥用障碍"。更合适的说法是，一些新出现的成瘾形式中的一种。和其他新出现的成瘾形式一样，美黑成瘾是一种特定时间、特定文化

下的多种观念的混合。如果没有病理性学习的神经递质模型，没有纳曲酮阻断等实验测试的进步，没有一系列调查问卷，就没有哪位医学研究者能够拼凑出"美黑成瘾"。你曾尝试过减少美黑次数吗？你是否对批评美黑的人感到厌烦？你是否对美黑这件事感到内疚？你是否早上起床后又觉得需要美黑？如果你在许多问题上都打上了对号，那么你就是美黑成瘾。[4]

批评医生放宽诊断标准的人可要翻白眼了。

他们确实会。他们认为，美黑成瘾——说得更严重是"美黑狂热症"——和购物成瘾、整容成瘾以及其他时兴的烦恼一样，都是医学帝国主义者及其同谋创造出来的，后者是将问题归咎于新产品和新服务的闷闷不乐的消费者。假以时日，所有过量行为都会被编进《精神障碍诊断与统计手册》。人们确定一种状况是成瘾时喜欢夸大其词，这种夸大并非都是无害的。当词语具有分类、侮辱和强制意味时，词语本身非常重要。

问题在于，细胞和分子也非常重要。让我们回顾一下罗森博格的话："在某些情况中，直到我们……认同疾病确实存在，疾病才存在。"疾病客观的生物学现实也是存在的，包括让人感觉良好的美黑对 DNA 造成的累积伤害。二十几岁的美黑爱好者把自己患皮肤癌的报复性自拍发在网上。然而，美黑产业却发起活动，反对禁止儿童和青少年进入美黑沙龙的法律。美黑产业的官方科学顾问表示，"将我们与生俱来的对阳光的有意趋向视为成瘾"荒谬至极。相反，我们接受的阳光照射比过去都要少。美黑业只是帮了世界一把。[5]

这就是恶意夸大了。如果没有大脑疾病模型，很难想象美黑会成瘾，那么同样地，如果没有掌握了发达的技术，拥有营销和公关专家以及目标人群（有抑郁史的年轻白人女性）的产业，也很难想象美黑会成瘾。无论你如何看待美黑成瘾，这一产业本身就是边缘资本主义的典范。关于成瘾命名法的争论偏离了真正的问题，即精心设计的过量造成的伤害。

这就是毒物兴奋效应这一概念非常有用的原因。"hormesis"一词来自希腊语，表示快速运动或渴望，相当于英语中的"stimulation"（刺激）。低剂量的刺激物通常会产生有益作用，高剂量的刺激物则会产生有害作用。一个单位剂量的净益处或净害处随遗传天赋、历史环境和社会环境变化而变化。其他条件相同的情况下，高剂量会给供应者同时带来高风险和高收益。少量的紫外线辐射实际上对你有好处。但美黑沙龙如果用微量光线照射偶尔前来的顾客，就赚不到钱。可以说，他们知道毒物兴奋效应有害的一面对自己有利。所有边缘资本主义企业都是如此。

企业可以接受监管。为什么要让孩子们把自己晒到容易患上癌症的程度呢？或者说，为什么要让边缘资本家每年诱惑数以百万的人，让他们患病死去？为什么他们的企业适应能力如此之强？抱歉，我在你手稿的标题页上写下了"无解"。

悲剧没有现成的解决方案。

为什么边缘资本主义是可悲的，而不仅仅是邪恶的？

边缘资本主义之所以可悲，是因为人类的本性在总体有益的商业规则中创造了一个有害的例外。这一总体有益的规则就是，采用经受住市场考验的创新会促进社会进步。对于大多数耐用品来说，历史证明了这种假设。商品越耐用越好。

1861 年，英国最大的铁路公司伦敦与西北铁路公司（London and Northwestern Railway）斥巨资替换了磨损的铁轨。公司主管们做了一个试验。他们购买了刚发明不久的贝塞麦（Bessemer）钢轨，将钢轨和他们最好的铁轨并排铺设在一条交通流量非常大的路线上。结果表明，钢轨的耐用时间至少是铁轨的 17 倍。类似这样的成功案例开创了钢之时代，对于从汽车到洗衣机等成千上万种产品而言，钢的成本更低，安全性更高，质量更优。再见了，搓衣板。这就是为什么我说文明的成本集中在前期，而好处在后来的工业时代才显现出来，那时，科学、技术和资本主义终于完成了任务（在这个例子中指的是交付了货物）。[6]

> 而获益者并不是在矿井中辛苦劳作或将煤炭铲进熔炉里的工薪奴隶。

正如所有涉及金钱的企业一样，资本主义与犯罪行为存在共性。公司虐待、抛弃工人。它们密谋限制贸易，赚取垄断利润。它们逃税、造假、污染环境。19 世纪 60 年代至今，最大的问题在于，如何处理这些滥用权力的行径。接下来一个世纪的历史主要源于两种相互矛盾的解决方案的冲突。一种是共产主义，它基于国家所有制和计划经济。另一种是进步主义，它通过官僚主义的管理来最大限度减少滥用职权的行为，通过政府主动采取的行动来改善工人的生活。从西方社会来看，进步主义取得了成功。混合工业经济中的工人变得更加健康，更加富裕。20 世纪末出生的瑞典人平均寿命是 19 世纪中期出生的瑞典人寿命的两倍，而且前者还有宜家可逛。[7]

> 所以，算上下水道、学校、最低工资、反垄断法和家具店，文明的束缚变松了。公平竞争推动了一切进步。

是的，公平竞争以发现更好的铁合金，或者生产出更廉价的纺织品，顺便一提，纺织业的利润支撑了弗里德里希·恩格斯和卡尔·马克思的写作。这两人所鄙弃的不是工厂生产出的产品，而是生产产品的工作条件。如何改善这些条件？这一问题推动了维多利亚时代有关政治经济学的辩论。但边缘资本主义有一个重要的不同之处。无论创新和竞争多么公正有序，它们都会将改进生产的社会后果变得更糟，而不是更好。

这就是为什么酒类在第一章和第二章中占了如此大的篇幅。酒水是原始且珍贵的文明化乐趣，在蒸汽和钢铁时代，酒水自由流通，简直过于自由了。20 世纪五六十年代，法国人口统计学家萨利·莱德曼表示，许多疾病和社会问题与全国酒精消费密切相关。结核病、消化道癌症、因精神疾病住院的人数、交通事故、犯罪和故意破坏公共财产，以上社会问题发生的概率都随法国酒精消费量的上升而上升，而且它们不仅仅出现在最严重的酗酒者身上。毒物兴奋效应既适用于个体，也适用于群体。这个观点具有重要影响，揭示了法国政策的自相矛盾。莱德曼表示，酒水生产商、零售商和法国财政部在刺激消费方面的成功举措无异于直接采取行动，来加剧酗酒问题，让更多人直接或间接地死于饮酒。

227　　　法国人几乎完全忽视了莱德曼，但他的观点在斯堪的纳维亚、英国和北美洲的酒水研究人员中流行了起来。到了 20 世纪 70 年代中期，研究人员已将降低总消费量确定为酒精控制政策的一个核心目标。这自然使他们处于可能与跨国酒水公司发生冲突的状态，这些公司向消费者推销买得起、标准化的酒水，而消费者将消费更多、品质更好、更廉价的酒水视为与生俱来的权利。[8]

　　类似这种金钱与健康的冲突存在于销售习惯性产品的各行各业内部，这些产品能够提供快速的大脑奖赏，缓解无聊和抑郁。不同产品造成的后果从肺气肿到学业失败不等。不同后果的相同之处在于，它们主要由产品生产者和销售者之外的其他人承担。最沉重的后果由失去消费自控力的人承担，而这些人恰恰也是社会上和基因上最脆弱的人。如果说资本主义通常促进社会进步，那么边缘资本主义则通常造成社会倒退，有时这种影响无比显著。

　　　　又是孪生子中邪恶的那个。但并非所有穷人都会成为瘾君子。

　　同样，并非所有灾难都落在成瘾者头上。只在开车时发了一次短信的人刚好出了车祸。只在周末使用阿片类药物的人用药过量了。喝无酒精饮品的人患上了咽喉癌。但死了就是死了。

　　　　而活着就是活着。意外事故的受害者发短信求救。手术患者借助麻醉药恢复了意识。夫妇二人开香槟庆祝周年纪念日。

是的。享乐使人解放，也使人为奴。究竟是解放还是奴役取决于各种客观因素：剂量、年龄、给药方式、使用时长、期望、社会条件和易患病的遗传体质，其中，我们祖先的社会条件也塑造了这类体质。

　　一切都是命运的安排。

也许曾经是命运作祟。但今天，成瘾者的命运更有可能是从基于统计学的角度被设计出来的。企业不是神明，它们追逐数字而非特定个人。它们在目标丰富的群体中创造了习惯性的重度消费者。巴西的大学体育俱乐部十分普及，大多数俱乐部都有酒类企业赞助商，企业提供打折酒水，以此换取广告权和独家商标使用权。因此，俱乐部会举办免费提供酒水的派对。一张廉价的入场票可以买到学生能喝的所有酒类饮料。最终结果便是饮酒过度死亡、性侵以及大学生养成了饮酒无度的习惯。饮酒无度的人实际上成了企业拥有的真人年金。企业将其低价购得，很少考虑附带伤害。[9]

　　劝说具有两面性。

行为经济学家称另一面为"助推"（nudging）。正确设置选项，我们就会顺从大脑倾向，做出快速、本能、随大流的决定，从而为自己服务，而不是与自己作对。在学校自助餐厅的取餐处，将胡萝卜条而非炸薯条放在与人们视线齐平的地方。宣传大

228

多数人根本不酗酒或抽烟的事实。诸如此类的手段推动了更健康的行为。诺拉·沃尔考是对的，我们能够改变环境，从而强化而非弱化人类的生理机能。[10]

但你曾说沃尔考的观点存在漏洞。

即便我们朝着好的选项前进，竞争市场中的企业家也会设计出方法，让我们朝着坏的选项偏航。理查德·塞勒和卡斯·桑斯坦两位学者普及了助推的概念，他们以在熙熙攘攘的机场过道互相竞争的食品店为例。其中，一家店卖水果和酸奶，另一家店卖辛那邦①肉桂卷，每个撒着糖霜的肉桂卷都含有 730 卡路里热量和 24 克脂肪。店员用烤箱烤面包，烤箱的排气罩位于门店前面，它们工作效率低下，所以面包的香气便一直飘在走道上。哪一家店的生意更好显而易见。[11]

229 　　辛那邦肉桂卷集中体现了现代消费者的窘境。如果你告诉一个世纪以前的人们，有一天他们能够在空调房里舒适地吃着点心，等着一个长翅膀的管状物将他们迅速送往任何想去的地方，他们肯定会觉得这就是乌托邦了。如果你再告诉他们这些点心会让他们变胖，胖到几乎无法坐进椅子里或者会增加患糖尿病和癌症的风险，他们可能会转变看法。

　　塞勒和桑斯坦认为辛那邦肉桂卷是一个非常有趣的反例。接下来发生的事情就不那么有趣了。辛那邦走向了全球，在 50 多个国家开设了店铺。公司一年能赚 10 亿多美元。

　　所有企业都想成为第二个辛那邦，销售令人无法抗拒的诱人

---

① 辛那邦（Cinnabon），美国烘焙食品连锁店，其招牌产品为肉桂卷。

产品。这些产品可能是合法的，也可能是非法的，或者二者兼有。连锁餐厅推销培根奶昔、培根圣代和各种培根产品。面包店卖含咖啡因的甜甜圈。宾馆房间里的小冰箱里放着混合鸡尾酒。电子宾果游戏机像老虎机一样运作。手机赌博应用程序鼓励玩家在游戏期间下注。大麻店提供大麻食品，瑜伽馆提供大麻瑜伽①的课程。南非德班的街头毒贩销售巫恩加（whoonga），这种毒品混合了海洛因、大麻和抗逆转录病毒的药物。大量粗制滥造的新型精神活性物质出自药剂师之手，它们被不断微调，以避开毒品法律。消费者在网上购买合法兴奋剂和各种口味的电子烟雾化芯，后者是大麻油的绝佳拍档。他们还可以购买增强现实或虚拟现实的头戴式装置，增强游戏和色情片的快感。

尽管这些都是新近的例子，但历史上有类似的情况。回溯历史，边缘资本主义令人生畏之处在于它背后的技术非常灵活。改进和混合的机会通常伴随着似乎毫不相干的发明和产品，这类机会不断增加。不同事物互相纠缠在了一起，也与人纠缠在了一起。历史的瓶子里充满着各种妖怪，它们从瓶中逃出后，便开始交配。或者它们找到了媒人。竞争促进了试验和效仿。

万宝路（Marlboro）曾经是个鲜为人知的香烟品牌。20 世纪 60 年代早期，菲利普·莫里斯国际公司在其中加入氨化合物作为结合剂后，万宝路成了世界一流的产品。这些化学物质也带来了巧克力风味，更重要的是，它通过增加游离的尼古丁分子，增强了吸烟带来的满足感。竞争对手失去了市场份额。随后，对手的线人和设计师发现了万宝路的秘密，争相效仿。这就像在体育比

230

---

① 大麻瑜伽：美国一些瑜伽机构将吸食大麻与练习瑜伽结合的课程，参与者通常在练习瑜伽前或练习的间隙吸食大麻。

赛中使用兴奋剂。要么你也作弊，要么你就输掉比赛。到了 1989年，烟草业每年要混合一千多万磅的氨粉。烟草业的律师称这些成分是"加工助剂和调味剂"。那一套说辞又来了，它们"天然"存在于人体之中，它们无害。为什么呢？因为就连食品制造商也将它们作为添加剂。[12]

看吧，过去和现在都是一样的套路。这相当于一场偷偷摸摸的钓愚比赛。增加鱼钩，削尖鱼钩，然后让上钩看起来司空见惯。这是这些企业极具韧性的另一个原因。它们创造了一种印象，即正常使用它们的产品要么有益，要么无害。反之亦然，有益使用和无害使用都是正常的。

　　成瘾是不正常的。

然而，如果成瘾的频率足够低，成瘾本身可以转变为有利条件。博彩业坦白承认，一些顾客失去了控制。因此博彩业投入数百万美元资助热线、治疗中心与研究赌博成瘾的遗传基础和神经化学基础的医生。暗示公关例行公事，叫来摄影师，对着镜头微笑，拿出海报大小的账单。让我们来看看这些遭受心理障碍的少数成瘾者出了什么问题。你们这些正常人继续赌博吧，我们会研究如何让这些问题人士摆脱困境的。当然，博彩业只会象征性地这么做，因为它已经投入了更多资金，来创造出能维持自己利润的少数问题人士。[13]

　　如果目标是利润最大化，为什么还要在成瘾研究上象征性地投钱？

为了让自己的否认看起来合理可信，以维持赌博安全、消遣式的形象。饮酒、吸毒、吃快餐、喝苏打水或者美黑都同样如此。你可以从美黑业宣传员宣传的假科学，回溯到 20 世纪 50 年代中期，当时烟草业以研究为幌子，来应对第一波癌症恐慌潮。科学，包括腐败的科学，是一张公关的王牌，其他行业一直在学习使用这张王牌。边缘资本主义之所以应该被解读为一个不断进化的体系，而不仅仅是恰好提供习惯性产品和服务的一系列随机企业，另一个原因就是这种效仿机制。

> 但这些企业也互相竞争。

它们当然要互相竞争。抽的烟多了，吃的糖就少了。20 世纪中期的好彩香烟（Lucky Strike）宣传自己是甜食的替代品，具有减肥功效。糖类巨头也不羞于指责饮食问题。20 世纪六七十年代，糖类贸易协会悄悄资助弱化糖类对心脏病作用的研究，而将矛头对准脂肪和胆固醇。糖业领袖们知道，如果人们减少脂肪摄入，他们就会在食物里多加糖。[14]

"我和它们不一样"仍然是一个流行策略。别吸传统香烟了，试试电子烟吧。别用阿片类药物了，试试大麻吧。别去赌场，来游乐场吧。迪士尼曾进行游说，禁止赌场在其佛罗里达州后院与其争夺游客，却又雇斟酒服务员在自己的餐厅里推销葡萄酒。

边缘资本主义有"对手组成队伍"的一面。在某种程度上，边缘资本主义与一个世纪前难以对付的反恶习联盟有些相似。竞争没有阻止合作，例如竞争各方共同反对广告禁令，这类禁令开创了他们不想看到的先例。竞争也没有阻止效仿。大麻零售店提供快餐式兔下车服务。赌场督促赌徒们"负责任地玩"。同样的妙招还有"负责任地喝"，这是酒业分散注意力、转嫁责任的经典公关策略。[15]

妙招需要小小的牺牲。1982 至 1996 年，当时世界上最大的啤酒制造商安海斯-布希公司（Anheuser-Busch）每年在负责任饮酒相关信息上花费 1 100 多万美元。这些钱看起来很多，但公司每在这一方面花费 1 美元，就会花 50 美元来推广自己的产品。分析这些数字的公司报告承诺说，管理层的一举一动都由"一个高于一切的目标指导，即巩固股东价值"。的确如此。那 2% 的钱恰当地花在了改善公司形象和转移政治热度上。[16]

购买护身符的方式有很多。这些方式在高风险、高收益的非法企业中十分明显，那里贿赂和暴力司空见惯。毒枭常说，"Plata o plomo"，意为"要么交钱，要么拿命来"。而更容易被我们忽略的方式是边缘资本主义的合法分支中的合法诱惑形式。

最好的例子是慈善，这是最古老的洗钱方式。慈善事业的循环净化了恶习。中国政府最终批准了体育彩票和福利彩票。彩票比赌场干净，给了顾客一解赌瘾的机会。"两害相权取其轻"的想法传播开来。1994 年，英国政府成立了文化遗产彩票基金会①，使博物馆、教堂和公园得以持续开放，旅游经济繁荣。一种伪装的累退税成为社会的胜利。[17]

那贵格会巧克力制造商呢？吉百利家族可能蛀掉了英国人的牙齿，但他们是真正的慈善家。

---

① 文化遗产彩票基金会（Heritage Lottery Fund），现名国家彩票遗产基金会（National Lottery Heritage Fund）。

　　维多利亚时代的啤酒制造商 J. C.雅各布森和卡尔·雅各布森也是如此。J.C.在哥本哈根城外的一家啤酒厂生产优质拉格啤酒，大赚了一笔。他宣扬适度饮酒，宣传好啤酒是烈酒的健康替代品。他成立了嘉士伯基金会，这个基金会后来与其儿子兼对手卡尔的新嘉士伯基金会合并。两人在捐款方面都言出必行。从普遍的丹麦人的标准来看，两人都不宣扬恶习。然而他们的慈善遗赠一直是一种公关诱惑，随着公司在国际上的繁荣，更是如此。嘉士伯基金会不羞于将世界级的艺术和研究项目与嘉士伯集团产品的世界级销量联系起来。[18]

　　然而，与普渡制药（Purdue Pharma）相比，嘉士伯算得上礼仪模范了。普渡的现代史始于 1952 年，当时在纽约，同为医生的萨克勒三兄弟——亚瑟、莫蒂默和雷蒙德收购了一家名为"普渡-弗雷德里克"（Purdue Frederick）的小制药公司。萨克勒三兄弟和他们的继任者在美国扩大了药物销量，随后通过名为"萌蒂制药"（Mundipharma）——字面意思是"药物世界"——的企业网络扩大了其产品的海外销量。秘诀很简单：推销产品，分摊财富。他们雇佣说客，付钱给医学意见领袖，向可能开具处方的医生推销药物，他们慷慨地请这些人吃饭，让这些人参与会议旅行和公司支持的新药研究，其中就包括治疗慢性疼痛患者的麻醉药。

　　"患者"这一标签非常重要。街头的瘾君子不值得同情，患有慢性病的患者才值得同情。帮助他们或者自称帮助他们是逃避严厉监管或禁令最保险的方法。同样的情况同时也适用于医用大麻。为什么要将可以使艾滋病和癌症患者受益的治疗方案定为非法呢？这些患者深受体重下降、反胃恶心的折磨。很少有人能够反对如此人道主义的目标，不过大麻分销商想要的不仅仅是将其

233

卖给临终的患者。

　　普渡的主管们面临着一个类似的诱惑。20世纪80至90年代，他们越来越关注镇痛麻醉药的销售。他们先后推广了美施康定（MS Contin）和奥施康定（OxyContin），前者是一种缓释吗啡药丸，后者是一种包装得像海洛因的缓释羟考酮药丸。大多数美施康定都用到了癌症患者身上，但普渡觊觎着更大的非癌症疼痛市场。1995年末，被普渡说服的美国食品药品监督管理局批准给连续疼痛数天的中度到重度疼痛患者开奥施康定。普渡制药迅速开始寻找乐于接受新事物的医生，通过这些医生寻找患有关节炎、背痛等常见病的患者，从这些不了解阿片类药物的患者身上挖掘发财机会。普渡制药承诺，大多数副作用会很快消失。药物会"温和持久"地镇痛。没必要担心"对合法应用于治疗疼痛的阿片类药物产生医源性'成瘾'"，因为这种情况"非常罕见"。[19]

　　但这并不罕见。21世纪初，过度开奥施康定的处方导致阿片类药物滥用和成瘾案例急剧上升，人们对麻醉药的需求上涨。其他供应商，不论合法与否，都纷纷加入。药物制造商和分销商在非法出售处方药的药店中货源充足，将其变成了区域性分销中心。患者学会了如何让这个体系为己所用。他们物色医生，照着处方抓药，然后以数倍于共付额①的价格转卖药物。当药价昂贵时，此前一直在组织自己的分销网络的墨西哥走私犯与高质量海洛因互相竞争。他们随后在走私清单中加入了芬太尼，这种强效阿片类药物能够在任何地方合成，走私方便。但普渡制药开了头，随之而来的成瘾和普遍的用药过量带来了灾难性的后果。到

----

① 共付额在医疗保险业中指被保险人每次就诊时需自费的固定费用，其余费用则由保险公司支付。

234

了 2016 年、2017 年，用药过量造成的死亡缩短了美国人的预期寿命。这是自 1962 至 1963 年的致命流感以来首次出现预期寿命缩短的两年。[20]

与此同时，萨克勒家族及其继承者承诺散播收益。他们资助研究机构、教授职位以及名校的系列讲座。从哈佛到北京，他们修建了新博物馆。从纽约到巴黎，他们扩建了旧博物馆。捐款为萨克勒家族赢得了数十年的声望和美誉，直到阿片类药物成瘾的灾难再也无法被掩盖。精神病学教授艾伦·法兰西斯告诉记者，自己一生都在"萨克勒这个""萨克勒那个"报告厅做演讲。他认为"萨克勒"这个名字是资本主义捐款做好事的近义词。后来他才明白萨克勒家族一直在通过大众成瘾赚钱。"这太令人震惊了，"他说，"他们居然一直逍遥法外。"[21]

这虽令人震惊，但也是一种模式的一部分。烟草巨头詹姆斯·杜克捐助了一所大学。毒枭巴勃罗·埃斯科瓦尔为穷孩子建造了足球场。赌场大亨谢尔登·阿德尔森资助了犹太复国主义运动和癌症研究。制药业家族萨克勒推动了博物馆的发展。合法与非法的边缘资本家并非界限分明，他们都创造了一群利益相关者和一群受害者。当你捕到鲸鱼时——普渡制药的主管们用这个赌博术语代指开药最多的医生——许多人都分到了一部分鲸油和鲸脂。[22]

边缘资本主义的受益者并非总在意料之中。例如，私人股权公司与阿片类药物成瘾盛行并无关系；然而，从 2011 年到 2016 年底，它们向私人戒毒机构投资了 50 多亿美元，从新的成瘾者身上获利。这也解释了为什么边缘资本主义是一个自我维持的系统，而不是阴谋家的松散联盟。精心设计的过量通过创造外部效应，即不会反映在产品实际价格中或供应商资产负债表上的副作用，从而创造了利益相关者。在美国，18 至 29 岁的司机中有近三分之二的人承认自己曾边开车边发短信。2011 年以后，此前连续数年下降的车祸总数开始上升。车险保单也增多了。损失钱财的是司机，而不是智能手机制造商。[23]

吸盘鱼吸附在了边缘资本主义之鲨身上。这些吸盘鱼数量众多，外形、大小各异。想想招聘官。对他们而言，任何一种过度消费或成瘾都是一个有用的标志。之所以说有用，是因为它能给人一些关于阶级、性格、压力以及与自控能力呈正相关的智力方面的线索，从而简化了他们的决策，避免了未来的损失。从统计数据上看，吸烟者、强迫性暴食者、患有失眠症的游戏玩家和毒品测试呈阳性者都是糟糕的雇佣对象。

　　　　理论上或许是这样。但实际上，把边缘资本主义的受害者拒之门外后，雇主节约了多少成本？

总体而言这很难说，但个别研究表明，他们可以省下许多钱。算上吸烟休息时间、更多的医疗费用、缺勤天数、下降的生产力，再除去他们为雇主带来的"好处"，即他们的早逝为雇主省下的退休金支出，在美国，每位吸烟者平均每年花费私营雇主约 6 000 美元。因此，每位被筛除的吸烟者每年为用人单位省下了 6 000 美元。对于医疗费用较低的国家而言，这一数字更低。但当他们在货物装卸区抽烟或因支气管炎在家休养时，没有人为老板赚钱。[24]

我们能够更好地估算以"问题利润"形式出现的外部效应。一方面，医学技术公司每年卖出价值 30 多亿美元的毒品检测设备和服务，每年销量增长 4.5%。另一方面，成千上万的消费者和已经或即将工作的人购买戒烟或减肥产品。2016 年，全球节食产业产值达到 2 150 亿美元，并以每年 8.3% 的速度增长。总有一天，吸盘鱼会长到和鲨鱼一样大。[25]

二级问题利润和三级问题利润也存在，吸盘鱼身上也吸着吸盘鱼。如果被激活的免疫系统也攻击肺癌患者健康的肺组织，患者接受的免疫治疗越多（每年要花费 10 万美元），就意味着肺科医生的工作越多。因阿片类药物死亡的人越多，就意味着器官捐献越多，器官移植科室越忙碌。减肥手术越多，就意味着去除多余皮肤的后续手术越多。不暴食但酗酒或嗑药的减肥手术患者面临着额外的治疗费用。戒瘾机构不是慈善机构，在美国更不是。多次进入戒瘾机构花光了绝望家庭的积蓄。更广泛而言，修复人为设计的过量问题时，缺少医疗成本管控使得美国成为世界上最有利可图的市场。制药公司喜欢边缘资本主义，不仅仅是因为其令人成瘾的产品拥有市场。立普妥（lipitor）这种药物能够降低不良饮食产生的"有害"胆固醇，它在美国的售价是在有社会化医疗体系的国家中售价的 20 倍。[26]

> 所以，仔细看来，你所说的全球化悲剧其实只是又一个美国佬闹剧。

不完全是这样。确实，罕见的自由、财富和权势使美国人走在了边缘资本主义全球化的前列，这一点在第二次世界大战以后尤为明显。而且美国人的确为自己的过量付出了极其沉重的代价。然而，其他收入上涨的国家也同样如此。例如，沙特阿拉伯人是世界上最胖的民族之一。如果你想做减肥手术，不论在纽约，还是在利雅得，你都能得到同样周到的服务。

更重要的是，美国人不是命中注定会创造出边缘资本主义的全球"参照社会"。18、19世纪欧洲享乐、恶习和成瘾的历史与美国关系不大，而与贸易、帝国、城市、工业和由艺术激发的享乐创造力息息相关。美好时代的巴黎和硅谷一样，都可以成为这个故事的起点。如果美国从未存在过，边缘资本主义全球化也会走向胜利，不过可能腔调会更优雅。

但你不能说奴隶制或种族大屠杀的全球化将继续走向胜利。改革派、政府和国际组织阻止了其他衍生出大量外部效应的掠夺性系统，为什么却不阻止边缘资本主义呢？

第一，因为边缘资本主义从未奴役或杀死特定人群中的所有人。许多人发现，如果冒着风险享受强效的新乐趣，人会得到解脱。参见第三章。第二，19世纪末20世纪初的改革派和各国政府的确曾经阻止了边缘资本主义前进的步伐，尤其是当边缘资本主义对国家安全和公众秩序构成威胁时。参见第四章。第三，改革派每成功制造一个障碍，他们自己也会遇到一个障碍，包括面对经济萧条和重整军备时迫切需要税收的政府，第二次世界大战时军队的恶习，随后的旅游业大发展，财力雄厚的全球对手，武器化的产品以及不断扩展的营销手段。参见第五章。

结果，反恶习进步人士节节败退。在这个问题上，其他进步人士也失败了。20世纪末的自由市场复苏令改革派陷入被动。当现代化国家的治理精英们确信自由放任主义并没有产生最佳社会效果，尤其是没有对国家安全所依赖的公民健康形成最佳影响时，反恶习活动人士拥有最大的影响力。当恶习与遗传性退化被画上等号时，市场干预就成了强制性手段。20 世纪初，反恶习人士借国家主义之风扬起船帆，有时这股国家主义之风十分危险。20 世纪末风向转变时，他们不得不迎着市场最大化论调——效用最大化，国际贸易最大化，股东利益最大化，自由本身最大化——的劲风航行。

不可否认，自由意志主义实际上意味着带有各种好处的自由意志主义。这些好处是企业福利和给主要利益集团的补贴，主要利益集团通过政府债券将账单传给了子孙后代。毋庸置疑，自由市场原教旨主义仍然是 20 世纪末时代精神的一部分。同样毋庸置疑的还有，它反对管控恶习。米尔顿·弗里德曼既是杰出的自由意志主义经济学家，又是毒品合法化的思想教父，这绝非偶然。他仍然是毒品合法化的守护神之一。[27]

来自进步派的批评人士将自由市场的复苏称为"新自由主义"，他们认为全球资本主义与大众成瘾之间存在社会联系，这种联系不单是简单的反对监管。对成瘾性产品的需求随着不平等的加剧和不幸的增多一起增长，这些不平等和不幸来自国家削减福利，不再保护消费者和环境，剥削廉价劳动力和兼职劳动力，优待投资者，以及高喊"让其他人遭殃吧"。要么没有工作，要么是讨厌的工作，两种情况都需要付出代价。到了 20 世纪 90 年代，孟买的大部分拾荒者使用红糖海洛因。等彻底破产后，他们便吸食胶水或汽油。更令人震惊的是，阿片类药物成瘾在美国白人工薪阶层当中流行起来，这个以往春风得意的群体很少受麻醉药物困扰。也就是说，在他们的就业前景、精神面貌和稳定家庭受腐蚀之前，他们过得无忧无虑。而在政治外衣掩盖下的文化战争中，他们所处的国家也逐渐成为新自由主义的全球参照社会。[28]

实验心理学家布鲁斯·亚历山大从进步主义角度做出了社会批判。亚历山大在职业生涯早期曾研究老鼠的吗啡成瘾。他发现，生活在像公园一样的宽敞环境中、心满意足的老鼠比被关在实验室笼子和斯金纳箱中、遭受过心理虐待的老鼠更难以成瘾。由于道德伦理原因，亚历山大不能在人类身上开展这种成瘾倾向实验。于是，他查找了历史学、社会学和人类学的记载。2008 年，他在《成瘾的全球化：精神贫瘠研究》（*The Globalization of Addiction: A Study in Poverty of the Spirit*）一书中发表了自己的结论。

239　　　亚历山大的前提和我的前提一样，即我们生活在一个成瘾时代里。他将成瘾定义为各种自我放纵：沉溺于越来越多的有害瘾品、追求和信仰。亚历山大甚至称自由市场这一正统观念是一种"令人上瘾的信仰"。更恰当的说法是，这是一种不完全且隐晦地基于成瘾的信仰，不过这算是吹毛求疵了。真正的问题是诱因。亚历山大瞄准了需求。他认为，基本问题在于市场经济不断全球化引发的混乱、竞争、疏远和焦虑。成瘾实际上是个全球性的社会问题，而非个人疾病。[29]

如果你认为早期文明的不平等和疾病负担驱使人们从酒和其他瘾品中寻求解脱，那么你很难对这种解释视而不见。问题在于这是否就是全部。那些孟买拾荒者生活在一个拥有许多廉价海洛因的城市之中。吸毒成瘾的美国人生活在普渡制药公司和墨西哥毒贩的地盘上，这些毒贩开着便宜买来的旧车，像送比萨一样送海洛因。你只需打个电话就能买到。[30]

亚历山大强调需求，而你强调供应。他认为社会失范解释了大众成瘾。你又补充了可获得性、可负担性、广告和匿名性。

还有成瘾神经科学。无论压力和遗传特征将心理的土壤准备得多么肥沃，除非有人播种了大脑奖赏和改变的种子，否则害人习惯的野草就不会生长。虽然有各种对于大脑疾病模型的批评声存在，但以下重要观点仍然存在：如果没有"哇！"的时刻和记忆，没有变成了渴望的强烈喜爱，成瘾不可能扎根。参见第六章。

认为神经接触和条件作用是成瘾基础的理论有着自相矛盾的内涵。不论人们是否愿意承认，力求将成瘾医学化的大脑疾病理论的支持者实际上与恶习警察有共同之处。减少成瘾的策略如果想行得通，就必须也成为限制供应的策略。讽刺的是，亚历山大的批判面临着相同的问题。如果先进的资本主义使数亿人在面对不断扩散的瘾症时毫无招架之力，那么我们就更有理由将接触减少到最低水平了。

或者更有理由放弃先进的资本主义。

这在短期内不会发生。

那么宗教呢？如果说自由市场的意识形态在 20 世纪末获得了新生，那么保守的宗教信仰也获得了新生。为什么牧师和毛拉①不制止边缘资本主义？

他们想制止。正如天主教的教理问答所言，节制的美德要求

① 毛拉（mullah），对伊斯兰教教师或领袖的尊称。

信徒避免一切过量。边缘资本主义则鼓励过量。然而，宗教对商业诱惑的敌意没有像一个世纪前那样引发一场跨国改革运动。20世纪末没有类似于全盛时期的世界基督教妇女禁酒联盟的机构，也没有像甘地或布伦特主教那样具有全球影响力的宗教反恶习卫道士。传教士在后殖民世界中的政治影响力微乎其微。[31]

当然，宗教领袖们仍在开展反恶习运动。但这些运动更关注自身，更关注如何留住信徒。例如，长期以来，福音派新教徒始终与提倡物质主义、相对主义、个人主义和性自由的商业文化和世俗文化对抗着。现在他们也不得不与互联网和社交媒体对峙，他们认为这些东西是污秽之河，是待毁灭的偶像。但上网的年轻人——我们的未来——更倾向于习惯性地崇拜这些偶像，即使这样做会让他们感到痛苦。这是心态和环境的极致：如果我们停下来，我们就没有生活可言了。参见第七章。[32]

奢侈陷阱也是世俗陷阱，这一原则不仅仅适用于社交媒体。神职人员和社会学家极少能达成一致，但他们都认为财富的积累会使人更关注物质。这一规律有一个必然结果。如果物质被设计出来本就是为了让人着迷，世俗化的过程就会得到强化。事实上，这会成为一个闭环。通过削弱宗教的力量，边缘资本主义破除了自己扩张和创新之路上最重要的历史障碍之一。如果上帝已死，任何产品皆有可能出现。如果任何产品皆有可能出现，宗教招募到新人的机会就会更小。

所以，任何事物都无法阻挡边缘资本主义前进。你这本书的悲剧结尾就像《哈姆雷特》（*Hamlet*）一样，舞台上尸体遍地。

　　我没有这样说。我说过边缘资本主义是全球资本主义危险的一面，后者拥有雄厚的财力、技术的动力、有利的历史条件和意识形态方面的支持。但监管周而复始，威胁激发了反应，政治气候最终转变了。对于糖类，这一过程已经开始了。2012年，纽约市长迈克尔·布隆伯格发起了一场反对大杯汽水的运动，指责大杯汽水导致了肥胖症和糖尿病激增。消费者自由中心（Center for Consumer Freedom）等边缘资本主义前沿组织打出了嘲笑布隆伯格苦心的广告："纽约人需要一个市长，而不是一个保姆。"布隆伯格的运动无果而终。然而，他的思想延续了下去。5年后，美国已经有9个城市制定了各种形式的含糖饮料税。从拉丁美洲到大洋洲，已经有10多个被肥胖症困扰的国家通过了类似立法，2016年，世界卫生组织公开支持这一举措。智利国会征税，要求垃圾食品贴上警示标签，禁止含糖燕麦片使用卡通广告。再见了，托尼虎①。当说客们严正抗议时，儿科医生出身的社会党参议员吉多·希拉尔迪称这些人是现代"恋童癖"。[33]

　　不论组织性的宗教反恶习行动有什么弱点，世俗的行动主义仍安然无恙，十分活跃。公共卫生改革者在控制烟草的战争中展现了自己的毅力。尽管他们未能彻底击垮跨国烟草公司，但他们的确遏制了其最危险的产品——可燃香烟的发展。面对吸电子烟的青少年数量急剧增长的状况，公共卫生改革者采取了新的销售和营销限令，限制所谓危险性更小的电子烟。到了2018年，已经有30个国家完全禁止了电子烟。这些成就以及人们对高糖食物日益增多的反对表明了科学证据仍然可以激发变革。科学证据也可以维护现有管控。1984年，美国政府将合法饮酒年龄提高到了

---

① 托尼虎，美国谷物品牌家乐氏（Kellogg's）的吉祥物。

21 岁，这一举动在当时引发了争议。后来的研究表明每年交通事故死亡人数下降了 1 000 多人，争议才慢慢消失。青少年仍会喝酒，但喝到昏迷和喝到趴在方向盘上的青少年数量有所减少。另一个关于政策的真相如下：一个产品看上去越危险，尤其是对年轻人来说越危险，教育、监管、税收和禁令措施就越容易取得成功。[34]

> 你之前说禁令已经不得人心了。

对于世俗的进步人士而言是这样的。他们更感兴趣的是通过治疗、征税、监管和教育来减少伤害。这些是长期策略，虽然枯燥乏味但却经济划算。治疗使得成瘾者的生活更美好、更安全，不过第一次治疗后并不一定会产生效果。治疗需要金钱和时间，如果想让每个人都获得治疗，还需要有政治意愿。

政治意愿对于最大限度减少消费的监管和税收政策也是必要的。例如，酒类的单位价格升高会引来大批说客，价格再高会引来私酒贩子和走私犯。然而医学研究和综述一致发现，提高最低限价会减少酒类消费和酒类造成的损害。这同样适用于其他可能让人成瘾的产品。人们对这些产品的需求可能相对固定，但从来不是一成不变的。[35]

进步主义高压箭筒中的另一支箭是管控。社会科学家普遍认为，所有花时间研究过广告资料的人都会认为，管控焦点更多关注的是恶习营销，而非恶习本身。2001 年，政策分析家罗伯特·麦考恩和经济学家彼得·路透调查了恶习管控的历史和现状。他们发现，商业推广和合法获得性同样重要，甚至更为重要。这一原则既适用于赌场，也适用于大麻店。[36]

　　我们必须承认，一些合法产品和服务可能过于危险，应该禁止。这是许多改革者设想的可燃香烟的命运，在黑色素瘤多发的澳大利亚，这已经是许多地方美黑沙龙的命运了。但是，通常来说，应对可能使人成瘾的产品和服务最好的方法是少操心它们的合法性，而把关注点放在维持高价上，让广告商退后，让年轻人远离。一个典型的例子是大麻。经常吸大麻的青少年比同样吸大麻的成年人智商下降得更多。一个残酷的真相是，这个发展中的产业承诺不向未成年消费者销售毒品，但其依赖的瘾君子绝大多数在年轻时就养成了吸毒的习惯。[37]

　　数字成瘾同样如此。数字成瘾传播如此迅速的原因之一是，即使监管一片好意，幻想企业会配合，实际上也不可能让孩子们完全远离数字世界。各种设备和应用程序无处不在。同龄人压力持续不断。鱼钩早已布置好了。

　　那就只剩最后一招了——教育。我们仍然可以就习惯性产品的危险向年轻人和老年人提出警告。最有效的警示通常采取揶揄的方式。1978年，澳大利亚反对吸烟的活动人士发起了利用涂鸦广告牌反对不健康广告宣传（Billboard Utilising Graffitists Against Unhealthy Promotions，简称 BUGA UP）的运动。"BUGA UP"恰好是澳洲俚语"bugger up"（搞砸了某事）的谐音。BUGA UP 的参与者用涂鸦搞砸了广告牌上的广告。在一个宣传香烟的广告牌上这里喷一点颜料，那里喷一点颜料，"来一根温菲尔德香烟"变成了"来打飞机"。① 这场没有一丝清教主义气息的公民不服从和戏谑、放肆的民粹主义运动成了赢家。BUGA UP 引发的运

① 温菲尔德香烟的英语为"Winfield"，自慰的一种英语说法为"Wank"，经过涂改后可将前者变为后者。

243

动在 1992 年促成了一部全国性法律的通过，该法禁止了销售点以外的所有烟草广告。[38]

　　所以，要在地铁自动扶梯两侧的屏幕上填满讽刺性的公共服务公告，而不是千层面广告。要启迪消费者，加大监管力度。

　　除了显而易见的商业自由言论问题，还有一个问题。教育能多大程度上起作用是因人而异的。并不是所有人都会听从建议。244　许多使人更容易成瘾的共同特征，例如冲动、短视或者压力引发的疾病使得他们更难被公共卫生信息所影响。在烟草历史上，那些能够得知信息的人往往受教育程度更高，社会地位也更高。当他们戒烟或有意不去吸烟时，其他人也会效仿，部分原因在于越来越严重的阶级污名化。但反之亦然，因为我们对成瘾的看法取决于成瘾的人是谁，余下越来越少没有改变的人越来越得不到同情。人们认为这些人是冥顽不化的傻子，活该得癌症、冠状动脉疾病，活该嗑药过量。

　　或者活该贫穷，因为有谁会想给他们工作？

245　或者活该失去自由，甚至生命。历史往往会发生不可思议的转折。冷战结束后，几乎没有人预料到威权民粹民族主义会在全球范围内兴起。然而它却发生了，并且影响了针对恶习和成瘾的政策。俄罗斯总统弗拉基米尔·普京采取了强硬的毒品政策，其政策随后又扩展到了限制俄罗斯人口预期寿命的酗酒和吸烟上。

2016 年，菲律宾总统罗德里戈·杜特尔特谴责因冰毒而导致大脑萎缩的"僵尸"成灾，允许了非法处决毒贩和吸毒者的丑恶运动。同年，唐纳德·特朗普当选美国总统，承诺在西南部修建边境墙，将毒品和移民拒之门外。与此同时，更了解墙具有渗透性的中国警察利用高科技监视器追踪吸毒者。2018 年，中国的审查人员和教育部门的官员担心另一种不同的成瘾，所以限制了新电子游戏的发行数量，承诺采取数字认证系统来限制未成年人玩游戏的时长和时间。腾讯市值随之暴跌，这表明恶习和反恶习始终处于一场技术军备竞赛之中。[39]

结果就是边缘资本主义可能会受到左右两派有组织的反对势力的打击，但这并不是必然。进步人士、复苏的民族主义者以及道德保守人士之前曾齐心反抗商业恶习。他们可能会再次这样做。

他们应该再次反抗商业恶习吗？

这取决于他们如何处理商业恶习。齐心协力显然有合理之处。商业恶习具有令人成瘾的可能性，从更广泛的意义来说，商业恶习诱导大脑从发生在大脑皮层的纪律性乐趣降至更低级的乐趣，这种诱惑从未如此强烈。然而提倡道德的运动最终会适得其反，这也是历史上恶习管控一直在抑制和容许之间循环的一大原因。当然，从某种程度上讲，所有管控都会循环：恐惧先占据上风，随后贪婪促使政策转变。但恶习政策变化之大始终异乎寻常，其转变的幅度被打击敌人带来的满足感所增强，不论敌人是放纵者，还是清教徒。毒品政策分析师马克·克莱曼曾说，要评价法律

246

和计划，必须看它们的效果如何，而不是看制定法律和计划的人有多温和、友好，此言一语中的。

克莱曼也说过其他值得强调的话。"勉强容忍"的恶习政策通常能产生最少的恶果。正如冷战时期的遏制政策，恶习政策的目标应该是遏制恶习的扩散。巧妙的遏制意味着精心计算，耐心地运用各种反制措施——有效的税收、销售和消费的许可、严格的年龄要求、营销禁令、大规模侵权、讽刺性的宣传，将其施加在多个不断变化的对象上。而拙劣的遏制意味着不加思考地加重惩罚，将其施加在单一的对象上，这就像另一场越南战争。我们之所以会遇到针对恶习的"越南战争"，还是因为政客的算计：哪条路线能使我获得最多的选票，能安抚我的支持者？恶习的政策和恶习的商业一样，都与精心设计的过量相关。

你问我们应该怎样做，答案是：无论在政坛上还是在生活中，我们都应该反对过量。

缩略语

ADHS   Alcohol and Drugs History Society，国际酒精与毒品史学会

FBIS   Foreign Broadcast Information Service，外国广播信息服务

GAA   *Global Anti-Vice Activism, 1890 – 1950: Fighting Drinks, Drugs, and "Immorality,"* ed. Jessica R. Pliley, Robert Kramm, and Harald Fischer-Tiné. Cambridge：Cambridge U. P.，2016，杰西卡·R.普莱利、罗伯特·克拉姆和哈拉德·费希尔-蒂内主编：《全球反恶习运动，1890—1950 年：打击酒类、毒品和"不道德行为"》，剑桥：剑桥大学出版社，2016 年。

J.   期刊

JAMA   *Journal of the American Medical Association*，《美国医学会杂志》

JKP   Jean Kilbourne Papers, Rubenstein Library, Duke University, Durham, North Carolina，《琼·基尔伯恩文集》，藏于北卡罗来纳州达勒姆杜克大学鲁本斯坦图书馆。

JSAD   *Journal of Studies on Alcohol and Drugs*，《酒精和毒品研究杂志》

JWT   J. Walter Thompson Company Collections, John W. Hartman Center for Sales, Advertising, and Marketing History, Duke University, Durham, North Carolina，《智威汤逊公司文集》，藏于北卡罗来纳州达勒姆杜克大学约翰·W.哈特曼销售、广告和营销史中心。

LCMD   Library of Congress Manuscript Division, Washington, D.C.，华盛顿美国国会图书馆手稿部

NEJM	*New England Journal of Medicin*，《新英格兰医学杂志》	
NYRB	*New York Review of Books*，《纽约书评》	
NYT	*New York Times*，《纽约时报》	
PNAS	*Proceedings of the National Academy of Sciences of the United States of America*，《美国国家科学院院刊》	
Q.	季刊	
SC-UNLV	Special Collections, Lied Library, University of Nevada, Las Vegas，内华达大学拉斯维加斯分校莱德图书馆特藏	
SHAD	*Social History of Alcohol and Drugs*，《酒精和毒品社会史》	
TS	打字稿	
U.	大学	
U.P.	大学出版社	
VF	Vertical Files, Drug Enforcement Administration Library, Arlington, Virginia，弗吉尼亚州阿灵顿缉毒局图书馆立式文档	
WHO	World Health Organization，世界卫生组织	
WP	*Washington Post*，《华盛顿邮报》	
WSJ	*Wall Street Journal*，《华尔街日报》	
WWCTU	World's Woman's Christian Temperance Union，世界基督教妇女禁酒联盟	

注释

绪论

1　五年后，我联系了伯格，向他求证这一说法的真实性。他说，自己现在还有朋友"非常沉迷游戏"（2015 年 8 月 28 日）。

2　Melanie Maier，"Wenn Porno zur Droge wird，" *Stuttgarter Zeitung*，June 19，2017（translating *Einstiegsdroge* as "gateway drug"）；James J. DiNicolantonio and Sean C. Lucan，"Sugar Season. It's Everywhere，and Addictive，" *NYT*，editorial，December 22，2014；Juliet Larkin，"Woman Drank Litres of Coke Every Day before Death，" *New Zealand Herald*，April 19，2012；Tom Phillips，"Chinese Teen Chops Off Hand to 'Cure' Internet Addiction，" *Telegraph*，February 3，2015；Lee Seok Hwai，"Taiwan Revises Law to Restrict Amount of Time Children Spend on Electronic Devices，" *Straits Times*，January 24，2015；Steve Sussman et al.，"Prevalence of the Addictions：A Problem of the Majority or the Minority？" *Evaluation and the Health Professions* 34（2011）：3 - 56．

3　Jon E. Grant et al.，"Introduction to Behavioral Addictions，" *American J. of Drug and Alcohol Abuse* 36（2010）：233 - 241；Michael M. Vanyukov et al.，"Common Liability to Addiction and 'Gateway Hypothesis'：Theoretical，Empirical，and Evolutionary Perspective，" *Drug and Alcohol Dependence* 123S（2012）：S3 - S17；American Psychiatric Association，*Diagnostic and Statistical Manual of Mental Disorders：DSM - 5*（Washington，D.C.：American Psychiatric Publishing，2013），585，795 - 798；WHO，"6C51 Gaming disorder，" *ICD - 11 for Mortality and Morbidity Statistics*（2018），https：//icd. who. int/browse11/1-m/en #

http%3a%2f%2fid.who.int%2ficd%2fentity%2f1448597234.

4　Michael J. Kuhar, *The Addicted Brain: Why We Abuse Drugs, Alcohol, and Nicotine*（Upper Saddle River, N.J.：Pearson, 2012）考察了对大脑的影响，我将在第六章中详细探讨这个问题。

5　Harry Emerson Fosdick, *The Prohibition Question: A Sermon Delivered … October 14, 1928*（New York：Park Ave nue Baptist Church, n.d.）, 5（treat）; Mark A. R. Kleiman, Jonathan P. Caulkins, and Angela Hawkin, *Drugs and Drug Policy: What Every one Needs to Know*（New York：Oxford U. P., 2011）, 29; Jonathan P. Caulkins, "The Real Dangers of Marijuana," *National Affairs* no. 26（Winter 2016）：22, 28.

6　David T. Courtwright, *Forces of Habit: Drugs and the Making of the Modern World*（Cambridge, Mass.：Harvard U.P., 2001）.

7　Sterling Seagrave, *The Soong Dynasty*（New York：Harper and Row, 1985）, 158－160; M. J.－ J. Matignon, "À Propos d'un Pied de Chinoise," *Revue Scientifique* 62（1898）：524.

8　Pathological learning：Steven E. Hyman, "Addiction：A Disease of Learning and Memory," *American J. of Psychiatry* 162（2005）：1414－1422. Quotation：Markus Heilig, *The Thirteenth Step: Addiction in the Age of Brain Science*（New York：Columbia U.P., 2015）, 77.

9　Kenneth Blum et al., "'Liking' and 'Wanting' Linked to Reward Deficiency Syndrome（RDS）：Hypothesizing Differential Responsivity in Brain Reward Circuitry," *Current Pharmaceutical Design* 18（2012）：113－118, 以上是典型的先天易感性研究。

10　Charles P. O'Brien, "With Addiction, Breaking a Habit Means Resisting a Reflex," *Weekend Edition*, NPR, October 20, 2013, http://www.npr. org/2013/10/20/238297311/with-addiction-breaking-a-habit-means-resisting-a-reflex.

11　Robert Weiss, "Sadly, Tech Addicts Have Taken a Page from Drug Abusers," *Huffington Post*, April 28, 2014, http://www.huffingtonpost. com/robert-weiss/tech-addiction_b_4808908. html.我在 Weiss 提出的"3A"（Accessibility, Affordability, Anonymity）表述中加入了"广告"（Advertising）和"社会失范"（Anomie）。

12　这种说法来自 Natasha Dow Schüll, *Addiction by Design: Machine Gambling in Las Vegas*（Princeton, N.J.：Princeton U.P., 2013）。

第一章

1 Huw S. Groucutt et al., "*Homo Sapiens* in Arabia by 85,000 Years Ago," *Nature Ecology and Evolution* 2 (2018), https://www.nature.com/articles/s41559 – 018 – 0518 – 2; Yuval Noah Harari, *Sapiens: A Brief History of Humankind* (Toronto: McClelland and Stewart, 2015), chaps. 1, 4.

2 *Oxford English Dictionary*, s.v. "plea sure" (n. 1a), updated June 2006, http://www.oed.com/view/Entry/145578.

3 Andreas Wallberg et al., "A Worldwide Survey of Genome Sequence Variation Provides Insight into the Evolutionary History of the Honeybee *Apis mellifera*," *Nature Genetics* 46 (2014): 1081 – 1088; Eva Crane, *The World History of Beekeeping and Honey Hunting* (New York: Routledge, 1999), parts 1 and 2.

4 Chris Clarkson et al., "Human Occupation of Northern Australia by 65,000 Years Ago," *Nature* 547 (2017): 306 – 310; Harari, *Sapiens*, 63 – 69; Jared Diamond, *Guns, Germs, and Steel: The Fates of Human Societies* (New York: Norton, 1999), chap. 15; Angela Ratsch et al., "The Pituri Story: A Review of the Historical Literature Surrounding Traditional Australian Aboriginal Use of Nicotine in Central Australia," *J. of Ethnobiology and Ethnomedicine* 6 (2010), http://ethnobiomed.biomedcentral.com/articles/10.1186/1746 – 4269 – 6 – 26.

5 Peter T. Hurst, *Hallucinogens and Culture* (Novato, Calif.: Chandler and Sharp, 1976), 1 – 32; Edward F. Anderson, *Peyote: The Divine Cactus* (Tucson: U. of Arizona Press, 1980), 49.

6 Harari, *Sapiens*, chap. 2.

7 Ido Hartogsohn, "The American Trip: Set, Setting, and Psychedelics in 20th Century Psychology," in "Psychedelics in Psychology and Psychiatry," special edition, *MAPS Bulletin* 23, no. 1 (2013): 6 – 9; Norman E. Zinberg, *Drug, Set, and Setting: The Basis for Controlled Intoxicant Use* (New Haven: Yale U.P., 1984); Bee Wilson, *First Bite: How We Learn to Eat* (New York: Basic Books, 2015), 51 – 52; Adrian C. North, "Wine and Song: The Effect of Background Music on the Taste of Wine," http://www.wineanorak.com/musicandwine.pdf; Bob Holmes, *Flavor: The Science of Our Most Neglected Sense* (New York: Norton, 2017), 126 – 127.

8 Cara Feinberg, "The Placebo Phenomenon," *Harvard Magazine* (January –

February 2013), http://harvardmagazine. com/2013/01/the-placebo-phenomenon; Fabrizio Benedetti, "Placebo-Induced Improvements: How Therapeutic Rituals Affect the Patient's Brain," *J. of Acupuncture and Meridian Studies* 5 (2012): 97 – 103; Tamar L. Ben-Shaanan et al., "Activation of the Reward System Boosts Innate and Adaptive Immunity," *Nature Medicine* 22 (2016): 940 – 944.

9   Miriam Kasin Hospodar, "Aphrodisiacs," in *The Oxford Companion to Sugar and Sweets*, ed. Darra Goldstein (New York: Oxford U. P., 2015), 20; Hillary J. Shaw, *The Consuming Geographies of Food: Diet, Food Deserts and Obesity* (London: Routledge, 2014), 59; *David Stuart, The Plants That Shaped Our Gardens* (Cambridge, Mass.: Harvard U.P., 2002), 78 (narwhal); Rajesh Nair et al., "The History of Ginseng in the Management of Erectile Dysfunction in Ancient China (3500 – 2600 BCE)," *Indian J. of Urology* 28 (January – March 2012): 15 – 20.

10   Wilson, First Bite, xxii, 9, 12, 19, 33; Jean Prescott and Paul Rozin, "Sweetness Preference," and Pascal Gagneux, "Sweets in Human Evolution," *Oxford Companion to Sugar and Sweets*, ed. Goldstein, 715 – 718, 718 – 721; Crane, *Beekeeping*, 29 – 30.

11   Daniel Kahneman, *Thinking, Fast and Slow* (New York: Farrar, Straus, and Giroux, 2011), chaps. 35 – 36; "Stoned Wallabies Make Crop Circles," *BBC News*, June 25, 2009, http://news.bbc.co.uk/2/hi/asia-pacific/8118257.stm.

12   Daniel E. Moerman, Native *American Ethnobotany* (Portland, Ore.: Timber Press, 1998), 356 – 357; Alexander von Gernet, "Nicotinian Dreams: The Prehistory and Early History of Tobacco in Eastern North America," in *Consuming Habits: Drugs in History and Anthropology*, 2nd ed., ed. Jordan Goodman et al. (London: Routledge, 2007), 65 – 85.

13   Fray Bernardino de Sahagún, *Primeros Memoriales: Paleography of Nahuatl Text and English Translation*, trans. Thelma D. Sullivan (Norman: U. of Oklahoma Press, 1997), 288; Crane, *Beekeeping*, 507 – 512; John Maxwell O'Brien, *Alexander the Great: The Invisible Enemy: A Biography* (New York: Routledge, 1992); Stephen Hugh-Jones, "Coca, Beer, Cigars, and *Yagé*: Meals and Anti-Meals in an Amerindian Community," in *Consuming Habits*, ed. Goodman et al., 48.

14　Diamond, *Guns, Germs, and Steel*, part 2.

15　Maricel E. Presilla, "Chocolate, Pre-Columbian," in *Oxford Companion to Sugar and Sweets*, ed. Goldstein, 147 – 152; *Deborah Cadbury, Chocolate Wars: The 150-Year Rivalry between the World's Greatest Chocolate Makers* (New York: Public Affairs, 2010), 27, 135.

16　Andrew Lawler, *Why Did the Chicken Cross the World? The Epic Saga of the Bird That Powers Civilization* (New York: Atria, 2014), chap. 7.

17　Kurt Vonnegut, *Breakfast of Champions* (New York: Delta, 1973), 208.

18　David Carr, *The Night of the Gun: A Reporter Investigates the Darkest Story of His Life. His Own* (New York: Simon and Schuster, 2008), 106. 卡尔死于另一种瘾症——香烟成瘾。

19　Sarah Zielinski, "The Alcoholics of the Animal World," Smithsonian. com, September 16, 2011, http://www.smithsonianmag.com/science-nature/the-alcoholics-of-the-animal-world – 81007700/; William C. McGrew, "Natural Ingestion of Ethanol by Animals: Why?" *Liquid Bread: Beer and Brewing in Cross-Cultural Perspective*, ed. Wulf Schiefenhövel and Helen Macbeth (New York: Berghahn, 2011), 18.

20　Robert J. Braidwood et al., "Symposium: Did Man Once Live by Beer Alone?" *American Anthropologist* n.s. 55 (1953): 515 – 526; Michael Pollan, *Cooked: A Natural History of Transformation* (New York: Penguin, 2013), 385. 在推断新石器革命的年代时，我参照了赫拉利《人类简史》第四章的说法。

21　Greg Wadley and Brian Hayden, "Pharmacological Influences on the Neolithic Transition," *J. of Ethnobiology* 35 (2015): 568; Pollan, *Cooked*, 385 ("eating").

22　Wadley and Hayden, "Pharmacological Influences," 566 – 584.

23　Ibid.; Adam Kuper, *The Chosen Primate: Human Nature and Cultural Diversity* (Cambridge, Mass.: Harvard U.P., 1994), 93 – 96.

24　J. W. Purseglove, "The Origins and Migrations of Crops in Tropical Africa," in *Origins of African Plant Domestication*, ed. Jack R. Harlan et al. (The Hague: Mouton, 1976); Ian Hodder, *Entangled: An Archaeology of the Relationships between Humans and Things* (Chichester: Wiley-Blackwell, 2012), 18; Harari, *Sapiens*, 87. David T. Courtwright, *Forces of Habit: Drugs and the Making of the Modern World* (Cambridge, Mass.: Harvard U.P., 2001), 第三章解释了为什么一些

植物瘾品比另一些扩散得更快。

25　Michael Pollan, *The Botany of Desire: A Plant's-Eye View of the World* (New York: Random House, 2001).

26　M. E. Penny et al., "Can Coca Leaves Contribute to Improving the Status of the Andean Population?" *Food and Nutrition Bulletin* 30 (2009): 205‒216; Daniel W. Gade, "Inca and Colonial Settlement, Coca Cultivation and Endemic Disease in the Tropical Forest," *J. of Historical Geography* 5 (1979): 263‒279; Joseph A. Gagliano, *Coca Prohibition in Peru: The Historical Debates* (Tucson: U. of Arizona Press, 1994), chaps. 1‒3; Steven A. Karch, *A Brief History of Cocaine*, 2nd ed. (Boca Raton: Taylor and Francis, 2006), chap. 1. 下一拨征服者西班牙人发现了帝国的其他用途。尽管对人们盲目崇拜的"草药"抱着矛盾的态度，他们还是向古柯征税，以支付神职人员的薪水，并通过商业贸易致富，古柯使波托西矿区疲惫不堪的工人能够继续坚持劳作。参见 Gagliano and Karch, Garcilaso de la Vega, *Royal Commentaries of the Incas and General History of Peru*, part 1, trans. Harold V. Livermore (Austin: U. of Texas Press, 1966), 509。

27　Patricia L. Crown et al., "Ritual Black Drink Consumption at Cahokia," *PNAS* 109 (2012): 13944‒13949; Keith Ashley, pers. comm., November 17, 2016.

28　Mark Nathan Cohen, *Health and the Rise of Civilization* (New Haven: Yale U.P., 1989), chap. 3; J. M. Roberts, *The New History of the World* (New York: Oxford U.P., 2003), chap. 2; and J. R. McNeill and William H. McNeill, *The Human Web: A Bird's-Eye View of World History* (New York: Norton, 2003), chap. 3.

29　*The Golden Age of King Midas* (Philadelphia: Penn Museum, 2016), 22‒43.

30　Herodotus, *The Histories*, trans. Aubrey de Sélincourt, rev. by John Marincola (London: Penguin, 1996), 39; Suetonius, *The Twelve Caesars*, trans. Robert Graves, rev. by Michael Grant (London: Penguin, 1989), 94, 136.

31　Bert L. Vallee, "Alcohol in the Western World," *Scientific American* 278 (June 1998): 83; Mary Beard, *SPQR: A History of Ancient Rome* (New York: Liveright, 2015), 432‒434, 455‒459; Juvenal, *The Sixteen Satires*, trans. Peter Green (Harmonds worth, Middlesex: Penguin, 1967), 95; Suetonius, *Twelve Caesars*, trans. Graves, 206. 虽然赌博

在汉朝也有类似的坏名声，但在寻常百姓和朝廷高官中仍然十分流行。Desmond Lam, *Chopsticks and Gambling* (New Brunswick, N.J.: Transaction, 2014), 13 - 14.

32 Gina Hames, *Alcohol in World History* (London: Routledge, 2012), 9, 11, 20; Rod Phillips, *Alcohol: A History* (Chapel Hill: U. of North Carolina Press, 2014), 36; Sherwin B. Nuland, *Medicine: The Art of Healing* (New York: Macmillan, 1992), 70. 这种罗马贵族所钟爱的加糖葡萄酒也可能已经被铅污染，从而加重了痛风和其他健康问题。Jerome O. Nriagu, "Saturnine Gout among Roman Aristocrats—Did Lead Poisoning Contribute to the Fall of the Empire?" *NEJM* 308 (1983): 660 - 663.

33 Owen Jarus, "Ancient Board Game Found in Looted China Tomb," *Scientific American*, November 18, 2015, http://www.scientificamerican.com/article/ancient-board-game-found-in-looted-china-tomb1.

34 David Parlett, *The Oxford History of Board Games* (Oxford: Oxford U.P., 1999), chap. 2; Herodotus, Histories, 40.

35 Object B16742, http://www.penn.museum/collections/object/22759; Beard, *SPQR*, 459.

36 David G. Schwartz, *Roll the Bones: The History of Gambling* (New York: Gotham, 2006), 19 - 21.

37 Nick Haslam and Louis Rothschild, "Pleasure," in *Encyclopedia of Human Emotions*, ed. David Levinson et al., vol. 2 (New York: Macmillan, 1999), 517.

38 Mihaly Csikszentmihalyi, *Beyond Boredom and Anxiety: Experiencing Flow in Work and Play* (San Francisco: Josey-Bass, 2000), quotations on p. 129; John Powell, *Why You Love Music: From Mozart to Metallica— The Emotional Power of Beautiful Sounds* (New York: Little, Brown, 2016), chap. 8.

39 "A Dialogue on Oratory," *The Complete Works of Tacitus*, trans. Alfred John Church and William Jackson Brodribb, ed. *Moses Hadas* (New York: Modern Library, 1942), 738 - 739.

40 Alison Gopnik, "Explanation as Orgasm," *Minds and Machines* 8 (1998): 101 - 118; Read Montague, *Why Choose This Book? How We Make Decisions* (New York: Dutton, 2006), 110 - 113; Teofilo F. Ruiz, *The Terror of History: On the Uncertainties of Life in Western Civilization* (Princeton, N.J.: Princeton U.P., 2011), part 4.

41 Vinod D. Deshmukh, "Neuroscience of Meditation," *TSW Holistic Health and Medicine* 1 (2006): 275 – 289.

42 Rob Iliffe, *Priest of Nature: The Religious Worlds of Isaac Newton* (New York: Oxford U. P., 2017), 66; Stefan Zweig, *Chess: A Novella*, trans. Anthea Bell (London: Penguin, 2011), 58 ("poisoning"), 65 – 76.

43 *Rig Veda*, X: 34.

44 Schwartz, *Roll the Bones*, chap. 1; Deuteronomy 21: 20 – 21; Plutarch, *Lives*, vol. 9, trans. Bernadotte Perrin (Cambridge, Mass.: Harvard U.P., 1920), 159 – 161.

45 Joseph Needham, *Science and Civilisation in China*, vol. 5, part 2 (Cambridge: Cambridge U.P., 1974), 287 – 294.

46 Phillips, Alcohol, 42 – 44, 187 – 191; Herodotus, Histories, 40; Mark David Wyers, *"Wicked" Instabul: The Regulation of Prostitution in the Early Turkish Republic* (Istanbul: Libra Kitapçılık ve Yayınçılık, 2012).

47 Margarete van Ess, "Uruk: The World's First City," in *The Great Cities in History*, ed. John Julius Norwich (London: Thames and Hudson, 2009), 20.

48 Peter Frankopan, *The Silk Roads: A New History of the World* (New York: Knopf, 2016), chaps. 1 – 12; Frances Wood, *The Silk Road: Two Thousand Years in the Heart of Asia* (Berkeley: U. of California Press, 2002), chaps. 1 – 4; Harari, *Sapiens*, 184; Mary Beard, *The Fires of Vesuvius: Pompeii Lost and Found* (Cambridge, Mass.: Harvard U.P., 2008), 24, 216 – 217.

49 Pierre-Arnaud Chouvy, *Opium: Uncovering the Politics of the Poppy* (Cambridge, Mass.: Harvard U.P., 2010), chap. 1; N. C. Shah and Akhtar Husain, "Historical Perspectives," in *The Opium Poppy*, ed. Akhtar Husain and J. R. Sharma (Lucknow: Central Institute of Medicinal and Aromatic Plants, 1983), 25 – 26; Frankopan, *Silk Roads*, 268.

50 Parlett, *Board Games*, chap. 16; Schwartz, *Roll the Bones*, chap. 3.

51 Robert Temple, *The Genius of China: 3,000 Years of Science, Discovery, and Invention* (New York: Simon and Schuster, 1986), 101 (quotation); Pollan, *Botany of Desire*, 21 – 23; Crane, *Beekeeping*, 358 – 361.

52 Phillips, *Alcohol*, chap. 6.

53 Fernand Braudel, *Civilization and Capitalism*, *15th－18th Century*, vol. 1, trans. Siân Reynolds (New York: Harper and Row, 1982), 241－249; Mac Marshall and Leslie B. Marshall, "Opening Pandora's Bottle: Reconstructing Micronesians' Early Contacts with Alcoholic Beverages," in *Drugs and Alcohol in the Pacific*, ed. Juan F. Gaella (Aldershot, Hamphsire: Ashgate, 2002), 269.

54 Sander L. Gilman and Zhou Xun, "Introduction," in *Smoke: The Global History of Smoking*, ed. Gilman and Zhou (London: Reaktion, 2004), 9－15; David J. Linden, *The Compass of Pleasure* (New York: Viking, 2011), 50－51.

55 David Phillipson, *Band of Brothers: Boy Seamen in the Royal Navy* (Sutton: Stroud, Gloucestershire, 2003), 105; L. K. Gluckman, "Alcohol and the Maori in Historical Perspective," *New Zealand Medical J.* 79 (1974): 555.

56 Charles C. Mann, 1493: *Uncovering the New World Columbus Created* (New York: Knopf, 2011), 17－19; John M. Riddle, *Quid Pro Quo: Studies in the History of Drugs* (Aldershot, Hampshire: Variorum, 1992), Ⅱ－196 and XV－12.

57 Richard Evans Schultes et al., "Cannabis: An Example of Taxonomic Neglect," in *Cannabis and Culture*, ed. Vera Rubin (The Hague: Mouton, 1975), 22; Peter Maguire and Mike Ritter, *Thai Stick: Surfers, Scammers, and the Untold Story of the Marijuana Trade* (New York: Columbia U. P., 2014), 28; Isaac Campos, *Home Grown: Marijuana and the Origins of Mexico's War on Drugs* (Chapel Hill: U. of North Carolina Press, 2012), chap. 2; John Charles Chasteen, *Getting High: Marijuana through the Ages* (Lanham, Md.: Rowman and Littlefield, 2016), 50－58.

58 *Interwoven Globe: The Worldwide Textile Trade*, *1500－1800*, ed. Amelia Peck (New York: Metropolitan Museum of Art, 2013), 177－178.

59 Lorna J. Sass, "Religion, Medicine, Politics and Spices," *Appetite* 2 (1981): 9; John Myrc, *Instruction for Parish Priests*, ed. Edward Peacock (London: Early English Text Society, 1868), 44; Jack Turner, *Spice: The History of a Temptation* (New York: Knopf, 2004), chap. 5. 关于掺假的例子, 参见 Shaw, *Consuming Geographies*, 65－67, and J. C. Drummond and Anne Wilbraham, *The Englishman's Food: A*

History of Five Centuries of English Diet, rev. ed. (London: Jonathan Cape, 1957), chap. 17。

60　Sidney Mintz, *Sweetness and Power: The Place of Sugar in Modern History* (New York: Viking), 123; Drummond and Wilbraham, *Englishman's Food*, 54; Courtwright, *Forces of Habit*, 28; Johann Gottlob Krüger, *Gedancken vom Caffee, Thee, Toback und Schnuftoback* (Halle: Verlegt von Carl Hermann Hemmerde, 1746), 2 – 3; Hames, *Alcohol*, 67; Russell R. Menard and John J. McCusker, *The Economy of British America, 1607 – 1789* (Chapel Hill: U. of North Carolina Press, 1985), 121.

61　Niall Ferguson, *The Ascent of Money: A Financial History of the World* (New York: Penguin, 2008), 24 – 27; Mann, 1493, chaps. 1, 4; Henry Hob house, *Seeds of Change: Five Plants That Transformed Mankind* (New York: Harper and Row, 1986), 116 – 119; Rudi Matthee, "Exotic Substances," in *Drugs and Narcotics in History*, ed. Roy Porter and Mikuláš Teich (Cambridge: Cambridge U.P., 1995), 45 – 47.

62　Harari, *Sapiens*, chap. 10.

第二章

1　Pierre Louÿs, *Biblys, Leda, A New Pleasure*, trans. M. S. Buck (New York: privately printed, 1920), 119 – 122.

2　虽然《新乐趣》于 1899 年出版，但小说开篇提及的是"四年，也许是五年前"的巴黎。随后提到的"6 月 9 日，周五"更准确地确定了故事发生的年份为 1893 年。另见 H. P. Clive, *Pierre Louÿs (1870 – 1925): A Biography* (Oxford: Clarendon Press, 1978), 212 – 213, 216. Shopping: Michael B. Miller, *The Bon Marché: Bourgeois Culture and the Department Store, 1869 – 1920* (Princeton, N.J.: Princeton U.P., 1981), chap. 5。

3　*Who's Who of Victorian Cinema*, ed. Stephen Herbert and Luke McKernan (London: BFI Publishing, 1996), 80, 106, 111 – 112; Patrick Robertson, *Robertson's Book of Firsts: Who Did What for the First Time* (New York: Bloomsbury, 2011), 9.

4　Edmondo de Amicis, *Studies of Paris*, trans. W. W. Cady (New York: G. P. Putnam's Sons, 1887), 16 – 17; Robertson, *Book of Firsts*, 227; Gina Hames, *Alcohol in World History* (London: Routledge, 2012),

70; Doris Lanier, *Absinthe: The Cocaine of the Nineteenth Century* (Jefferson, N.C.: McFarland, 1995), 21.

5　Ernest Hemingway, *The Sun Also Rises* (New York: Charles Scribner's Sons, 1926), 136, and *A Moveable Feast* (New York: Charles Scribner's Sons, 1964), 1, 14, 50.

6　Peter Stearns, "Teaching Consumerism in World History," http://worldhistoryconnected.press.illinois.edu/1.2/stearns.html.

7　*Autobiography of Mark Twain*, vol. 1, ed. Harriet Elinor Smith et al. (Berkeley: U. of California Press, 2010), 64 – 65.

8　George Rogers Taylor, *The Transportation Revolution, 1815 – 1860* (New York: Harper and Row, 1951), 136.

9　Ian R. Tyrrell, *Sobering Up: From Temperance to Prohibition in Antebellum America, 1800 – 1860* (Westport, Conn.: Greenwood, 1979), 26; W. J. Rorabaugh, *The Alcoholic Republic: An American Tradition* (New York: Oxford U. P., 1979), 69 – 75; Henry G. Crowgey, *Kentucky Bourbon: The Early Years of Whiskeymaking* (Lexington: U. P. of Kentucky, 1971), chap. 3; Henry H. Work: *Wood, Whiskey and Wine: A History of Barrels* (London: Reaktion, 2014), chap. 12; Reid Mitenbuler, *Bourbon Empire: The Past and Future of America's Whiskey* (New York: Viking, 2015), chaps. 7, 9; Robert Somers, *The Southern States since the War, 1870 – 71*, ed. Malcolm C. McMillan (University, Ala.: U. of Alabama Press, 1965), 79, 245.

10　Chantal Martineau, *How the Gringos Stole Tequila: The Modern Age of Mexico's Most Traditional Spirit* (Chicago: Chicago Review Press, 2015), 27, 59 – 60; George E. Snow, "Alcohol Production in Russia," in *The Supplement to the Modern Encyclopedia of Russian, Soviet and Eurasian History*, vol. 1, ed. George N. Rhyne (Gulf Breeze, Fla.: Academic International Press, 1995), 194; Mark Lawrence Schrad, *Vodka Politics: Alcohol, Autocracy, and the Secret History of the Russian State* (New York: Oxford U.P., 2014), 79.

11　Rod Phillips, *Alcohol: A History* (Chapel Hill: U. of North Carolina Press, 2014), chap. 9, statistics at p. 177.

12　Ulbe Bosma, *The Sugar Plantation in India and Indonesia: Industrial Production, 1770 – 2010* (New York: Cambridge U.P., 2013), chap. 5.

13　Niall Ferguson, *Empire: How Britain Made the Modern World* (London:

Penguin, Allen Lane, 2002）, 166; S. Robert Lathan, "Dr. Halsted at Hopkins and at High Hampton," *Baylor U. Medical Center Proceedings* 23（January 2010）: 35; Charles Ambler, "The Specter of Degeneration: Alcohol and Race in West Africa in the Early Twentieth Century," in *GAA*, 106.

14　H. G. Wells, *The World of William Clissold*, vol. 1（New York: George H. Doran, 1926）, 100, 101.

15　John Maynard Keynes, *The Economic Consequences of the Peace*（New York: Harcourt, Brace, 1920）, 9, 11.

16　Jeffrey D. Sachs, "Twentieth-Century Political Economy: A Brief History of Global Capitalism," *Oxford Review of Economic Policy* 15（Winter 1999）: 90－101（phases）; "Morphin［sic］from Mail Order Houses," *JAMA* 48（1907）: 1280.

17　Arthur C. Verge, "George Freeth: King of the Surfers and California's Forgotten Hero," *California History* 80（Summer－Fall 2001）: 82－105.

18　Jürgen Osterhammel, *The Transformation of the World: A Global History of the Nineteenth Century*, trans. Patrick Camiller（Princeton, N. J.: Princeton U.P., 2014）, 42, 911－912（reference societies, quotation）; Maria Misra, *Vishnu's Crowded Temple: India since the Great Rebellion*（New Haven: Yale U.P., 2008）, 58, 175－176.

19　Andrei S. Markovits and Steven L. Hellerman, *Offside: Soccer and American Exceptionalism*（Princeton, N.J.: Princeton U.P., 2001）, and Andrei S. Markovits and Lars Rensmann, *Gaming the World: How Sports Are Reshaping Global Politics and Culture*（Princeton, N. J.: Princeton U.P., 2010）, 解释了等级次序以及为什么棒球等美国人最喜爱的运动仅部分进入了全球性的"体育世界"。这个体育世界在1870—1930 年这一关键时期就大致被填满了。然而，在电影、流行音乐、收音机、主题公园和快餐等其他方面，美国成了消费者享乐革命的先锋。

20　"Harvard in the 17th and 18th Centuries," http://hul. harvard. edu/lib/archives/h1718/pages/highlights/highlight10. html; Peregrine Fitzhugh letter of solicitation, February 23, 1793, American Historical Manuscript Collection, New-York Historical Society, New York City. 这一部分借鉴了 David G. Schwartz, *Roll the Bones: The History of Gambling*（New York: Gotham, 2006）, parts 2－6, and David T. Courtwright, "Learning from Las Vegas: Gambling, Technology, Capitalism, and

Addiction," *UNLV Center for Gaming Research: Occasional Paper Series*, no. 25 (May 2014)。

21　Reprinted in the *New York Times*, April 23, 1873, as "Monaco. Nice and Its Neighbors—The New Gambling-Place of the Old World."

22　Harry Brolaski, *Easy Money: Being the Experiences of a Reformed Gambler* (Cleveland: Searchlight Press, 1911), 116.

23　William F. Harrah, "My Recollections of the Hotel - Casino Industry ..." (TS oral history, 2 vols., 1980), 175, SC-UNLV.

24　Utagawa Toyohiro, *Summer Party on the Bank of the Kamo River* (ca. 1800), Minneapolis Institute of Art, http://artstories.artsmia.org/#/o/ 122189; "Monte-Carlo's Most Prestigious Palatial Hotel," Monte-Carlo Legend, http://www.montecarlolegend.com/monte-carlos-most-prestigious-palace-the-hotel-de-paris/ (Blanc); Warren Nelson, "Gaming from the Old Days to Computers" (TS, 1978), 61 - 62, and Harrah, "Recollections," 343 - 344, both SC-UNLV.

25　David J. Linden, *The Compass of Pleasure* (New York: Viking, 2011), 84; *General Cata logue of Noyes Bros. and Cutler, 1911 - 12* (St. Paul, Minn.: Pioneer Co., n. d.), 914; Susan Cheever, *My Name Is Bill* (New York: Washington Square Press, 2004), 73 - 75.

26　*Music, Sound, and Technology in America: A Documentary History of Early Phonograph, Cinema, and Radio*, ed. Timothy D. Taylor, Mark Katz, and Tony Grajeda (Durham: Duke U.P., 2012), part 2.

27　Gary S. Cross and Robert N. Proctor, *Packaged Pleasures: How Technology and Marketing Revolutionized Desire* (Chicago: U. of Chicago Press, 2014); John Pruitt, "Between Theater and Cinema: Silent Film Accompaniment in the 1920s," American Symphony Orchestra, http://americansymphony.org/between-theater-and-cinema-silent-film-accompaniment-in-the-1920s. Robert J. Gordon's *The Rise and Fall of American Growth: The U. S. Standard of Living since the Civil War* (Princeton, N.J.: Princeton U.P., 2016) 从另一个角度将 19 世纪末 20 世纪初视作一个特殊的技术创新期。虽然 Gordon 认为，1970 年以后很少有变革性创新，唯独"娱乐、通信和信息技术领域"（p.8）是例外：它们恰恰是数字化享乐、恶习和成瘾发生急剧变化的领域。不论生产力革命变成什么样，享乐革命都在继续前进。

28　Cross and Proctor, *Packaged Pleasures*, chap. 3; Joseph Conrad to John Galsworthy, July 20, 1900, *The Collected Letters of Joseph Conrad*, vol. 2, ed. Frederick R. Karl and Laurence Davies (Cambridge: Cambridge U. P., 1986), 284; John Bain Jr. with Carl Werner, *Cigarettes in Fact and Fancy* (Boston: H. M. Caldwell, 1906), 132, 138 – 139.

29   Kerry Segrave, *Vending Machines: An American Social History* (Jefferson, N. C.: McFarland, 2002), chap. 1; George Akerlof and Robert J. Shiller, *Phishing for Phools: The Economics of Manipulation and Deception* (Princeton, N.J.: Princeton U.P., 2015), viii.

30   "A Crying Evil," *Los Angeles Times*, February 24, 1899, p. 8. Linden, *Compass of Pleasure*, chap. 5, 描述了赌博的不确定性如何产生大脑奖赏。

31   Robertson, *Book of Firsts*, 95, and Gary Krist, "The Blue Books," Wonders and Marvels, http://www.wondersandmarvels.com/2014/10/the-blue-books-guides-to-the-new-orleans-red-light-district.html.

32   James Harvey Young, *Pure Food: Securing the Federal Food and Drugs Act of 1906* (Princeton, N. J.: Princeton U. P., 1989), 117; Glenn Sonnedecker, "The Rise of Drug Manufacture in America," *Emory University Q.* 21 (1965): 80; Thomas Dormandy, *Opium: Reality's Dark Dream* (New Haven: Yale U.P., 2012), 120 (Pravaz).

33   David T. Courtwright, Herman Joseph, and Don Des Jarlais, *Addicts Who Survived: An Oral History of Narcotic Use in America before 1965* (Knoxville: U. of Tennessee Press, 2012), 237.

34   Melvin Wevers, "Blending the American Taste into the Dutch Cigarette," conference paper, American Historical Association, New York City, January 3, 2015; Nicolas Rasmussen, *On Speed: The Many Lives of Amphetamine* (New York: NYU Press, 2008), chap. 4.

35   Brad Tolinksi and Alan di Perna, *Play It Loud: The Epic History of the Style, Sound, and Revolution of the Electric Guitar* (New York: Doubleday, 2016), chap. 1.

36   Thomas Gage, *A New Survey of the West-Indies* (London: M. Clark, 1699), 247; Hesther Lynch Piozzi, *Anecdotes of the Late Samuel Johnson ...*, ed. S. C. Roberts (repr., Westport, Conn.: Greenwood, 1971), 68. 这一部分还参考了 *The Oxford Companion to Sugar and Sweets*, ed. Darra Goldstein (New York: Oxford U.P., 2015), 105 – 107, 142 – 158; Wolfgang Schivelbusch, *Tastes of Paradise: A Social History of Spices, Stimulants, and Intoxicants*, trans. David Jacobson

（New York： Pantheon, 1992）, chap. 3; and Cross and Proctor, Packaged Pleasures, chap. 4。

37　Deborah Cadbury, *Chocolate Wars: The 150-Year Rivalry between the World's Greatest Chocolate Makers* （New York： Public Affairs, 2010）, chaps. 4 – 5. Import data： Dauril Alden, "The Significance of Cacao Production in the Amazon Region during the Late Colonial Period： An Essay in Comparative Economic History," *Proceedings of the American Philosophical Society* 120 （1976）： 132.

38　"Conching and Refining," Chocolate Alchemy, http：//chocolatealchemy. com/conching-and-refining.

39　Michael D'Antonio, *Hershey: Milton S. Hershey's Extraordinary Life of Wealth, Empire, and Utopian Dreams* （New York： Simon and Schuster, 2006）; Cadbury, *Chocolate Wars*, parts 2 and 3; Samuel F. Hinkle, *Hershey: Farsighted Confectioner, Famous Chocolate, Fine Community* （New York： Newcomen Society, 1964）, 13 – 14.

40　U.S. Department of Commerce, Bureau of the Census, *Historical Statistics of the United States: Colonial Times to 1970*, part 1 （Washington, D.C.： Government Printing Office, 1975）, 331; "Prohibition's Effect on Sugar," *Facts about Sugar* 15 （July 1, 1922）： 8.

41　Ashley N. Gearhardt and William R. Corbin, "Interactions between Alcohol Consumption, Eating, and Weight," in *Food and Addiction: A Comprehensive Handbook*, ed. Kelly D. Brownell and Mark S. Gold （New York： Oxford U. P., 2012）, 250; "Prohibition and Sugar Consumption," *New York Medical J.* 110 （1919）： 724 （quotation）; Cross and Proctor, *Packaged Pleasures*, 40 – 41, 126.

42　S. Dana Hubbard, "The New York City Narcotic and Differing Points of View on Narcotic Addiction," *Monthly Bulletin of the Department of Health, City of New York* 10 （February 1920）： 36; David J. Mysels and Maria A. Sullivan, "The Relationship between Opioid and Sugar Intake： Review of Evidence and Clinical Applications," *J. of Opioid Management* 6 （2010）： 445 – 452; Daniel M. Blumenthal and Mark S. Gold, "Relationships between Drugs of Abuse and Eating," in *Food and Addiction, ed. Brownell and Gold*, 256 – 257; H. Richard Friman, "Germany and the Transformation of Cocaine," conference paper, Russell Sage Foundation, New York City, May 9 – 11, 1997, p.6.

43　Stephan Guyenet, "By 2606, the US Diet Will Be 100 Percent Sugar,"

Whole Health Source, February 18, 2012, http://wholehealthsource. blogspot.com/2012/02/by-2606-us-diet-will-be-100-percent.html.

44　"Going Up in Smoke," *NYT*, September 24, 1925; Cassandra Tate, *Cigarette Wars: The Triumph of "The Little White Slaver"* (New York: Oxford U.P., 1999), 28 - 29, 49, 51, 56; Toine Spapens, "Illegal Gambling," in *The Oxford Handbook of Organized Crime*, ed. Letizia Paoli (New York: Oxford U.P., 2014), 405; *The White Slave Traffic: Speech of Hon. E. W. Saunders of Virginia* (Washington, D.C.: n.p., 1910), 4; Mike Alfred, *Johannesburg Portraits: From Lionel Phillips to Sibongile Khumalo* (Houghton, South Africa: Jacana, 2003), 12.

45　Victor Fernández, "El burdel que inspiró a Picasso …," *La Razón*, August 10, 2012; Brian G. Martin, *The Shanghai Green Gang: Politics and Organized Crime, 1919 - 1937* (Berkeley: U. of California Press, 1996), 32; Hans Derks, *History of the Opium Problem: The Assault on the East, ca. 1600 - 1950* (Leiden: Brill, 2012), 411 - 412.

46　Philip Thomas, "The Men's Quarter of Downtown Nashville," *Tennessee Historical Q.* 41 (Spring 1982): 48 - 66.

47　C. A. Bayly, *The Birth of the Modern World, 1780 - 1914: Global Connections and Comparisons* (Oxford: Blackwell, 2004), 180 - 189. The rounded, mid-range figure for 1600 is from "Historical Estimates of World Population," https://www. census. gov/data/tables/time-series/ demo/international-programs/historical-est-worldpop.html.

48　Friedrich Engels, *The Condition of the Working Class in England*, trans. W. O. Henderson and W. H. Chaloner (New York: Macmillan, 1958), 115 - 116 (quotation), 143 - 144. 欧洲大陆的作家同样将酗酒与无产阶级枯燥乏味的苦工联系在一起，例如 Alfred Delrieu, *L'Alcoolisme en France et en Normandie* (Rouen: Julien Leclerf, 1900), 18 - 19。

49　Virginia Berridge, *Demons: Our Changing Attitudes to Alcohol, Tobacco, and Drugs* (Oxford: Oxford U.P., 2013), 46 - 48, 165 - 166; Gina Hames, *Alcohol in World History* (London: Routledge, 2012), 88 - 89.

50　Georg Simmel, "The Metropolis and Mental Life," in *The Blackwell City Reader*, ed. Gary Bridge and Sophie Watson (Malden, Mass.: Blackwell, 2002), 11 - 19; Hames, *Alcohol*, 73; Mayor LaGuardia's Committee on Marihuana, in *The Marihuana Problem in the City of New York* (repr., Metuchen, N.J., Scarecrow, 1973), 18; John C. Burnham, *Bad Habits: Drinking, Smoking, Taking Drugs, Gambling, Sexual*

Misbehavior, *and Swearing in American History* (New York: NYU Press, 1993), 176; Stefan Zweig, *The World of Yesterday: Memories of a European*, trans. Anthea Bell (London: Pushkin Press, 2011), 97, 105; Meyer, *Life and Death*, 138.

51　Phillips, Alcohol, 174; State of New York, *Second Annual Report of the Narcotic Drug Control Commission* (Albany: J. B. Lyon, 1920), 5; Burnham, Bad Habits, 175－177; Abraham Flexner, *Prostitution in Europe* (repr., Montclair, N.J.: Patterson Smith, 1969), 5; David T. Courtwright, *Violent Land: Single Men and Social Disorder from the Frontier to the Inner City* (Cambridge, Mass.: Harvard U.P., 1996), chaps. 3－9; Derks, *History of the Opium Problem*, chap. 17.

第三章

1　Ernest Hemingway, *A Moveable Feast* (New York: Charles Scribner's Sons, 1964), 210.

2　Marshall Sahlins, "The Original Affluent Society," in *The Politics of Egalitarianism: Theory and Practice*, ed. Jacqueline Solway (New York: Berghahn, 2006), 79－98, quotations p. 80.

3　Debate: David Kaplan, "The Darker Side of the ' Original Affluent Society, '" *J. of Anthropological Research* 56 (2000): 301－324. Disease burden: Spencer Wells, *Pandora's Seed: The Unforeseen Cost of Civilization* (New York: Random House, 2010), height and longevity p. 23; Yuval Noah Harari, *Sapiens: A Brief History of Humankind* (Toronto: McClelland and Stewart, 2015), part 2, population figures p. 98; Mark Nathan Cohen, *Health and the Rise of Civilization* (New Haven: Yale U.P., 1989); A. R. Williams, "8 Mummy Finds Revealing Ancient Disease," *National Geographic News*, March 21, 2013, https://news. nationalgeographic. com/news/2013/03/130321-mummies-diseases-ancient-archaeology-science.

4　Steven Pinker, *The Better Angels of Our Nature: Why Violence Has Declined* (New York: Viking, 2011), chap. 1 (vio lence); Robert W. Fogel, *Explaining Long-Term Trends in Health and Longevity* (Cambridge: Cambridge U.P., 2012), 141.

5　Wells, Pandora's Seed, 22; Harari, Sapiens, 79; Jared Diamond, "The Worst Mistake in the History of the Human Race," *Discover Magazine*, May 1987, 64－66.

6 Michael V. Angrosino, "Rum and Ganja: Indenture, Drug Foods, Labor Motivation, and the Evolution of the Modern Sugar Industry in Trinidad," in *Drugs, Labor, and Colonial Expansion*, ed. William Jankowiak and Daniel Bradburd (Tucson: U. of Arizona Press, 2003), 106; John Charles Chasteen, *Getting High: Marijuana through the Ages* (Lanham, Md.: Rowman and Littlefield, 2016), 56 – 57, 66, 69, 76, 84, 102, 109 – 110, 133 – 134.

7 Kātib Chelebi [also called Hajji Kalfa], *The Balance of Truth* [1656], trans. G. L. Lewis (London: George Allen and Unwin, 1957), 52.

8 Timothy Brook, *Vermeer's Hat: The Seventeenth Century and the Dawn of the Global World* (New York: Bloomsbury, 2008), 122 – 123, 140, 144 (quotation).

9 Chelebi, *Balance*, 52; Geoffrey Parker, *Global Crisis: War, Climate Change and Catastrophe in the Seventeenth Century* (New Haven: Yale U.P., 2013), 599 – 603; David T. Courtwright, *Forces of Habit: Drugs and the Making of the Modern World* (Cambridge, Mass.: Harvard U.P., 2001), 58 – 59; *Voices from the Ming – Qing Cataclysm: China in Tigers' Jaws*, ed. and trans. Lynn A. Struve (New Haven: Yale U.P., 1993), 1, 159 – 161.

10 Aldous Huxley, "Drugs That Shape Men's Minds," *Saturday Evening Post* 231 (October 18, 1958), 28 (quotation).

11 Daniel Lord Smail, *On Deep History and the Brain* (Berkeley: U. of California Press, 2008), de la Boétie on p.173, and Smail, "An Essay on Neurohistory," in *Emerging Disciplines: Shaping New Fields of Scholarly Inquiry in and beyond the Humanities*, ed. Melissa Bailar (Houston: Rice U.P., 2010), 201 – 228; Simon Montefiore, *Jerusalem: The Biography* (New York: Knopf, 2011), 111 – 113 (crucifixion).

12 Jimmie Charters, *This Must Be the Place: Memoirs of Montparnasse*, as told to Morrill Cody (repr., New York: Collier, 1989), 12.

13 Thomas W. Laqueur, *Solitary Sex: A Cultural History of Masturbation* (New York: Zone Books, 2003), 238.

14 Ibid., figures 5.8a and 5.8b; Lawrence Stone, *The Family, Sex, and Marriage in England, 1500 – 1800* (New York: Harper and Row, 1977), 253 – 255; Stephen Greenblatt, "Me, Myself, and I," *NYRB* 51 (April 8, 2004), http://www.nybooks.com/articles/2004/04/08/me-myself-and-i.

15　Pinker, *The Better Angels of Our Nature*, chap. 4 (humanitarian revolution). 尽管平克使用了不同的术语，《人性中的善良天使》一书却详细描述了远向行为秩序的衰落，与《论深度历史与大脑》有着惊人的相似之处。

16　*The Diaries of Evelyn Waugh*, ed. Michael Davie (London: Weidenfeld and Nicolson, 1976), 415.

17　Smail, *On Deep History and the Brain*, 184–185; George Orwell, *The Collected Essays, Journalism, and Letters*, vol. 2, ed. Sonia Orwell and Ian Angus (New York: Harcourt, Brace and World, 1968), 14.

18　Stalin to Viacheslav [sic] Molotov, September 1, 1930, *Stalin's Letters to Molotov, 1925–1936*, ed. Lars T. Lih et al. (New Haven: Yale U.P., 1995), 208–209.

19　Acts 12: 23; George Whitefield, *The Heinous Sin of Drunkenness: A Sermon Preached on Board the Whitaker* (London: James Hutton, 1739), 5 and 6 (quotes), 16–18.

20　William Prynne, *The Unlovelinesse of Love-Lockes* (London: n. p., 1628), quotation p. A3; *The Diary of Ralph Josselin, 1616–1683*, ed. Alan Macfarlane (Oxford: Oxford U.P., 1991), 114; M. L. Weems, *God's Revenge against Gambling*, 4th ed. (Philadelphia: the author, 1822), 22–24. 2016 年，大穆夫提 Sheikh Abdulaziz Al-Sheikh 发布了反对国际象棋的教令，认为下棋纯属浪费时间，而且会引发仇恨。Ben Hubbard, "Saudi Arabia's Top Cleric Forbids Chess, but Players Maneuver," *NYT*, January 21, 2016.

21　"Chinese in New York," *NYT*, December 26, 1873; Samuel Hopkins Adams, "On Sale Everywhere," *Collier's* 68 (July 16, 1921): 8.

22　Prynne, *Unlovelinesse*, A3.

23　Didier Nourrisson, "Tabagisme et Antitabagisme en France au XIXe Siècle," *Histoire, Economie, et Société* 7 (1988): 545; Richard Leakey, "Past, Present, and Future of Life on Earth," lecture, University of North Florida, April 21, 2015 (pariahs).

24　Samuel Tenney, "Whiskey Triumphant over Turner" (MS, 1778), New-York Historical Society, Mss Collection; Schrad, *Vodka Politics*, chap. 11, quotation p.168.

25　H. J. Anslinger to Secretary of the Treasury, September 3, 1936, "Heroin—History," VF; Adam Derek Zientek, "Affective Neuroscience and the Causes of the Mutiny of the French 82nd Infantry Brigade,"

Contemporary European History 23（2014）：518－519.

26   "Society for the Suppression of Vice," *The Leisure Hour*, no. 1046
（January 13, 1872）, 32.

27   Craig Heron, *Booze: A Distilled History*（Toronto：Between the Lines,
2003）, chap. 4, quotation p. 103; John Walruff to L. W. Clay, May
22, 1882, History—Prohibition, MS 138, and William P. Ferguson to J.
E. Everett, February 12, 1902, History—Temperance, MS 645, Kansas
Historical Society, Topeka; Harry Emerson Fosdick, *The Prohibition
Question: A Sermon* ... October 14, 1928（New York：Park Avenue
Baptist Church, 1928）, 7（quotation）, 11 － 12; Virginia Berridge,
Demons: Our Changing Attitudes to Alcohol, Tobacco, and Drugs
（Oxford：Oxford U.P., 2013）, 45.

28   Cigarette girls：Photograph in Edward James Parrish Papers, box 3,
Rubenstein Library, Duke University, Durham, North Carolina. Google
Ngram 搜索显示，类似"tráfico de licores"和"trafic d'alcool"这样
的词组在 20 世纪初期出现的频率比在 19 世纪中期出现的频率高
很多。

29   H. A. Depierris, *Physiologie Sociale: Le Tabac* ...（Paris：E. Dentu,
1876）, chap. 21; Auguste Forel, *La Question Sexuelle: Exposée aux
Adultes Cultivés*（Paris：G. Steinheil, 1906）, 292 － 298; "Relation of
Alcohol to Insanity," *JAMA* 13（1889）：816; James Nicholls, *The
Politics of Alcohol: A History of the Drink Question in England*
（Manchester：Manchester U.P., 2009）, 171 － 173; Nikolay Kamenov,
"A Question of Social Medicine or Racial Hygiene：The Bulgarian
Temperance Discourse and Eugenics in the Interwar Period, 1920 －
1940," *GAA*, 129 － 138, "idiot" p. 137; Lawson Crowe, "Alcohol and
Heredity：Theories about the Effects of Alcohol Use on Offspring,"
Social Biology 32（1985）：146 － 161; Victor Cyril and E. Berger, *La
"Coco": Poison Moderne*（Paris：Ernest Flammarion, 1924）, 93.

30   Claude Quétel, *History of Syphilis*, trans. Judith Braddock and Brian Pike
（Baltimore：Johns Hopkins U.P., 1990）, French percentage p. 199,
"machine-gun" p.219; Christian Henriot, "Medicine, VD and Prostitution
in Pre-Revolutionary China," *Social History of Medicine* 5（1992）：
106 － 107.

31   Andrew Roberts, *Napoleon: A Life*（New York：Viking, 2014）, 597 －
598; Leonard F. Guttridge, *Icebound: The Jeannette Expedition's Quest*

for the North Pole (Annapolis: Naval Institute Press, 1986), 329;
Nienke Bakker et al., *On the Verge of Insanity: Van Gogh and His
Illness* (Amsterdam: Van Gogh Museum, 2016), 97 – 98, 125;
Michael D'Antonio, *Hershey: Milton S. Hershey's Extraordinary Life of
Wealth, Empire, and Utopian Dreams* (New York: Simon and Schuster,
2006), 93 – 94; "Hershey, Catherine Sweeney; 1871 – 1915," Hershey
Community Archives, http://www.hersheyarchives.org/essay/printable.
aspx?EssayId = 11.

32　Warren S. Walker, "Lost Liquor Lore: The Blue Flame of Intemperance,"
　　Popular Culture 16 (Fall 1982): 17 – 25, and John Allen Krout, *The
　　Origins of Prohibition* (New York: Russell and Russell, 1967), 232.

33　Carole Shamas, "Changes in English and Anglo-American Consumption
　　from 1550 to 1800," in *Consumption and the World of Goods*, ed. John
　　Brewer and Roy Porter (London: Routledge, 1993), 185; Elizabeth
　　Abbott, "Slavery," in *The Oxford Companion to Sugar and Sweets*, ed.
　　Darra Goldstein (New York: Oxford U.P., 2015), 617 – 618; John E.
　　Crowley, "Sugar Machines: Picturing Industrialized Slavery," *American
　　Historical Review* 121 (2016): 436.

34　Courtwright, *Forces of Habit*, chap. 7; Jay Coughtry, *The Notorious
　　Triangle: Rhode Island and the African Slave Trade, 1700 – 1807*
　　(Philadelphia: Temple U.P., 1981), 85 – 86; S. T. Livermore, *A
　　History of Block Island* (Hartford, Conn.: Case, Lockwood, and
　　Brainard, 1877), 60; Frederick H. Smith, *Caribbean Rum: A Social
　　and Economic History* (Gainesville: U.P. of Florida, 2005), 103.

35　Juan de Castro, *Historia de las Virtudes y Propiedades del Tabaco*
　　(Córdoba: Salvador de Cea Tesa, 1620), 19; *The Diary of Colonel
　　Landon Carter of Sabine Hall, 1752 – 1778*, ed. Jack P. Greene, vol. 2
　　(Richmond: Virginia Historical Society, 1987), 870; [Anthony
　　Benezet,] *Serious Considerations on Several Important Subjects*
　　(Philadelphia: Joseph Crukshank, 1778), 42; Nathan Allen, *An Essay
　　on the Opium Trade* (Boston: John P. Jewett, 1850), 25.

36　Oxford English Dictionary, s.v. "addiction," updated November 2010,
　　http://www.oed.com/view/Entry/2179; John Lawson, *A New Voyage
　　to Carolina ...* (London: n.p., 1709), 172, 202; Samuel Johnson, *A
　　Dictionary of the English Language*, vol. 1 (London: W. Strahan,
　　1755), http://johnsonsdictionaryonline.com/?page_ id = 7070&i = 80,

italics in original.

37 Jessica Warner，" 'Resolv'd to Drink No More'：Addiction as a Pre industrial Construct," *J. of Studies on Alcohol* 55（1994）：685‑691；Reshat Saka，*Narcotic Drugs*（Istanbul：Cumhuriyet，1948），TS translation in "Marijuana—History," VF；Matthew Warner Osborn，*Rum Maniacs，Alcoholic Insanity in the Early American Republic*（Chicago：U. of Chicago Press，2014），chap. 1，Rush quotation p. 34；Brian Vale and Griffith Edwards，*Physician to the Fleet: The Life and Times of Thomas Trotter，1760‑1832*（Woodbridge，Suffolk：Boydell，2011），chap. 13，quotations p.169.

38 Harry Gene Levine，"The Discovery of Addiction：Changing Conceptions of Habitual Drunkenness in America," *J. of Studies on Alcohol* 39（1978）：143‑174；Hasso Spode，"Transubstantiations of the Mystery：Two Remarks on the Shifts in the Knowledge about Addiction," *SHAD* 20（2005）：125；Friedrich-Wilhelm Kielhorn，"The History of Alcoholism：Brühl-Cramer's Concepts and Observations," *Addiction* 91（1996）：121‑128；Jean-Charles Sournia，*A History of Alcoholism*，trans. Nick Hindley and Gareth Stanton（Oxford：Basil Blackwell，1990），44‑48. SHAD 28（Winter 2014）对不断变化的欧洲成瘾术语进行了综述，并针对具体国家进行了分析。

39 Edwin Van Bibber-Orr，"Alcoholism and Song Literati," in *Behaving Badly in Early and Medieval China*，ed. N. Harry Rothschild and Leslie V. Wallace（Honolulu：U. of Hawai'i Press，2017），135‑153.

40 "Walnut Lodge Hospital," *Geer's Hartford City Directory*，no. 63（July 1900）：777；U. S. census schedule，Hartford County（MS，June 5，1900），roll 137，Connecticut Historical Society，Hartford；Leslie E. Keeley，*The Non-Heredity of Inebriety*（Chicago：Scott，Foresman，1896），191（"education"）；T. D. Crothers，"The Significance of a History of Alcoholic Addiction," *Medical Record* 79（1911）：770（crucifix）.

41 Berridge，*Demons*，chap. 4；David T. Courtwright，"Mr. ATOD's Wild Ride：What Do Alcohol，Tobacco，and Other Drugs Have in Common," *SHAD* 20（2005）：105‑124，"social" p.111. 虽然 Google Ngram 搜索结果既反映了医学用法，也反映了非正式用法，但值得注意的是"醉癖"一词的使用频率在美式英语中于 1894 年达到顶峰，在英式英语中于 1912 年达到顶峰。

42　Arthur Hill Hassall, "The Great Tobacco Question: Is Smoking Injurious to Health," Lancet, part 1 (1857): 198; Depierris, *Le Tabac*, chap. 20; Harvey W. Wiley, "The Alcohol and Drug Habit and Its Prophylaxis," *Proceedings of the Second Pan American Scientific Congress*, vol. 9 (Washington, D. C.: Government Printing Office, 1917), 159; "Smokers' Palates Painted in Court," *NYT*, January 22, 1914; R. M. Blanchard, "Heroin and Soldiers," *Military Surgeon* 33 (1913): 142; David T. Courtwright, Herman Joseph, and Don Des Jarlais, *Addicts Who Survived: An Oral History of Narcotic Use in America before 1965* (Knoxville: U. of Tennessee Press, 2012), 174; Robert N. Proctor, "The Nazi War on Tobacco: Ideology, Evidence, and Possible Cancer Consequences," *Bulletin of the History of Medicine* 71 (1997): 435 – 488, quotation p.441.

43　Keith McMahon, *The Fall of the God of Money: Opium Smoking in Nineteenth-Century China* (Lanham, Md.: Rowman and Littlefield, 2002), 36; Zheng Yangwen, The Social Life of Opium in China (Cambridge: Cambridge U. P., 2005), 87 – 92; Sander L. Gilman, "Jews and Smoking," in *Smoke: A Global History of Smoking*, ed. Sander L. Gilman and Zhou Xun (London: Reaktion, 2004), 282 – 283; J. B. Jeter, "The Evils of Gaming," *Virginia Baptist Preacher* 1 (March 1842): 48.

44　Robert Bailey, *The Life and Adventures of Robert Bailey* ... (Richmond: J. & G. Cochran, 1822), 216; Patricia C. Glick, "The Ruling Passion: Gambling and Sport in Antebellum Baltimore, Norfolk, and Richmond," *Virginia Cavalcade* 39 (Autumn 1989): 62 – 69; Weems, *God's Revenge against Gambling*, 11; Charles Dickens, *The Old Curiosity Shop* (London: Chapman and Hall, 1841).

45　*Letters from Liselotte*, trans. and ed. Maria Kroll (London: Victor Gollancz, 1970), 69; Lorne Tepperman et al., *The Dostoevsky Effect: Problem Gambling and the Origins of Addiction* (Don Mills, Ontario: Oxford U. P., 2013), chaps. 2 – 3; Mike Dash, "Crockford's Club: How a Fishmonger Built a Gambling Hall and Bankrupted the British Aristocracy," Smithsonian. com, November 29, 2012, http://www. smithsonianmag. com/history/crockfords-club-how-a-fishmonger-built-a-gambling-hall-and-bankrupted-the-british-aristocracy-148268691.

46　Ira M. Condit, *The Chinaman as We See Him* (Chicago: Fleming H.

Revell, 1900), 60; Markus Heilig, *The Thirteenth Step: Addiction in the Age of Brain Science* (New York: Columbia U.P., 2015), 139; Ernest Poole, *The Village: Russian Impressions* (New York: Macmillan, 1918), 154.

47   Linda Carroll, "Fetal Brains Suffer Badly from Effects of Alcohol," *NYT*, November 4, 2003; Nathalie E. Holz et al., "The Long-Term Impact of Early Life Poverty on Orbitofrontal Cortex Volume in Adulthood: Results from a Prospective Study over 25 Years," *Neuropsychopharmacology* 40 (2015): 996 – 1004; Natalie H. Brito and Kimberly G. Noble, "Socioeconomic Status and Structural Brain Development," *Frontiers in Neuroscience* 8 (2014): 1 – 11; Pilyoung Kim et al., "Effects of Childhood Poverty and Chronic Stress on Emotion Regulatory Brain Function in Adulthood," *PNAS* 110 (2013): 18442 – 18447; W. K. Bickel et al., "A Competing Neurobehavioral Decision Systems Model of SES-Related Health and Behavioral Disparities," *Preventive Medicine* 68 (2014): 37 – 43; Warren K. Bickel et al., "Behavioral and Neuroeconomics of Drug Addiction: Competing Neural Systems and Temporal Discounting Processes," *Drug and Alcohol Dependence 90S* (2007): S85 – S91; Jim Orford, *Power, Powerlessness and Addiction* (Cambridge: Cambridge U.P., 2013), chaps. 4 – 5; Harold Winter, *The Economics of Excess: Addiction, Indulgence, and Social Policy* (Stanford: Stanford U.P., 2011), 4, 44, 57 – 59, 125, 146 – 147; Dan I. Lubman et al., "Cannabis and Adolescent Brain Development," *Pharmacology and Therapeutics* 148 (2015): 1 – 16; and Heilig, *Thirteenth Step*, chaps. 9, 12.

48   Richard P. Feynman, "*Surely You're Joking, Mr. Feynman!*": *Adventures of a Curious Character* (New York: Norton, 1985), 204; David E. Johnson, *Douglas Southall Freeman* (Gretna, La.: Pelican, 2002), 218 – 219; Orford, *Power*, 110 – 113; Robert A. Caro, *The Years of Lyndon Johnson: Master of the Senate* (New York: Knopf, 2002), 631; Gene M. Heyman, *Addiction: A Disorder of Choice* (Cambridge, Mass.: Harvard U.P., 2009), 85 – 86.

49   Bruce K. Alexander, *The Globalisation of Addiction: A Study in the Poverty of Spirit* (Oxford: Oxford U.P., 2008), 131 – 137, and related web site, http://www.brucekalexander.com; Orford, *Power*, 106 – 110; Courtwright, *Forces of Habit*, 147 – 148; Peter C. Mancall,

Deadly Medicine: Indians and Alcohol in Early America (Ithaca: Cornell
U. P., 1995); Benjamin Rush, *Essays*, *Literary*, *Moral and
Philosophical* (Philadelphia: Thomas and Samuel F. Bradford, 1798),
258; Kimberly Johnston-Dodds, *Early California Laws and Policies
Related to California Indians* (Sacramento: California Reference
Bureau, 2002), 8. "私酒贩子"可能还有其他的词源，见 *The
Encyclopedia of Alcoholism*, ed. Robert O'Brien and Morris Chafetz
(New York: Facts on File, 1982), 52 – 53。

50 Jeanne Schaver, "Nurse's Narrative Report" (TS, April 1952), M/V
Health Collection, Anchorage Museum, Anchorage, Alaska.

第四章

1 Anon., The Skilful Physician, ed. Carey Balaban, Jonathon Erlen, and
Richard Siderits (1656; repr., Amsterdam: Harwood, 1997), 5
(quotation); Thomas Short, *Discourses on Tea*, *Sugar*, *Milk*, *Made-
Wines*, *Spirits*, *Punch*, *Tobacco*, *& c.* (London: T. Longman and A.
Millar, 1750), 165.

2 Ian Tyrrell, *Reforming the World: The Creation of America's Moral
Empire* (Princeton, N.J.: Princeton U.P., 2010), 76.

3 George A. Akerlof and Robert J. Shiller, *Phishing for Phools: The
Economics of Manipulation and Deception* (Princeton, N.J.: Princeton
U.P., 2015), vii – 11.

4 Wilbur F. Crafts, *Familiar Talks on That Boy and Girl of Yours:
Sociology from Viewpoint of the Family* (New York: Baker and Taylor,
1922), 374 (famines, quoting J. J. Davis).

5 Doris Kearns Goodwin, *The Bully Pulpit: Theodore Roosevelt*, *William
Howard Taft*, *and the Golden Age of Journalism* (New York: Simon and
Schuster, 2013), 193 (Lease).

6 Steven Pinker, *The Better Angels of Our Nature: Why Violence Has
Declined* (New York: Viking, 2011), 174 – 177.

7 Charles S. Maier, "Consigning the Twentieth Century to History:
Alternative Narratives for the Modern Era," *American Historical Review*
105 (2000): 807 – 831; Johan Edman, "Temperance and Modernity:
Alcohol Consumption as a Collective Problem, 1885 – 1913," *J. of
Social History* 49 (2015): 20 – 52; S. G. Moore, "The Relative
Practical Value of Measures against Infant Mortality," *Lancet* 187, no.

4836（1916）：944；Josephus Daniels, *Men Must Live Straight If They Would Shoot Straight* （ Washington, D. C.： Navy Department Commission on Training Camp Activities, 1917）, 1, 15.

8　Rod Phillips, *Alcohol: A History* （Chapel Hill：U. of North Carolina Press, 2014）, 214 - 215.

9　Wennan Liu, " 'No Smoking' for the Nation：Anti-Cigarette Campaigns in Modern China, 1910 - 1935" （ Ph. D. diss., U. of California, Berkeley, 1999 ）; Sherman Cochran, *Big Business in China: Sino-Foreign Rivalry in the Cigarette Industry, 1890 - 1930* （ Cambridge, Mass.： Harvard U.P., 1980）, 28; David T. Courtwright, "Global Anti-Vice Activism：A Postmortem," *GAA*, 317 （ addiction authority ）; Norman Ohler, *Blitzed: Drugs in Nazi Germany*, trans. Shaun Whiteside （ [London]：Allen Lane, 2016）, 23 （quotation）; Hasso Spode, "The 'Alcohol Question' in Central Europe between Science and Civic Religion," ADHS conference, Buffalo, N.Y., June 24, 2011 （30, 000）. Spode 补充说, 遭受各种形式胁迫的德国酗酒者的总人数不详。

10　Nolan R. Best, Yes, *"It's the Law" and It's a Good Law* （New York：George H. Doran, 1926）, 22; U. S. Dept. of Justice, Bureau of Prohibition, *The Value of Law Observance: A Factual Monograph* （Washington, D.C.：Government Printing Office, 1930）, 34.

11　David M. Fahey and Padma Manian, "Poverty and Purification：The Politics of Gandhi's Campaign for Prohibition," *The Historian* 67 （2005）：503; Chantal Martineau, *How the Gringos Stole Tequila: The Modern Age of Mexico's Most Traditional Spirit* （Chicago：Chicago Review Press, 2015 ）, 10; Ronny Ambjörnsson, "The Honest and Diligent Worker" （ Skeptron Occasional Papers 5, Stockholm, 1991 ）, http://www.skeptron.uu.se/broady/sec/ske-5.htm; Annemarie McAllister, "The Alternative World of the Proud Non-Drinker：Nineteenth-Century Public Displays of Temperance," *SHAD* 28 （2014）：168; "A Counter-Attraction," *Brotherhood of Locomotive Engineers Monthly J.* 8 （1874）：627; Edward C. Leonard Jr., "The Treatment of Philadelphia Inebriates," *American J. on Addictions* 6 （1997）：3.

12　*Municipal Drink Traffic* （London：Fabian Society, 1898）, 18; Remarks of William Storr, *The Official Report of the Church* [*of England*] *Congress, Held at Portsmouth ... 1885*, ed. C. Dunkley （ London：Bemrose and Sons, 1885）, 581 （quotation）.

13 Courtwright, "Global Anti-Vice Activism."

14 Crafts, *Familiar Talks*, 376 - 377 (Sunday); Gaines M. Foster, "Conservative Social Christianity, the Law, and Personal Morality: Wilbur F. Crafts in Washington," *Church History* 71 (2002): 799 - 819; Tyrrell, *Reforming the World*, 25 ("international"), 33 - 34; "Dr. Wilbur F. Crafts, Crusader, Dies at 73," *NYT*, December 28, 1922.

15 Harald Fischer-Tiné, "Eradicating the ' Scourge of Drink' and the ' Unpardonable Sin of Illegitimate Sexual Enjoyment ' : M. K. Gandhi as Anti-Vice Crusader," *Interdisziplinäre Zeitschrift für Südasienforschung* 2 (2017), http://www.hsozkult.de/journals/id/zeitschriften-748?title = interdisziplinaere-zeitschrift-fuer-suedasienforschung-2-2017; "Introduction," *GAA*, 1 - 9 ("peripatetic" p. 1); Stephen Legg, "Anti-Vice Lives: Peopling the Archives of Prostitution in Interwar India," *GAA*, 253; M. K. Gandhi, *Key to Health*, trans. Sushila Nayar, http://www. mkgandhi.org/ebks/keytohealth. pdf, 21 - 24; *The Collected Works of Mahatma Gandhi*, vol. 27 (New Delhi: India Ministry of Information and Broadcasting, 1968), 347 ("women," "power"); Joseph Lelyveld, *Great Soul: Mahatma Gandhi and His Struggle with India* (New York: Knopf, 2011), 30, 48, 51 (filth). Native leaders, missionaries: John Abbey, *The Church of God and the Gates of Hell* (London: R. J. James, 1911), 33 - 35; *Temperance and Prohibition in New Zealand*, ed. J. Cocker and J. Malton Murray (London: Epworth Press, 1930), chap. 10.

16 " ' Gandhi Cigarettes' !" *Young India*, January 12, 1921.

17 Josiah P. Rowe Jr., *Letters from a World War I Aviator*, ed. Genevieve Bailey Rowe and Diana Rowe Doran (Boston: Sinclaire, 1986), 25 - 26.

18 Charles Bamberger memoirs (TS, 1943), box 14, Ralph Ginzburg Papers, State Historical Society of Wisconsin, Madison, Wisc.; John C. Burnham, *Bad Habits: Drinking, Smoking, Taking Drugs, Gambling, Sexual Misbehavior, and Swearing in American History* (New York: NYU Press, 1993), 197; David T. Courtwright, Herman Joseph, and Don Des Jarlais, *Addicts Who Survived: An Oral History of Narcotic Use in America before 1965* (Knoxville: U. of Tennessee Press, 2012), 174 - 175, 180.

19 Algot Niska, *Over Green Borders: The Memoirs of Algot Niska*, trans. J.

Jerry Danielsson（New York：Vantage, 1953）, vii.

20   W. L. Treadway to Lyndon Small, September 22, 1932, correspondence 1929 – 1955, Lyndon Frederick Small Papers, National Library of Medicine, Bethesda, Maryland（burglary）.

21   William Cabell Bruce, "Is Prohibition a Success after Five Years? No!" *Current History* reprint（August 1925）：11（cloakroom）; Jeffrey A. Miron and Jeffrey Zwiebel, "Alcohol Consumption during Prohibition," *American Economic Review* 81（1991）：242 – 247; Jack S. Blocker Jr., "Did Prohibition Really Work? Alcohol Prohibition as a Public Health Innovation," *American J. of Public Health* 96（2006）：233 – 243, breweries p. 236; Lisa McGirr, *The War on Alcohol: Prohibition and the Rise of the American State*（New York：Norton, 2016）, 50（beer prices）.

22   W. J. Rorabaugh, *Prohibition: A Concise History*（New York：Oxford U.P., 2018）, 61 – 62（half）; McGirr, *War on Alcohol*, 50（wife）; Foreign Policy Association, "Prohibition and Drug Addiction"（TS, 1925）, 3, "Addiction—Incidence—［to］1959," VF（Bellevue）; Mark H. Moore, "Actually, Prohibition Was a Success," *NYT*, October 16, 1989; Austin Kerr, "American Dream," *New Scientist* 164（November 1999）：94 – 95

23   Holly M. Karibo, *Sin City North: Sex, Drugs, and Citizenship in the Detroit-Windsor Borderland*（Chapel Hill：U. of North Carolina Press, 2015）, 37; Mabel Willebrandt, " 'It Can't Be Done' "（TS speech, September 24, 1928）, 8, Willebrandt Papers, LCMD.

24   Blocker, "Prohibition," 240.

25   "36 Individuals and 6 Corporations Indicted in Largest Bootleg Ring since Prohibition," *NYT*, July 16, 1937; "A Survey of Illegal Distilling in the U.S. Today"（TS, 1951）, John W. Hill Papers, folder 11, box 96, State Historical Society of Wisconsin. 世界卫生组织估计，2005 年，非法制造的酒占全球酒类消费量的 29%，私酒酿造在贫穷国家最为常见。*Global Status Report on Alcohol and Health*（Geneva：WHO, 2011）, 5.

26   Fahey and Manian, "Poverty and Purification," 489 – 506, "easy" p.503; Fischer-Tiné, "Eradicating"（champagne）; David T. Courtwright, *Forces of Habit: Drugs and the Making of the Modern World*（Cambridge, Mass.：Harvard U.P., 2001）, 156 – 159; Peter Evans and Sean McLain, "Diageo Makes ＄1.9 Billion Offer for Control of India's

United Spirits," *WSJ*, April 15, 2014.

27　Gerald Posner, *God's Bankers: A History of Money and Power at the Vatican* (New York: Simon and Schuster, 2015), 17; Thembisa Waetjen, "Poppies and Gold: Opium and Law-Making on the Witwatersrand, 1904 – 1910," *J. of African History* 57 (2016): 391 – 416; "Use of Narcotics in Siam," *Boston Medical and Surgical J.* 31 (1844): 341; Thaksaphon Thamarangsi, "Thailand: Alcohol Today," *Addiction* 101 (2006): 783; W. A. Penn, *The Soverane Herbe: A History of Tobacco* (London: Grant Richards, 1902), 213 – 214.

28　Mary C. Neuburger, *Balkan Smoke: Tobacco and the Making of Modern Bulgaria* (Ithaca: Cornell U.P., 2013), 143 (German statistics).

29　Ibid., quotation p.200.

30　"Meeting in Richmond," *Richmond Enquirer*, November 1, 1833; *Report of the Committee of Twenty-Four … for the Purpose of Devising Means to Suppress the Vice of Gambling in This City* (Richmond: T. W. White, 1833), "taxed" p.25.

31　*Report of the Minority of the Committee of Twenty-Four, on the Subject of Gambling in the City of Richmond* (Richmond: T. W. White, 1833), "moralists" p.4. 异见者为德国裔商人 Gustavus Lucke、圣公会律师 Henry L. Brooke 以及报纸编辑 Edward V. Sparhawk。

32　Harry M. Ward, *Children of the Streets of Richmond, 1865 – 1920* (Jefferson, N.C.: McFarland, 2015), 109.

33　T. D. Crothers, "A Review of the History and Literature of Inebriety …," *J. of Inebriety* 33 (1912): 143; Crafts to Wesley Jones, January 16, 1922, U. of Washington Digital Collections, http://digitalcollections. lib. washington. edu/cdm/ref/collection/pioneerlife/id/19937; Jacob M. Appel, "'Physicians Are Not Bootleggers': The Short, Peculiar Life of the Medicinal Alcohol Movement," *Bulletin of the History of Medicine* 82 (2008): 355 – 386.

34　A. E. Moule, "The Use of Opium and Its Bearing on the Spread of Christianity in China," in *Records of the General Conference of the Protestant Missionaries in China Held at Shanghai, May 10 – 24, 1877* (Shanghai: Presbyterian Missionary Press, 1878), 353.

35　C. Vann Woodward, *Origins of the New South, 1877 – 1913* (Baton Rouge: Louisiana State U.P., 1971), 389 – 391; Boyd P. Doty, ed., *Prohibition Quiz Book*, 2nd ed. (Westerville, Ohio: Anti-Saloon

League, 1929), map p. 78 (Louisiana); Walter J. Decker to Mrs. E. W. Root, January 13, 1933, and Earle K. James to Mrs. E. W. Root, January 7, 1933, box 1, Women's Organization for National Prohibition Reform, LCMD (Bolivia and Chile).

36　Meta Remec, "Sexual Diseases between Science and Morality," paper, Global Anti-Vice Activism conference, Monte Verità, Switzerland, April 2, 2012.

37　Mark Lawrence Schrad, *The Political Power of Bad Ideas: Networks, Institutions, and the Global Prohibition Wave* (New York: Oxford U.P., 2010), 33; Samuel Hopkins Adams, "On Sale Everywhere," *Collier's* 68 (July 16, 1921): 8 (class).

38　Petre Matei, "De la 'Iarba Dracului' la Drog. Aspecte ale Condamnării Tutunului în Spațiul Românesc," *Archiva Moldaviae* 8 (2016): 29 - 50.

39　Elizabeth Dorn Lublin, "Controlling Youth and Tobacco in Meiji-Period Japan," ADHS conference, London, June 21, 2013.

40　"America and the Living Death" (TS, n.d.), box 56, and Hobson to Rockefeller, April 23, 1928, box 56, Hobson Papers, LCMD. 西非、欧洲和拉丁美洲出现了类似的从宗教和道德理由向个体与集体的健康、秩序、效率和备战的转变。参见 *GAA*, chaps. 5 - 9。

41　"AHR Conversation: Religious Identities and Violence," *American Historical Review* 112 (2007): 1465 (Miles); George Creel, *Rebel at Large: Recollections of Fifty Crowded Years* (New York: G. P. Putnam's Sons, 1947), 52; Ethel S. Ellis, "Valentine Note of 37 Years Ago," *Topeka Journal*, February 14, 1940; Alexandra Popoff, *Sophia Tolstoy: A Biography* (New York: Free Press, 2010), 135, 176 ("crime").

42　Anthony Taylor, "'Godless Edens': Surveillance, Eroticized Anarchy, and 'Depraved Communities' in Britain and the Wider World, 1890 - 1930," *GAA*, 53 - 73, "marriages" p.62, "Edens" p.65.

43　Alexander C. Zabriskie, *Bishop Brent: Crusader for Christian Unity* (Philadelphia: Westminster Press, 1948), 41; Brent diary, August 17 and 18, 1923, box 3, Charles Henry Brent Papers, LCMD ("mess").

44　William B. McAllister, *Drug Diplomacy in the Twentieth Century: An International History* (London: Routledge, 2000), 28; Lida Thornburgh to Elizabeth Jessup, October 29, 1929, box 55 ("saint") and Brent diary ("too full"), March 11, 1929, box 3, Brent Papers; "Bishop Brent Defends Right of Dry Law Opponents 'With Clean Hands' to Seek

Modification of Prohibition," *Buffalo Courier*, February 8, 1926. This sketch also draws on the biographical materials in boxes 54 – 55 of the Brent Papers; Zabriskie, Bishop Brent; and "Bishop Brent Dies at 66 in Lausanne," *NYT*, March 28, 1929.

45   Zabriskie, *Bishop Brent*, 196.

46   Donald Day, "Whoopee Spree; Prohibition Ends," *Chicago Tribune*, April 5, 1932.

47   J. Buks to Mrs. E. W. Root, December 5, 1932, box 1, Women's Organization for National Prohibition Reform, LCMD.

48   Phillips, Alcohol, 274 (quotation), 275; Corinne Pernet, "The Limits of Global Biopolitics: The Question of Alcoholism and Workers' Leisure at the League of Nations," paper, Global Anti-Vice Activism conference, Monte Verità, Switzerland, April 2, 2012.

49   David G. Schwartz, *Roll the Bones: The History of Gambling* (New York: Gotham, 2006), chap. 10; Ernest Hemingway, *A Moveable Feast* (New York: Charles Scribner's Sons, 1964), 201.

50   Schwartz, *Roll the Bones*, 316 – 319; S. Jonathan Wiesen, *Creating the Nazi Marketplace: Commerce and Consumption in the Third Reich* (New York: Cambridge U.P., 2011), 48 – 49.

51   Treasury Department, "In re: Alphonse Capone" (TS, December 21, 1933), comp. Frank J. Wilson, https://www.irs.gov/pub/irs-utl/file-2-report-dated-12211933-in-re-alphonse-capone-by-sa-frank-wilson.pdf.

52   Jessica R. Pliley, "The FBI's White Slave Division," *GAA*, 233 – 234; Tyrrell, *Reforming the World*, 138 – 139.

53   Laurie Bernstein, *Prostitutes and Their Regulation in Imperial Russia* (Berkeley: U. of California Press, 1995), 46; Abraham Flexner, *Prostitution in Europe* (repr., Montclair, N.J.: Patterson Smith, 1969), chap. 1.

54   Vern Bullough and Bonnie Bullough, *Women and Prostitution: A Social History* (Buffalo: Prometheus, 1987), chap. 13; W. T. Stead, "The Maiden Tribute of Modern Babylon ... I," *Pall Mall Gazette*, July 6, 1885.

55   Joel Best, *Controlling Vice: Regulating Brothel Prostitution in St. Paul, 1865 – 1883* (Columbus: Ohio State U.P., 1998).

56   Andrew Roberts, *Napoleon: A Life* (New York: Viking, 2014), 685 – 686.

57   Catherine Carstairs, *Jailed for Possession: Illegal Drug Use, Regulation, and Power in Canada, 1920 - 1961* (Toronto: U. of Toronto Press, 2006); Isaac Campos, *Home Grown: Marijuana and the Origins of Mexico's War on Drugs* (Chapel Hill: U. of North Carolina Press, 2012); Vera Rubin and Lambros Comitas, *Ganja in Jamaica: A Medical Anthropological Study of Chronic Marijuana Use* (The Hague: Mouton, 1975); Howard Padwa, *Social Poison: The Culture and Politics of Opiate Control in Britain and France, 1821 - 1926* (Baltimore: Johns Hopkins U. P., 2012); "History of Heroin," *Bulletin on Narcotics 5* (1953): 8 - 10 (Egypt); Anton Werkle, "French-Speaking Countries of Africa South of the Sahara" (TS, 1974), "Laws and Legislation— Countries," VF; Alisher B. Latypov, "The Soviet Doctor and the Treatment of Drug Addiction: 'A Difficult and Most Ungracious Task,' " *Harm Reduction J.* 8 (2011), https://harmreductionjournal. biomedcentral.com/articles/10.1186/1477 - 7517 - 8 - 32. McAllister, *Drug Diplomacy*, describes key international treaties.

58   Bullough and Bullough, *Women and Prostitution*, chap. 14; Louis Berg, Prison Doctor (New York: Brentano's, 1932), 64 ("dunghill").

59   Pavel Vasilyev, "Medical and Criminological Constructions of Drug Addiction in Late Imperial and Early Soviet Russia," *GAA*, 189 (quoting Aleksandr Sholomovich); Thomas Gleaton, "A Man of Our Time: Gabriel G. Nahas" (TS, n. d.), biographical file, Gabriel G. Nahas Papers, Archives and Special Collections, A. C. Long Health Sciences Library, Columbia University (reference to Dr. Selim Nahas, Gabriel's uncle); Rodrigues Doria, "The Smokers of Maconha: Effects and Evils of the Vice" (TS translation, n.d.), 2, "Marijuana Effects— [to] 1950," VF; Carlos Gutiérrez Noriega, "El Hábito de la Coca en Sud América," *América Indígena* 12 (1952): 117; Kazuo Kenmochi, *Devilish Drug: Narcotic Photographic Document* (Tokyo: n.p., 1963), 124 - 125.

第五章

1   John C. Burnham, *Bad Habits: Drinking, Smoking, Taking Drugs, Gambling, Sexual Misbehavior, and Swearing in American History* (New York: NYU Press, 1993), "everybody" p.139; David G. Schwartz, *Roll the Bones: The History of Gambling* (New York: Gotham, 2006), 378

（bingo）；Pat Frank, *The Long Way Round* （Philadelphia：J. B. Lippincott, 1953）, 19 （Friday）；"Chesterfield" （TS, November 13, 1961）, Liggett and Myers Minutes, box 19, Review Board Records, JWT （Playboy readership）.

2　David T. Courtwright, *No Right Turn: Conservative Politics in a Liberal America* （Cambridge, Mass.：Harvard U.P., 2010）, chaps. 2, 5, 10 – 11；Dave Palermo, "Slot Machines Big Business for Military," *Las Vegas Review-Journal/Sun*, October 18, 1992.

3　*Civilization: The West and The Rest with Niall Ferguson*, part 2, documentary produced by Chimerica Media Limited, the BBC and Channel 13 in association with WNET, aired on PBS in May 2012 （quote）；Tibor Frank, "Supranational English, American Values, and East-Central Europe," *Publications of the Modern Language Association of America* 119 （2004）：80 – 91；Michael Anderson, "China's 'Great Leap' toward Madison Avenue," *J. of Communication* 31 （Winter 1981）：11；Wolf Lieschke, "Winston-Spain Briefing" （TS, May 29, 1984）, n.p., box 36, Burt Manning Papers, JWT.

4　"World War II Fast Facts," CNN, http://www.cnn.com/2013/07/09/world/world-war-ii-fast-facts/（70 million）；Burnham, *Bad Habits*, 220 （"not polite"）；Mary Louise Roberts, *What Soldiers Do: Sex and the American GI in World War II France* （Chicago：U. of Chicago Press, 2013）, 61 – 63, 122.

5　Stephen G. Fritz, *Frontsoldaten: The German Soldier in World War II* （Lexington：U.P. of Kentucky, 1995）, 79；Sönke Neitzel and Harald Welzer, *Soldaten: On Fighting, Killing, and Dying*, trans. Jefferson Chase （New York：Knopf, 2012）, 171 （quotes）.

6　Vincent Milano, "Wehrmacht Brothels," Der Erste Zug （2005）, http://www.dererstezug.com/WehrmachtBrothels.htm.

7　Norman Ohler, *Blitzed: Drugs in Nazi Germany*, trans. Shaun Whiteside （［London］：Allen Lane, 2016）, "delight" p.43；Nicolas Rasmussen, *On Speed: The Many Lives of Amphetamine* （New York：NYU Press, 2008）, chap. 3；Łukasz Kamieński, *Shooting Up: A Short History of Drugs and War* （New York：Oxford U.P., 2016）, chap. 7, Finns pp. 137 – 138, "holiday" p. 139.

8　J. H. Reid, *Heinrich Böll: A German for His Time* （Oxford：Oswald Wolff, 1988）, 32；Neitzel and Welzer, *Soldaten*, 160；Peter

Steinkampf, "Zur Devianz-Problematik in der Wehrmacht: Alkohol-
und Rauschmittelmissbrauch bei der Truppe" (Ph. D. dissertation,
Albert-Ludwigs-Universität Freiburg, 2008), chap. 2 (a third); Andreas
Ulrich, "The Nazi Death Machine: Hitler's Drugged Soldiers," *Spiegel
Online*, May 6, 2005, http://www. spiegel. de/international/the-nazi-
death-machine-hitler-s-drugged-soldiers-a-354606.html ("blind eye").

9　Phil Richards and John J. Banigan, *How to Abandon Ship* (New York:
Cornell Maritime Press, 1942), 101－102; Ohler, *Blitzed*, 49－51, and
Ohler recounting his interview with Böll's son, *Fresh Air*, NPR, March
7, 2017, http://www.npr. org/programs/fresh-air/2017/03/07/519035318/
fresh-air-for-march-7-2017; Kamieński, *Shooting Up*, 128 － 132;
Akihiko Sato, "Narrative on Methamphetamine Use in Japan after World
War Ⅱ," ADHS conference, University of Guelph, August 10 － 12,
2007; Mark Gayn, *Japan Diary* (Rutland, Vt.: Charles E. Tuttle,
1981), 13, 47, 49; John W. Dower, *Embracing Defeat: Japan in the
Wake of World War Ⅱ* (New York: Norton, 1999), 62－63, 107－108.

10　Esteban Ortiz-Ospina et al., "Trade and Globalization" (2018), Our
World in Data, https://ourworldindata. org/international-trade; David
T. Courtwright, *Sky as Frontier: Aviation, Adventure, and Empire*
(College Station: Texas A&M U.P., 2004), 125－131, 196－201, 130.

11　James H. Mills, *Cannabis Nation: Control and Consumption in Britain,
1928－2008* (Oxford: Oxford U.P., 2013), quotation p.76.

12　David Owen, "Floating Feasts," *New Yorker* 90 (Nov. 3, 2014): 52－
57; "Viking Cruises: History," https://www.vikingcruises.com/about-
us/history.html#noscroll.

13　Courtwright, *Sky as Frontier*, 142, 154, 202; Carl Solberg, *Conquest of
the Skies: A History of Commercial Aviation in America* (Boston: Little,
Brown, 1979), 378 － 379; Aimée Bratt, *Glamour and Turbulence—I
Remember Pan Am, 1966－91* (New York: Vantage, 1996), 102.

14　Mike Brunker, "In-flight Gambling Ready for Takeoff," ZDNet,
November 14, 1997, http://www.zdnet.com/article/in-flight-gambling-
ready-for-takeoff; Jenifer Chao, "From Gambling to Retail, Airports
Competing for Profits," *Las Vegas Review-Journal*, January 27, 1997
("time"); Nicole Winfield, "Redefining the Secret Shopper," *Florida
Times-Union*, December 24, 2012.

15　John D. Kasarda and Greg Lindsay, *Aerotropolis: The Way We'll Live*

Next (New York: Farrar, Straus and Giroux, 2011), 264.

16 Jim Krane, *City of Gold: Dubai and the Dream of Capitalism* (New York: St. Martin's Press, 2009), 215, 220, 253 – 254; Jad Mouawad, "Dubai, Once a Humble Refueling Stop, Is Crossroad to the Globe," *NYT*, June 18, 2014; Ashraf Dali, "Arabian ' Sex ' Nights in the Gulf States," Asian Next News Network, January 23, 2017, http://www. theasian. asia/archives/97883; Misha Glenny, *McMafia: A Journey through the Global Criminal Underworld* (New York: Vintage, 2009), chap. 6.

17 Philip Jacobson, "Saudi Men Flout Muslim Laws in Bars of Bahrain," *Telegraph*, March 4, 2001; Yaroslav Trofimov, "Upon Sober Reflection, Bahrain Reconsiders the Wages of Sin," *WSJ*, June 9, 2009 (quote); "Tactful Solutions Cure Liquor Advertisers' Ailments," *Advertising Age*, August 18, 1980; Joost Hiltermann and Toby Matthiesen, "Bahrain Burning," *NYRB* 58 (August 18, 2011), 49 – 51.

18 Jonathan Rabinovitz, "Can the Man Who Made Sun City Make It in Atlantic City?" *NYT*, September 21, 1997; Paul Vallely, "The Great Casino Cash-In: The Sun King (and His Shady Past)," *Independent*, February 1, 2007; Graham Boynton, "Mandela's Favourite Multi-Billionaire," *Telegraph*, August 23, 2005 (quote).

19 Tim Walker, "Walt Disney's Chain-Smoking Habit," *Independent*, November 18, 2013; Dewayne Bevil, "Disney's Magic Kingdom Will Serve Beer, Wine in New Fantasyland Restaurant," *Orlando Sentinel*, September 13, 2012 (quote); Lauren Delgado, "Four More Magic Kingdom Restaurants to Serve Wine, Beer," *Orlando Sentinel*, December 16, 2016. 和迪士尼一样，维京邮轮也出于品牌考虑而未涉足博彩业。

20 Charles Passy, "Gay Orlando Steps Out," *NYT*, May 13, 2005; Scott Powers, "Mickey Welcomes Gay Ceremonies," *Florida Times-Union*, April 7, 2007 ("money").

21 Schwartz, *Roll the Bones*, 354 – 355; Sam Boyd, oral history interview (TS, 1977), 8 (Honolulu), Airlines Vertical File, and Jimmy Newman, oral history interview (TS, 1978), 19, SC-UNLV; Phillip I. Earl, "Veiling the Tiger: The Crusade against Gambling, 1859 – 1910," *Nevada Historical Q.* 29 (1985): 175 – 204.

22 Schwartz, *Roll the Bones*, 420. The specs are from Stern's 1968

proposal, Las Vegas International Hotel, available at http://d.library. unlv.edu/digital/collection/sky/id/1945/rec/3. Stern's career is documented at http://digital.library.unlv.edu/skyline/architect/martin-stern. 我也在 SC-UNLV 中查询了斯特恩的战时通信，并采访了他的儿子 Leonard Stern。

23 Author interview with Leonard Stern, May 1, 2013.

24 Mark H. Haller, "Bootleggers as Businessmen: From City Slums to City Builders," in *Law*, *Alcohol*, *and Order: Perspectives on National Prohibition*, ed. David E. Kyvig (Westport, Conn.: Greenwood Press, 1985), 153; John Handley, "Las Vegas: A Posh Playground for Adults, a Wagering Wonderland," *Chicago Tribune*, June 13, 1976 (Hope); Larry Gragg, *Bright Light City: Las Vegas in Popular Culture* (Lawrence: U.P. of Kansas, 2013); Bob Colacello, *Holy Terror: Andy Warhol Close Up* (New York: HarperCollins, 1990), 333.

25 Author interview with John Acres, May 3, 2013; Dave Palermo and Warren Bates, "Prostitution Often Linked to Casinos," *Las Vegas Review-Journal*, June 6, 1995; Gragg, *Bright Light City*, 2.

26 Schwartz, *Roll the Bones*, 482, and "The Conjuring of the Mirage," Vegas Seven, April 23, 2014, http://vegasseven.com/2014/04/30/the-conjuring-of-the-mirage; Howard Stutz, "Wynn Las Vegas: The Unveiling," *Las Vegas Gaming Wire*, April 27, 2005.

27 "Steve Wynn: The Biggest Winner," *60 Minutes*, CBS News, April 12, 2009, http://www.cbsnews.com/videos/steve-wynn-the-biggest-winner; *Tales from the Pit: Casino Table Games Managers in Their Own Words*, ed. David G. Schwartz (Las Vegas: UNLV Gaming Press, 2016), 209 ("adult"), 223 ("amenities"); Bob Shemeligian, "Recalling Old Vegas," *Las Vegas Sun*, November 1, 1993; Christina Almeida, "Vegas's Safe Bet: Visitors Will Drop Money in Stores," *WP*, January 2, 2005; Josh Eells, "Night Club Royale," *New Yorker* 89 (September 30, 2013), 36–41; Chris Kirkham, "In Las Vegas, Drinks Flow a Little Less Freely," *WSJ*, April 19, 2017 (gambling revenue).

28 Quotes: Kirkham, "In Las Vegas"; Marc Cooper, *The Last Honest Place in America: Paradise and Perdition in the New Las Vegas* (New York: Nation Books, 2004), 10.

29 Dave Palermo, "Crossing the World's Borders: Gaming Not Only in U.S.," *Las Vegas Sun and Review-Journal*, April 10, 1994; Barry

Chamish, "Israel Likely to Approve Casinos," *Euroslot* 5 (January 1995): 101.

30 George A. Akerlof and Robert J. Shiller, *Phishing for Phools: The Economics of Manipulation and Deception* (Princeton, N.J.: Princeton U.P., 2015), xi; Cass R. Sunstein, "Why Free Markets Make Fools of Us," *NYRB* 62 (October 22, 2015): 40 – 42; "BofA Pulls Out of Nevada's Brothel Business," *Las Vegas Sun*, November 3, 1993.

31 "Population Pyramids of the World from 1950 to 2100," http://www. populationpyramid.net/world/1960; Ulrike Thoms, "The Contraceptive Pill, the Pharmaceutical Industry and Changes in the Patient-Doctor Relationship in West Germany," and Agata Ignaciuk, Teresa Ortiz-Gómez, and Esteban Rodriguez-Ocaña, "Doctors, Women and the Circulation of Knowledge of Oral Contraceptives in Spain, 1960s – 1970s," in *Gendered Drugs and Medicine: Historical and Socio-Cultural Perspectives*, ed. Teresa Ortiz-Gómez and María Jesús Santesmases (Farnham: Ashgate, 2014), respectively 153 – 174 and 133 – 152.

32 Burnham, Bad Habits, 162; Matthew Vaz, " 'We Intend to Run It': Racial Politics, Illegal Gambling, and the Rise of Government Lotteries in the United States, 1960 – 1985," *J. of American History* 101 (2014): 88 – 89, 95.

33 Henry M. Stevens, "The Position of Beer in American Life" (TS, 1950), 1 – 4, box 33, Writings and Speeches Collection, JWT; "Beer Marketing" (TS, 1984), 9, Miller Brewing—General, box 12, "The Everyday Hero" (TS, 1984), n.p., Scripts and Proposals—1984, box 14, and "The Million Dollar Minute" (TS, 1985), Super Bowl XIX, box 46, all in Burt Manning Papers, JWT; "Special Report: Beer on College Campuses," undated clipping, and Robert McBride, "Competition, Marketing, and Regulatory Issues in the Beer Industry," draft paper, National Council on Alcoholism, Detroit, Michigan, April 12 – 15, 1984, pp.7, 19 – 20, both in box 26, JKP; Murray Sperber, *Beer and Circus: How Big-Time College Sports Is Crippling Undergraduate Education* (New York: Henry Holt, 2000), 172 – 174, 184 – 185; Leonard Shapiro, "This Bud Bowl Is Not for You," *WP*, January 1, 1991; William L. White, "Taking on Alcohol, Pharmaceutical, and Tobacco Advertising: An Interview with Dr. Jean Kilbourne" (2014), 10, Selected Papers of William L. White, http://www.

williamwhitepapers. com/pr/2014% 20Dr.% 20Jean% 20Kilbourne. pdf；Henry M. Stevens, "Alcohol Ads Increase Drinking," Marin Institute, n.v. (August 1997), 1 - 3.

34   Teoh Mei Mei, "High Point in Liquor Promotion Raises Ire," *New Straights Times*, July 27, 1995; David Jernigan, "Global Alcohol Is Big, Profitable and Powerful," *Institute of Alcohol Studies*, no. 1 (1997), http://www. ias. org. uk/What-we-do/Alcohol-Alert/Issue-1-1997/Global-alcohol-is-big-profitable-and-powerful.aspx; David Jernigan and James O'Hara, "Alcohol Advertising and Promotion," in *Reducing Underage Drinking: A Collective Responsibility*, ed. Richard J. Bonnie and Mary Ellen O'Connell (Washington, D. C.: National Academies Press, 2004), 631.

35   "Underage Drinking Rampant in Delhi: Survey," *India Today*, February 1, 2009; Sally Casswell, "Alcohol Harm—The Urgent Need for a Global Response," *Addiction* 106 (2011): 1205 - 1206; Peter Mehlman, "A Fan Throws in the Towel and Hangs Up His Spikes," *NYT*, January 4, 2004 (rethinking); Peter Evans, "Thirsty for Growth, Liquor Giant Taps Africa," *WSJ*, July 31, 2015; Olabisi A. Odejide, "Alcohol Policies in Africa," *African J. of Alcohol and Drug Studies* 5 (2006): 27 - 39.

36   WHO, *Global Status on Alcohol and Health*, 2014 (Geneva: WHO, 2014), figure 12, http://apps.who.int/iris/bitstream/10665/112736/1/9789240692763eng.pdf; Ogochukwu Odeigah et al., "Nigeria: A Country in Need of an Alcohol Strategy," *JSAD* 79 (2018): 318.

37   Casswell, "Alcohol Harm," 1206.

38   David T. Courtwright, "Mr. ATOD's Wild Ride: What Do Alcohol, Tobacco, and Other Drugs Have in Common," *SHAD* 20 (2005): 118 - 120 概述了关于入门毒品历史的文献，一些对照研究也在后来被加进了文献中，例如：Michael T. Lynskey, Jacqueline M. Vink, and Dorret I. Boomsma, "Early Onset Cannabis Use and Progression to Other Drug Use in a Sample of Dutch Twins," *Behavior Genetics* 36 (2006): 195 - 200. "Enormous": Malcolm C. Hall, "Illicit Drug Abuse in Australia—A Brief Statistical Picture," *J. of Drug Issues* 7 (1977): 316。

39   Virginia Berridge, *Demons: Our Changing Attitudes to Alcohol, Tobacco, and Drugs* (Oxford: Oxford U.P., 2013), 143, 145, 150; William F. McDermott, "McDermott on Smoking," *Cleveland Plain*

Dealer, June 23, 1954 (snatched); Larry Collins and Dominique Lapierre, *Is Paris Burning?* (New York: Simon and Schuster, 1965), 324; Diego Armus, "Cigarette Smoking in Modern Buenos Aires," *GAA*, 205; Andrew Lycett, *Ian Fleming: The Man behind James Bond* (Atlanta: Turner Publishing, 1995), 172, 442.

40　Michael Schwalbe, *Smoke Damage: Voices from the Front Lines of America's Tobacco Wars* (Madison, Wisc.: Borderland Books, 2011), 1 – 7, 67.

41　Robert Proctor, *Golden Holocaust: Origins of the Cigarette Catastrophe and the Case for Abolition* (Berkeley: U. of California Press, 2011), chaps. 21, 25.

42　Nick Sim, "5 Elements of the Original Disneyland That Would Look Weirdly Out of Place Today," *Theme Park Tourist*, December 9, 2014, http://www. themeparktourist. com/features/20141209/29726/5-elements-original-disneyland; Allan M. Brandt, *The Cigarette Century: The Rise, Fall, and Deadly Persistence of the Product That Defined America* (New York: Basic, 2007), 496.

43　Barbara Forey et al., *International Smoking Statistics Web Edition: United Kingdom* (March 17, 2016), 21, http://www. pnlee. co. uk/ Downloads/ISS/ISS-UnitedKingdom_ 160317.pdf; Patricia A. Mahan to Salem, July 10, 2000, Truth Tobacco Industry Documents, https://www.industrydocumentslibrary.ucsf.edu/tobacco/docs/#id＝kgkn0083.

44　Patrick Peretti-Watel et al., "Cigarette Smoking as Stigma: Evidence from France," *International J. of Drug Policy* 25 (2014): 285; Nicholas A. Christakis and James H. Fowler, "The Collective Dynamics of Smoking in a Large Social Network," *NEJM* 358 (2008): 2249 – 2258; Keith J. Winstein, "Ability to Quit Smoking Is Affected by Friendships," *WSJ*, May 22, 2008 (Christakis); Ronald Bayer and Jennifer Stuber, "Tobacco Control, Stigma, and Public Health: Rethinking the Relations," *American J. of Public Health* 96 (2006): 47 – 50; Daniel Buchman, "Tobacco Denormalization and Stigma," Neuroethics at the Core, May 2, 2010, https://neuroethicscanada. wordpress. com/ 2010/05/02/tobacco-denormalization-and-stigma; Laura D. Hirschbein, *Smoking Privileges: Psychiatry, the Mentally Ill, and the Tobacco Industry in America* (New Brunswick, N.J.: Rutgers U.P., 2015). 那些有精神障碍的人也更有可能是鸦片剂处方的使用者。Matthew A.

Davis et al., "Prescription Opioid Use among Adults with Mental Health Disorders in the United States," *J. of the American Board of Family Medicine* 30 (July–August 2017): 407–414.

45   Heather Wipfli, *The Global War on Tobacco: Mapping the World's First Public Health Treaty* (Baltimore, Md.: Johns Hopkins U.P., 2015), chap. 2; Neil Carrier and Gernot Klantschnig, *Africa and the War on Drugs* (London: Zed Books, 2012), 28; Thomas Bollyky and David Fidler, "Has a Global Tobacco Treaty Made a Difference?" *Atlantic*, February 28, 2015.

46   Marie Ng et al., "Smoking Prevalence and Cigarette Consumption in 187 Countries, 1980 – 2012," *JAMA* 311 (2014): 186; Proctor, *Golden Holocaust*, 53–54, 540 (4 billion); The Tobacco Atlas: Consumption, https://tobaccoatlas.org/topic/consumption/ (5.7 trillion); Paul Geitner, "EU Signs Deal to Resolve Cigarette Smuggling," *Florida Times-Union*, July 10, 2004.

47   United Nations, Department of Economic and Social Affairs, "World Urbanization Prospects, 2018 revision," May 16, 2018, https://www.un. org/development/desa/publications/2018-revision-of-world-urbanization- prospects.html.

48   Anqi Shen, Georgios A. Antonopoulos, and Klaus Von Lampe, " 'The Dragon Breathes Smoke': Cigarette Counterfeiting in the People's Republic of China," *British J. of Criminology* 50 (November 2010): 239 – 258; Michael Eriksen et al., *The Tobacco Atlas*, 5th rev. ed. (Atlanta: American Cancer Society, 2015), 30–31.

49   Wipfli, *Global War*, 132 (Uruguay); Mike Esterl, "America's Smokers: Still 40 Million Strong," *WSJ*, July 16, 2014; Sabrina Tavernise, "A Hot Debate over E-Cigarettes as a Path to Tobacco, or from It," *NYT*, February 22, 2014, and "Use of E-Cigarettes Rises Sharply among Teenagers, Report Says," *NYT*, April 16, 2015. 一些公司也研发出了加热但不燃烧的香烟，适合那些想要（或需要）烟草蒸汽，又希望避免吸入富含致癌物的烟雾的人。Tripp Mickle, "Reynolds's New Cigarette Will Heat, Not Burn, Tobacco," *WSJ*, November 18, 2014.

50   Jennifer Maloney and Saabira Chaudhuri, "Tobacco's Surprise Rebound," *WSJ*, April 24, 2017; *Credit Suisse Global Investment Returns Yearbook 2015* (Zurich: Credit Suisse AG, 2015), 20, available at https://psc.

ky. gov/pscecf/2016-00370/rateintervention%40ky. gov/03312017050856/
Dimson_ et_ al -_ Credit_ Suisse_ -_ 2015_ Investment_ Returns_
Yearbook.pdf. 3 亿美元是经通货膨胀调整后，对一个最小有效规模
的工厂所需成本的估值，引自 Kim Warren, "A Strategic Analysis of
BAT's Tobacco Business"（TS, 1993）, 5, Truth Tobacco Industry
Documents, https://www. industrydocumentslibrary. ucsf. edu/tobacco/
docs/#id =nhxc0039。

51　Casswell, "Alcohol Harm," 1206.

52　Nazila Fathi, "As Liquor Business Booms, Bootleggers Risk the Lash,"
NYT, April 4, 2006（"hard"）; D. Khatinoglu, "Three Consuming
Alcohol Iranians Sentenced to Death [sic]," Trend News Agency
（Azerbaijan）brief, June 24, 2012; Marketa Hulpachova, "Tehran—
The Secret Party Town," *Guardian*, April 17, 2014（"life"）. 突尼斯
的穆斯林也没好到哪里去，突尼斯葡萄栽培和酿酒历史悠久，是非
洲西北部人均酒类消费量最高的地方。"WHO: Tunisians, Heaviest
Alcohol Drinkers in the Region," *Morocco World News*, December 24,
2014, https://www. moroccoworldnews. com/2014/12/148071/who-
tunisians-heaviest-alcohol-drinkers-in-the-region.

53　N. Umid, "Iran to Inaugurate Alcohol Addiction Treatment Centre,"
Trend News Agency（Azerbaijan）brief, August 25, 2013; Youssef M.
Ibrahim, "Iran Puts Addicts in Its Labor Camps," *NYT*, July 22, 1989;
Ramita Navai, "Breaking Bad in Tehran: How Iran Got a Taste for
Crystal Meth," *Guardian*, May 13, 2014; "The Latest Scourge Plaguing
Iran's Youth—Meth Addiction," *Jerusalem Post*, April 10, 2017;
United Nations Office on Drugs and Crime, *Transnational Organized
Crime in East Asia and the Pacific: A Threat Assessment*（April 2013）,
68, http://www.unodc.org/res/cld/bibliography/transnational-organized-
crime-in-east-asia-and-the-pacific-a-threat-assessment _ html/TOCTA _
EAP_web.pdf. 伊朗的伪麻黄碱进口量从 2006 年的 5 吨增加到了
2012 年的 55 吨。

54　Jeffrey D. Sachs, "Twentieth-Century Political Economy: A Brief
History of Global Capitalism," *Oxford Review of Economic Policy* 15
（Winter 1999）: 90 - 101; Ortiz-Ospina and Roser, "International
Trade," using upper-bound estimates.

55　Christopher Walker, "Opponents Unite to Outlaw Sex-Aid Pill," *The
Times*, May 27, 1998; Monica Rohr, "Nearly Undetectable Cocaine

Found," *Chicago Tribune*, June 27, 1991; Valentina Pop, "Busy Belgian Port Becomes Cocaine Gateway," *WSJ*, March 2, 2018; Misha Glenny, *McMafia: A Journey through the Global Criminal Underworld* (New York：Vintage, 2009), "Route" p. xviii; "DEA Sensitive：Pakistan" (TS, 1999), 21－22, "Pakistan," VF; John F. Burns, "Heroin Becomes Scourge for 1.5 Million in Pakistan," *NYT*, April 5, 1995; Sam Quinones, *Dreamland: The True Tale of America's Opiate Epidemic* (New York：Bloomsbury, 2015), 103－104; Mark Schoofs, "As Meth Trade Goes Global, South Africa Becomes a Hub," *WSJ*, May 21, 2007. 据 Glenny 估计，非法交易占全球经济生产总值的 15% 至 20%。2009 至 2016 年底，百元美钞的流通量增长了 79%，据此可以判断，犯罪交易占 GDP 的比重很可能比 Glenny 的著作出版时更高了。Adam Creighton, "Despite Global Curbs, Cash Still Rules," *WSJ*, April 10, 2017.

56　Johannes P. Jütting and Juan R. de Laiglesia, "Forgotten Workers," *OECD Observer*, no. 274 (October 2009), http://oecdobserver. org/news/archivestory.php/aid/3067/Forgottenworkers.html (half); "Troops Quit Rio Drug Slums after Weekend of Searches," *International Herald Tribune*, November 22, 1994; William Finnegan, "Silver or Lead," *New Yorker* 86 (May 31, 2010)：39－51; *Cartel Land*, documentary directed by Matthew Heineman, 2015 (quotes).

57　U.S. State Department, *Trafficking in Persons Report* (June 2012), 7－10, https://www. state. gov/documents/organization/210737. pdf; International Labour Organization, "Forced Labour, Modern Slavery and Human Trafficking," March 2017, http://www. ilo. org/global/topics/forced-labour/lang—en /index.htm; United Nations Office on Drugs and Crime, *Global Report on Trafficking in Persons* (New York：United Nations, 2012), 7, https://www.unodc. org/documents/data-and-analysis/glotip/Trafficking_ in_ Persons_ 2012_ web.pdf; Carolyn Nordstrom, *Global Outlaws: Crime, Money, and Power in the Contemporary World* (Berkeley：U. of California Press, 2007), 186－187; Harold Heckle, "Spanish Police Arrest 'Bar Code Pimps' Gang," *Oakland News*, March 24, 2012; "Sex Trafficker Used African Witchcraft to Smuggle Children for Prostitution," *Telegraph*, October 29, 2012.

58　Iain Gately, *Tobacco: The Story of How Tobacco Seduced the World* (New York：Grove, 2001), 358 (one-third); Albert Stridsberg to Ellen

Gartrell, January 29, 2001, letters folder, box 4, Albert B. Stridsberg Papers, JWT (blue seal); Nordstrom, *Global Outlaws*, xv‑24.

59　Nuria Romo-Avilés, Carmen Meneses-Falcón, and Eugenia Gil-García, "Learning to Be a Girl: Gender, Risks, and Legal Drugs amongst Spanish Teenagers," in *Gendered Drugs and Medicine*, ed. Ortiz-Gómez and Santesmases, 224 (quotes); Nadja Vietz, "Marijuana in Spain: Our On the Ground Report," Canna Law Blog, March 10, 2016, http://www.cannalawblog.com/marijuana-in-spain-our-on-the-ground-report.

60　Toine Spapens, "Illegal Gambling," in *The Oxford Handbook of Organized Crime*, ed. Letizia Paoli (New York: Oxford U.P., 2014), 408; Phil Williams, "Organizing Transnational Crime: Networks, Markets and Hierarchies," in *Combating Transnational Crime: Concepts, Activities and Responses*, ed. Phil Williams and Dimitri Vlassis (London: Frank Cass, 2001), 66‑67.

第六章

1　Alan I. Leshner, "Addiction Is a Brain Disease, and It Matters," *Science* 278 (1997): 45‑47.

2　Bill Snyder, "Nora Volkow: Two Paths to the Future," *Lens* (February 2006), http://www.mc.vanderbilt.edu/lens/article/?id=129&pg=0; John Gregory, "Dr. Nora Volkow of the National Institute on Drug Abuse," Kentucky Educational Television, May 9, 2016, https://www.ket.org/opioids/dr-nora-volkow-of-the-national-institute-on-drug-abuse/ (alcoholism); Stanton Peele, "Why We Need to Stop Nora Volkow from Taking Over the World," *Substance.com*, January 17, 2015, http://www.substance.com/stop-nora-volkow-late/2720.

3　Nora Volkow, "Why Do Our Brains Get Addicted?" TEDMED 2014, https://www.tedmed.com/talks/show?id=309096. 关于证据的正式评论, 参见 Volkow et al., "Addiction: Beyond Dopamine Reward Circuitry," *PNAS* 108 (2011): 15037‑15042。

4　Paul Bloom, *How Pleasure Works: The New Science of Why We Like What We Like* (New York: Norton, 2010), chap. 6, "lite" p. 169; Fyodor Dostoevsky, *The Gambler*, trans. Victor Terras (Chicago: U. of Chicago Press, 1972), 188; Martin Lindstrom, *Buyology: Truth and Lies about Why We Buy* (New York: Doubleday, 2008), 14‑15 (labels); Alfred R. Lindesmith, *Addiction and Opiates* (1968; repr.,

New Brunswick, N.J.: Aldine, 2008), 34 – 38; Peter Gzowski, "How to Quit Smoking in Fifty Years or Less," in *Addicted: Notes from the Belly of the Beast*, ed. Lorna Crozier and Patrick Lane, 2nd ed. (Vancouver: Greystone, 2006), 81.

5   Volkow, "Why Do Our Brains Get Addicted?"

6   Mark Lawrence Schrad, *Vodka Politics: Alcohol, Autocracy, and the Secret History of the Russian State* (New York: Oxford U.P., 2014), 218 (Trotsky).

7   Judit H. Ward et al., "Re-Introducing Bunky at 125: E. M. Jellinek's Life and Contributions to Alcohol Studies," *JSAD* 77 (2016): 375 – 383; Nancy Campbell, *Discovering Addiction: The Science and Politics of Substance Abuse Research* (Ann Arbor: U. of Michigan Press, 2007), chap. 3.

8   Solomon H. Snyder, "Historical Review: Opioid Receptors," *Trends in Pharmacological Sciences* 24 (2003): 198 – 205; Teresa Pollin and Jack Durell, "Bill Pollin Era at NIDA (1979 – 1985)," *Drug and Alcohol Dependence* 107 (2010): 88 – 91; David T. Courtwright, "The NIDA Brain Disease Paradigm: History, Resistance, and Spinoffs," *BioSocieties* 5 (2010): 137 – 147; Campbell, *Discovering Addiction*, 211 (Kuhar).

9   Campbell, *Discovering Addiction*, 213 ("beyond"); Michael J. Kuhar, *The Addicted Brain: Why We Abuse Drugs, Alcohol, and Nicotine* (Upper Saddle River, N.J.: Pearson, 2012), 74 – 77.

10   Adrian Meule, "Back by Popular Demand: A Narrative Review of the History of Food Addiction Research," *Yale J. of Biology and Medicine* 88 (2015): 296 – 297; Emily Aronson, "Renowned Psychologist Bart Hoebel ... Dies," press release, Princeton University, June 14, 2011, https://www. princeton. edu/news/2011/06/14/renowned-psychologist-bart-hoebel-who-studied-addiction-behavior-dies; Linda Bartoshuk, "Addicted to Food: An Interview with Bart Hoebel," APS *Observer* (November 2009), https://www. psychologicalscience. org/observer/addicted-to-food-an-interview-with-bart-hoebel; "Yale Hosts Historic Conference on Food and Addiction," *Yale News*, July 9, 2007; *Food and Addiction: A Comprehensive Handbook*, ed. Kelly D. Brownell and Mark S. Gold (New York: Oxford U.P., 2012).

11   David A. Kessler, *The End of Overeating: Taking Control of the Insatiable American Appetite* (New York: Rodale, 2009); Michael

Moss, *Salt Sugar Fat: How the Food Giants Hooked Us* (New York：Random House, 2013); Cécile Bertrand, "Êtes-vous 'Addict' au Sucre? Les Signes qui Doivent Vous Alerter," *Madame Figaro*, January 25, 2017, http://madame. lefigaro. fr/bien-etre/etes-vous-addict-au-sucre-les-signent-qui-doivent-vous-alerter-230117-129301; Mark S. Gold, "Introduction," in *Eating Disorders, Overeating, and Pathological Attachment to Food: Independent or Addictive Disorders?* ed. Mark S. Gold (Binghamton, N.Y.：Haworth Press, 2004), 3; Oprah Winfrey, "How Did I Let This Happen Again?" *Oprah. com* (January 2009), http://www. oprah. com/spirit/Oprahs-Battle-with-Weight-Gain-O-January-2009-Cover/2.

12　"Food Addicts in Recovery Anonymous," Shaw TV Lethbridge, January 16, 2014, https://www. youtube. com/watch? v = t0CIbYqYdVk; "A Conversation with Margaret Bullitt-Jonas about Her Memoir, Holy Hunger," Reviving Creation, http://revivingcreation. org/holy-hunger; Caitlin Moran, "I Know Why the Fat Lady Sings," *WSJ*, June 16–17, 2012. 至少有另外两种类似于匿名戒酒者协会的食物成瘾机构——成立于1960年的匿名暴食者协会（Overeaters Anonymous）和成立于1987年的匿名食物成瘾者协会（Food Addicts Anonymous）。

13　Béatrice Lauby-Secretan et al., "Body Fatness and Cancer—Viewpoint of the IARC Working Group," *NEJM* 375 (2016)：794–798; Markku Peltonen and Lena M. S. Carlsson, "Body Fatness and Cancer," *NEJM* 375 (2016)：2007–2008; Rory Jones, "Diabetes 'Disaster' Jolts Persian Gulf," *WSJ*, February 11, 2014; Jesus Alegre-Díaz et al., "Diabetes and Cause-Specific Mortality in Mexico City," *NEJM* 375 (2016)：1961–1971; The GBD 2015 Obesity Collaborators, "Health Effects of Overweight and Obesity in 195 Countries over 25 Years," *NEJM* 377 (2017)：13–27.

14　"Obesity among Adults …," NCHS Data Brief, December 4, 2007, https://www.cdc.gov/nchs/data/databriefs/db01.pdf; Eric A. Finklestein et al., "Annual Medical Spending Attributable to Obesity：Payer-and Service-Specific Estimates," *Health Affairs* 28 (2009)：822–831（以2008年调整后的美元价格计算）。本章最后解释了这个四分之一的估值。

15　Kevin Helliker, "Food May Be Addicting for Some," *WSJ*, April 5, 2011; Gene-Jack Wang et al., "Similarity between Obesity and Drug

Addiction as Assessed by Neurofunctional Imaging," *J. of Addictive Diseases* 23（2004）：39－53；Marcia Levin Pelchat, "Food Addiction in Humans," *J. of Nutrition* 139（2009）：620－662；Scott Vrecko, "'Civilizing Technologies' and the Control of Deviance," *BioSocieties* 5（2010）：36－51；Kessler, *End of Overeating*, 31－41, 143.

16　Mark S. Gold, Kimberly Frost-Pineda, and William S. Jacobs, "Overeating, Binge Eating, and Eating Disorders as Addictions," *Psychiatric Annals* 33（February 2003）：117－122；Katie Kleiner et al., "Body Mass Index and Alcohol Use," *J. of Addictive Diseases* 23（2004）：105－117；Mark S. Gold, "From Bedside to Bench and Back Again：A 30-Year Saga," *Physiology and Behavior* 104（2011）：157－161；"Jelly Belly Jelly Beans and Ronald Reagan," Ronald Reagan Presidential Library and Museum, January 2013, https：//www.reaganlibrary.gov/sreference/jelly-belly-jelly-beans-and-ronald-reagan；David Carr, *The Night of the Gun: A Reporter Investigates the Darkest Story of His Life. His Own*（New York：Simon and Schuster, 2008）, 196.

17　Bill Moyers's interview of George Koob from "The Hijacked Brain," *Moyers on Addiction: Close to Home*, March 29, 1998, edited transcript at http：//www.thetherapist.com/PBS_Article_03.html；Roy A. Wise and George F. Koob, "The Development and Maintenance of Drug Addiction," *Neuropsychopharmacology* 39（2014）：254－262；Markus Heilig, *The Thirteenth Step: Addiction in the Age of Brain Science*（New York：Columbia U.P., 2015）, chap. 8.

18　Wendy C. King et al., "Prevalence of Alcohol Use Disorders before and after Bariatric Surgery," *JAMA* 307（2012）：2516－2525；Gold, "From Bedside to Bench," 157－158.

19　Abigail Zuger, "A General in the Drug War," *NYT*, June 13, 2011（move together）；Kenneth Blum et al., "'Liking' and 'Wanting' Linked to Reward Deficiency Syndrome（RDS）：Hypothesizing Differential Responsivity in Brain Reward Circuitry," *Current Pharmaceutical Design* 18（2012）：113－118；Heilig, *Thirteenth Step*, 73；David J. Linden, *The Compass of Pleasure*（New York：Viking, 2011）, 78－82；Gene-Jack Wang, Nora D. Volkow, et al., "Brain Dopamine and Obesity," *Lancet* 357（2001）：354－357. Melissa A. Munn-Chernoff et al., "A Twin Study of Alcohol Dependence, Binge Eating, and Compensatory Behaviors," *JSAD* 74（2013）：664－673, 发现酗酒和进食障碍的遗传

率估值在 38% 到 53% 之间。

20　Caroline Davis, "Maternal Diet and Offspring Development," *Addiction* 106 (2011): 1215 – 1216; G. H. Gudjonsson et al., "An Epidemiological Study of ADHD Symptoms among Young Persons and the Relationship with Cigarette Smoking, Alcohol Consumption and Illicit Drug Use," *J. of Child Psychology and Psychiatry* 53 (2012): 304 – 312; Ju-Yu Yen et al., "The Comorbid Psychiatric Symptoms of Internet Addiction: Attention Deficit and Hyperactivity Disorder (ADHD), Depression, Social Phobia, and Hostility," *J. of Adolescent Health* 41 (2007): 93 – 98. 关于遗传和表观遗传因素的详细讨论，参见 *Food and Addiction*, ed. Brownell and Gold, chaps. 3 – 4。在 2013 年 4 月 25 日接受我的采访时，Gold 推测，过早接触成瘾性食物和药物已经成为现代生活极其不健康的一面。与其说问题是亲本基因，不如说是"在子宫内环境和早期童年环境中被改变的基因"，因为人体接触了果糖和尼古丁等大批量生产的物质。

21　Davis, "Maternal Diet," 1216. 最近的研究证据表明，最初的胎儿谱系障碍——胎儿酒精谱系障碍可能比预期的更常见、更有害。Philip A. May et al., "Prevalence of Fetal Alcohol Spectrum Disorders in 4 US Communities," *JAMA* 319 (2018): 474 – 482.

22　我从上述的食物成瘾论支持者和如下一些有洞见的评论家那里整理出了这些观点: Gene M. Heyman, *Addiction: A Disorder of Choice* (Cambridge, Mass.: Harvard U.P., 2009), chap. 6; Bennett Foddy, "Addiction and Its Sciences—Philosophy," *Addiction* 106 (2010): 25 – 31; Howard I. Kushner, "Historical Perspectives of Addiction," in *Addiction Medicine: Science and Practice*, ed. Bankole A. Johnson, vol. 1 (New York: Springer, 2011), 75 – 93; Sally Satel and Scott O. Lilienfeld, *Brainwashed: The Seductive Appeal of Mindless Neuroscience* (New York: Basic Books, 2013), chap. 3, and Satel and Lilienfeld, "Calling It a 'Brain Disease' Makes Addiction Harder to Treat," *Boston Globe*, June 22, 2017; Rachel Hammer et al., "Addiction: Current Criticism of the Brain Disease Paradigm," *American J. of Bioethics Neuroscience* 4 (2013): 27 – 32; Suzanne Frazer, David Moore, and Helen Keane, *Habits: Remaking Addiction* (New York: Palgrave Macmillan, 2014), chaps. 6 – 7; Wayne Hall, Adrian Carter, and Cynthia Forlini, "The Brain Disease Model of Addiction: Is It Supported by the Evidence and Has It Delivered on Its Promises?" *Lancet*

Psychiatry 2（2015）：105 – 110；and Maia Szalavitz, *Unbroken Brain: A Revolutionary New Way of Understanding Addiction*（New York：St. Martin's Press, 2016）。两方对话的早先版本出现在 "Food as a Drug: How Good Is the Analogy?" Addictions Old and New Conference, University of Richmond, October 23, 2015, https：//www. youtube. com/watch?v=QOfYwHkCIZA。

23　除了上面引用的资料外，我还从如下文献中获取了插图、统计数据和引文：Tara Parker-Pope, "Craving an Ice-Cream Fix," *NYT*, September 20, 2012（Cheetos）；Victorino Matus, "Taste the Science in Every Bite," *WSJ*, May 23 – 24, 2015（Doritos）；Robert Lustig, "The Sugar-Addiction Taboo," Atlantic, January 2, 2014（fructose）；Charles Duhigg, *The Power of Habit: Why We Do What We Do in Life and Business*（New York：Random House, 2014），92 – 93（overcome）；Maia Szalavitz, "Can Food Really Be Addictive?" *Time*, April 5, 2012（20 percent）；Mark A. R. Kleiman, Jonathan P. Caulkins, and Angela Hawkin, *Drugs and Drug Policy: What Everyone Needs to Know*（New York：Oxford U. P., 2011），29（10 percent）；Ashley Gearhardt, "Addiction," in *The Oxford Companion to Sugar and Sweets*, ed. Darra Goldstein（New York：Oxford U. P., 2015），1 – 4（subclinical）；"Obesity and Overweight," WHO Fact Sheet, February 16, 2018, http：//www. who. int/news-room/fact-sheets/detail/obesity-and-overweight（more than half）；John E. Blundell and Graham Finlayson, "Food Addiction Is Not Helpful: The Hedonic Component—Implicit Wanting—Is Important," *Addiction* 106（2011）：1216 – 1217（culture）；Warren Belasco, *Food: The Key Concepts*（Oxford：Berg, 2008），88 – 96（multiple sources of obesity）；Stanton Peele, "The Meaning of Addiction: Is Eating Addictive?" *Huffington Post*, September 12, 2011（"fulfill"）；A. Agrawal et al., "The Genetics of Addiction—A Translational Perspective," *Translational Psychiatry* 2（2012），e140, doi：10. 1038 / tp. 2012. 54；Jacqueline M. Vink, "Genetics of Addiction: Future Focus on Gene x Environment Interaction," *JSAD* 77（2016）：684 – 687；Jesse J. Prinz, *Beyond Human Nature: How Culture and Experience Shape the Human Mind*（New York：Norton, 2012），24 – 29（genes and environment）；Timothy P. Condon, "Reflecting on 30 Years of Research ...," *Behavioral Healthcare* 26, no. 5（2006）：14, 16；Xiaoyun Shen et al., "Anti-Addiction Vaccines," *F1000*

Medicine Reports 3 (2011), https://f1000. com/prime/reports/m/3/ 20, and Douglas Quenqua, "An Addiction Vaccine, Tantalizingly Close," *NYT*, October 3, 2011 (limitations); Kent C. Berridge and Morten L. Kringleback, "Pleasure Systems in the Brain," *Neuron* 86 (2015): 646 – 664, and Aldo Badiani et al., "Addiction Research and Theory: A Commentary on the Surgeon General's Report on Alcohol, Drugs, and Health," *Addiction Biology* 23 (2017): 3 – 5 (etiological debates); and "Definition of Addiction," April 12, 2011, American Society of Addiction Medicine, https://www.asam.org/quality-practice/ definition-of-addiction, emphasis added。

24 关于关键文献的总结和评论, 参见 David T. Courtwright, "Addiction and the Science of History," *Addiction* 107 (2012): 486 – 492, with rejoinders in "Addiction, History, and Historians: A Symposium," Points blog, March 2, 2012, https://pointsadhsblog. wordpress. com/ 2012/03/02/addictionand-historians-a-symposium/. Colors: Timothy A. Hickman, "Target America: Visual Culture, Neuroimaging, and the 'Hijacked Brain' Theory of Addiction," *Past and Present* 222, suppl. 9 (2013): 213。

25 Nora D. Volkow and George Koob, "Brain Disease Model of Addiction: Why Is It So Controversial?" *Lancet Psychiatry* 2 (2015): 677 – 679.

26 Richard A. Rawson et al., "The Globalization of Addiction Research: Capacity Building Mechanisms and Selected Examples," *Harvard Review of Psychiatry* 23 (2015): 147 – 156; Leshner, "Addiction," 46; Griffith Edwards, *Matters of Substance: Drugs—And Why Everyone's a User* (New York: St. Martin's Press, 2004), xxxvii – xxxviii; Judit H. Ward and William Bejarno, "Broad Thinking: An Interview with Harold Kalant," *JSAD* 78 (2017): 161.

27 Michelle M. Mello, Eric B. Rimm, and David M. Studder, "The McLawsuit: The Fast-Food Industry and Legal Accountability for Obesity," *Health Affairs* 22 (2003): 207 – 216; Kessler, *End of Overeating*, 242 (Puck); Bart Hoebel, "Sugar Addiction: Bingeing, Withdrawal, and Craving," conference presentation, Obesity and Food Addiction Summit, Bainbridge Island, Washington. April 25, 2009, http://foodaddictionsummit. org/webcast/hoebel. html; Moss, *Salt Sugar Fat*, "mouthfeel" 154, burst, 287; Annie Gasparro and Jesse Newman, "The New Science of Taste: 1,000 Banana Flavors," *WSJ*,

October 31, 2014.

28   Steve Steinberg, "Industry Turns Flavor into a Science," *Chicago Tribune*, January 30, 1986 (one in ten); Moss, *Salt Sugar Fat*, 311 (Lin). 转基因酵母细胞还被用于将糖转化为阿片类药物，进一步模糊了食品和药品的界限。Stephanie Galanie et al., "Complete Biosynthesis of Opioids in Yeast," *Science* 349 (2015): 1095–1100.

29   Michael Pollan, *The Botany of Desire: A Plant's Eye View of the World* (New York: Random House, 2001), chap. 4, and Daniel Akst, *We Have Met the Enemy: Self-Control in an Age of Excess* (New York: Penguin, 2011), 23 (potatoes); Moss, *Salt Sugar Fat*, 60 (Mortimer); Michael Specter, "Freedom from Fries," *New Yorker* 91 (November 2, 2015): 56–65 (cheap food); Sarah Tracy, pers. comm., September 14, 2017 (Lay's). 自此，上瘾已经成了一种常见的食品广告词，例如，快餐店 Firehouse Subs 的广告语："咬一口，尝一下，你会停不下来。"

30   Charles Spence, "Auditory Contributions to Flavour Perception and Feeding Behaviour," *Physiology and Behavior* 107 (2012): 507–508.

31   Nicola Twilley, "Accounting for Taste," *New Yorker* 91 (November 2, 2015): 50–55 (coffee, sodas); Moss, *Salt Sugar Fat*, 320, and "25 Unique Potato Chip Flavors from around the World You Probably Never Heard Of," October 12, 2014, http://list25.com/25-unique-potato-chip-flavors-from-around-the-world-you-probably-never-heard-of; Harry Rothschild, pers. comm., September 18, 2017 (extensions).

32   Bert C. Goss confidential memorandum, January 10, 1956, p. 4, folder 4, box 93, John W. Hill Papers, State Historical Society of Wisconsin, Madison (Coca-Cola); "New Croissan'wich TV Scripts and Storyboards" (TS, 1984), "general" folder, box 2, Burt Manning Papers, JWT; David Segal, "Grilled Chicken, That Temperamental Star," *NYT*, October 8, 2011 ("Pavlovs").

33   Charles Spence, "From Instagram to TV Ads: What's the Science behind Food Porn?" *Guardian*, March 19, 2017.

34   Kessler, *End of Overeating*, 243 ("happy," citing unpublished Heath McDonald paper); Hal Friedman to Burger King Creative Team, December 17, 1986, "general" folder, box 2, Burt Manning Papers, JWT ("music"); Rumy Doo, "Silent Mukbang Brings Focus Back to Food," *Korea Herald*, August 18, 2016; "'Meokbang' Emerges as

New Way to Relieve Stress," *Korea Times*, February 17, 2017; Euny Hong, "Why Some Koreans Make $10,000 a Month to Eat on Camera," *Quartz*, January 16, 2016, https://qz. com/592710/why-some-koreans-make-10000-a-month-to-eat-on-camera. 关于"吃播"首次出现的时间，不同资料的说法略有不同。

35　"Creative Direction: Children's Advertising" (TS, 1976), 1, 4, Advertising to Children, box 2, Burt Manning Papers, JWT; Paul M. Fischer et al., "Brand Logo Recognition by Children Aged 3 to 6 Years," *JAMA* 266 (1991): 3145 - 3148; Amanda S. Bruce et al., "Branding and a Child's Brain: An fMRI Study of Neural Responses to Logos," *Social Cognitive and Affective Neuroscience* 9 (2014): 118 - 122; Harry Varley, "Dealing in Futures," *Printer's Ink* 108 (August 14, 1919): 162 - 172; *Moss, Salt Sugar Fat*, 77 - 80.

36　John Willem to Robert Urban et al., August 8, 1955, Anheuser-Busch, box 18B, Dan Seymour Papers (Budweiser); "Thompson T-Square" (TS, 1966), 5, Miscellaneous Reports, box 4, Albert B. Stridsberg Papers, JWT (heavy users). Representative product analyses and surveys are in Chunky Chocolate Corp. (whence "gustatory"), box 18; Mrs. Butterworth's Syrup minutes and attachments, box 19; Liggett and Meyers—Chesterfield, box 19 ("full satisfaction"); and United States Brewers Association, box 32, Review Board Records, all in JWT. "Lift" from Goss confidential memorandum, p. 3, box 93, John W. Hill Papers, State Historical Society of Wisconsin, Madison.

37　David W. Ellwood, *The Shock of America: Europe and the Challenge of the Century* (Oxford: Oxford U. P., 2012), 404 - 405; Albert Stridsberg, "The Next Thirty Years of American Advertising ..." (TS, December 18, 1969), 1, 4, international marketing folder, box 4, Stridsberg Papers, JWT (Kraft, quotation); Lawrence Wallack and Kathryn Montgomery, "Advertising for All by the Year 2000: Public Health Implications for Less Developed Countries," *J. of Public Health Policy* 13 (1992): 205; Barbara Sundberg Baudot, *International Advertising Handbook* (Lexington, Mass.: Lexington Books, 1989), 11, 15 - 16n20 (percentages).

38　Andrew Jacobs and Matt Richtel, "How Big Business Got Brazil Hooked on Junk Food," *NYT*, September 16, 2017; Michele Simon, "Nestle Stoops to New Low, Launches Barge to Peddle Junk Food on the

Amazon River to Brazil's Poor," *Alternet*, July 8, 2010, http://www. alternet.org/story/147446/nestle_ stoops_ to_ new_ low, _ launches_ barge_ to_ peddle_ junk_ food_ on_ the_ amazon_ river_ to_ brazil's_ poor.

39   April Fulton, "McDonald's Goes Vegetarian—In India," NPR, September 4, 2012, http://www. npr. org/sections/thesalt/2012/09/04/160543754/mcdonalds-goes-vegetarian-in-india; Ronald A. Lukens-Bull, "Ronald McDonald as a Javanese Saint and an Indonesian Freedom Fighter: Reflections on the Global and the Local," *Crossroads* 17 (2003): 114 - 117.

40   *McDonaldization: The Reader*, 2nd edition, ed. George Ritzer (Thousand Oaks, Calif.: Pine Forge, 2006)，提供了介绍和具有代表性的研究。

41   Coca-Cola, "Per Capita Consumption of Company Beverage Products," https://www. coca-colacompany. com/annual-review/2011/pdf/2011-per-capita-consumption. pdf; Amy Guthrie et al., "Companies Brace for Mexican Food Fight," *WSJ*, October 19 - 20, 2013; Margot Sanger-Katz, "Sales Fall Again in Mexico's Second Year of Taxing Soda," *NYT*, February 22, 2017; Bartow J. Elmore, *Citizen Coke: The Making of Coca-Cola Capitalism* (New York: Norton, 2015), 187.

42   Victoria de Grazia, *Irresistible Empire: America's Advance through Twentieth-Century Europe* (Cambridge, Mass.: Harvard U.P., 2005), 469 - 471 (McDonald's) and Mark Bittman, "The True Cost of a Burger," *NYT*, July 15, 2014 (emissions). Elmore, *Citizen Coke*, and James Walvin, *Sugar: The World Corrupted: From Slavery to Obesity* (New York: Pegasus, 2018) survey environmental and other externalities.

43   Ashley N. Gearhardt, William R. Corbin, and Kelly D. Brownell, "Preliminary Validation of the Yale Food Addiction Scale," *Appetite* 52 (2009): 430 - 436. One quarter or more/150 million: Caroline Davis et al., "Evidence That 'Food Addiction' Is a Valid Phenotype of Obesity," *Appetite* 57 (2011): 711 - 717; Nicole M. Avena et al., "Tossing the Baby Out with the Bathwater after a Brief Rinse? The Potential Downside of Dismissing Food Addiction on Limited Data," *Nature Reviews Neuroscience* 13 (2012): 514; and WHO, "Obesity and Overweight." Steve Sussman, *Substance and Behavioral Addictions: Concepts, Causes, and Cures* (Cambridge: Cambridge U.P., 2017), 115，提出了占成年人口 2%的数据，这使得 2014 年的成瘾人口总量

接近 1 亿。然而，萨斯曼警告说，这个比例是暂时的，而且"有可能食物成瘾的患病率要高得多"。

第七章

1　Carol Cling, "Slot Machines City's Most Popular Form of Gaming," *Las Vegas Review-Journal*, April 5, 1994 ("excited"); Marc Cooper, *The Last Honest Place in America: Paradise and Perdition in the New Las Vegas* (New York: Nation Books, 2004), 134 ("trendy").

2　Cooper, *Last Honest Place*, 95, 140 (quotation), 141 - 142.

3　Lynn Waddell, "Do Locals Gamble? You Bet!" *Las Vegas Sun*, April 9, 1991; Andrés Martinez, *24 / 7: Living It Up and Doubling Down in the New Las Vegas* (New York: Villard, 1999), 239 - 240.

4　Natasha Dow Schüll, *Addiction by Design: Machine Gambling in Las Vegas* (Princeton, N.J.: Princeton U.P., 2012), quotation p.2.

5　Ibid., 1 - 19, 223 - 226, quotation p. 226, original italicized.

6　Gary Rivlin, "The Chrome-Shiny ... Bandit," *NYT Magazine*, May 9, 2004, 81 ("losers"); Schüll, *Addiction by Design*, 21 ("creative"), 295 ("bomb"), italics in original.

7　M. P. Davis, "A 'Virtual' Success," *Gaming and Wagering Business* 5 (October 1984): 14.

8　Mark Maremont and Alexandra Berzon, "The Real Odds on Gambling," *WSJ*, October 12 - 13, 2013; Schüll, Addiction by Design, 16 - 18, 69, 293; Patrick Roberts, "Table Dances," *RD&E: Retail, Dining and Entertainment in the Gaming and Hospitality Industry* 2 (2008): 15.

9　Schüll, *Addiction by Design*, 119 - 120 (Australia), 300 - 302 (globalization); "What Is Pachinko?" (n. d., ca. 1992 - 1993), Gambling Vertical File—Games: Pachinko, SC-UNLV; Misha Glenny, *McMafia: A Journey through the Global Criminal Underworld* (New York: Vintage, 2009), 308; Pablo Gorondi, "Hungary's Gambling Issue," *Florida Times-Union*, October 5, 2012; Victoria Coren Mitchell, "A Stupid Gamble on Evil Machines," *Guardian*, August 19, 2017.

10　Schüll, Addiction by Design, 119 - 120; Alexandra Berzon and Mark Maremont, "Researchers Bet Casino Data Can Identify Gambling Addicts," *WSJ*, August 3 - 4, 2013; Adam Baidawi, "Australians Are the World's Biggest Gambling Losers ...," *NYT*, April 4, 2018; Sean Nicholls, "Account Limit Lift to $5000 'Dangerous' for Gamblers,"

Sydney Morning Herald, June 9, 2015.

11 Natasha Dow Schüll, "Addiction by Design: From Slot Machines to Candy Crush," Addictions Old and New Conference, University of Richmond, October 23, 2015, https://www. youtube. com/watch? v = TazssD6L7wc.

12 Hilarie Cash et al., "Internet Addiction: A Brief Summary of Research and Practice," *Current Psychiatry Reviews* 8 (2012): 294. 关于毒瘾者相似的话语（例如，"这是前所未有的、最强烈的虚无感"和"它把整个丑陋的世界都麻痹了"），参见 Gene M. Heyman, *Addiction: A Disorder of Choice* (Cambridge, Mass.: Harvard U. P., 2009), 46–52。

13 Cash et al., "Internet Addiction," 292–298; Aviv Weinstein and Michel Lejoyeux, "Internet Addiction or Excessive Internet Use," *American J. of Drug and Alcohol Abuse* 36 (2010): 277–283; Tiffany Hsu, "Video Game Addiction Tries to Move from Basement to Doctor's Office," *NYT*, June 17, 2018.

14 引自 International Center for Media and Public Agenda and Salzburg Academy on Media and Global Change, "Going 24 Hours without Media," The World Unplugged, 2011, https://theworldunplugged. wordpress.com，格式上有一些小的调整。美国学生（23%）和中国学生（22%）是最可能提到成瘾的群体，阿根廷学生（12%）和乌干达学生（14%）提到成瘾的次数最少，这个发现表明，互联网的可获得性影响了学生对媒体成瘾的自我认知。

15 毒物兴奋效应通常适用于电离辐射或化合物等环境作用剂的双向剂量效应。但这一概念已经延伸到饮食和锻炼等行为中，我认为这一概念也应该涵盖自向数字行为，这些行为如果不频繁，就是有益的，但如果频繁且让你养成了习惯就会变得有害，变成远向行为，即由他人控制你的情绪和信念的行为。关于毒物兴奋效应，参见 Mark P. Mattson, "Hormesis Defined," *Ageing Research Reviews* 7 (2008): 1–7。关于有益的数码产品使用，参见 Greg Wadley, "Mood-Enhancing Technology," in OzCHI '16: *Proceedings of the 28th Australian Conference on Computer-Human Interaction* (Launceston, Australia, 2016), https:// dl.acm.org/citation.cfm?id=3010954。

16 Kimberly S. Young, "A Therapist's Guide to Assess and Treat Internet Addiction," http://www. netaddiction. com/articles/practitioners. pdf; Amanda Lenhardt, "Teens, Social Media and Technology: Overview

2015," *Pew Research Center Report*, April 9, 2015, http://www. pewinternet. org/2015/04/09/teens-social-media-technology-2015; Donald W. Black, "A Review of Compulsive Buying Disorder," *World Psychiatry* 6 (2007): 1–18.

17　Eric Bellman, "Internet's Next Users: More Video, Less Typing," *WSJ*, August 8, 2017.

18　John C. Burnham, *Bad Habits: Drinking, Smoking, Taking Drugs, Gambling, Sexual Misbehavior, and Swearing in American History* (New York: NYU Press, 1993), chap. 8; "Trolling," Urban Dictionary, http:// www.urbandictionary.com/define.php?term=trolling.

19　Adam Alter, *Irresistible: The Rise of Addictive Technology and the Business of Keeping Us Hooked* (New York: Penguin, 2017), 3 (Harris); Steve Henn, "How Video Games Are Getting Inside Your Head—and Wallet," *Morning Edition*, NPR, October 29, 2013, http:// www. npr. org/sections/alltechconsidered/2013/10/30/241449067/how-video-games-are-getting-inside-your-head-and-wallet; Sarah E. Needleman, "Game Developers Are Making It Hard for Players to Stop," *WSJ*, August 21, 2018; David Barboza, "Ogre to Slay? Outsource It to Chinese," *NYT*, December 9, 2005; Sarah E. Needleman, "Mobile-Game Makers Hunt for 'Whales,'" *WSJ*, May 11, 2015. 到了21世纪初，赌场经营者和赌博机器设计者担心没有实体设备负担的互联网竞争对手会成功垄断年轻玩家的时间，甚至将赌博转移到线上，留下半空的赌场，供上了年纪的婴儿潮一代玩，使赌博成为怀旧摇滚似的行为。如何应对这种分裂博彩业的趋势呢？创新者宣称，要么适应，要么灭亡；而谢尔登·阿德尔森等保守人士扬言，将不惜一切代价，阻止互联网赌博。Hannah Dreier, "Gambling Industry Fights Self on Internet Gambling," *Washington Examiner*, February 10, 2014.

20　Nancy Jo Sales, *American Girls: Social Media and the Secret Lives of Teenagers* (New York: Knopf, 2016), 10 (self-reported addiction), 192 ("no life"), 271 ("porn all day").

21　"Going 24 Hours without Media"; Emily Rauhala, "These Viral Selfie Apps with 1 Billion Downloads Are Shaping China's Start-Up Culture," *WP*, August 3, 2016; Heather Chen, "Asia's Smartphone Addiction," BBC News, September 7, 2015, http://www. bbc. com/news/world-asia-33130567; "Net Addiction a Growing Problem," *Japan Times*, September 3, 2013. 我还引用了 Ian Hodder, *Entangled: An Archaeology of the Relations between Human and Things*（Chichester：Wiley – Blackwell，2012），103 – 105，其中对"紧张的"的物质性和社会性纠缠导致人类陷入困境的描述十分适用于智能手机和社交媒体的情况。

22　Amanda Lenhart，"Teens，Social Media and Technology Overview 2015，"Pew Research Center，April 9，2015，http：//www.pewinternet. org/2015/04/09/teens-social-media-technology-2015.

23　Sales，*American Girls*，240. Brian Y. Park et al.，"Is Internet Porn Causing Sexual Dysfunctions？A Review with Clinical Reports，"*Behavioral Sciences* 6，no. 3（2016），https：//doi.org/10.3390/bs6030017，回顾了国际文献，也提供了个案研究。Gary Wilson's TEDx talk，"The Great Porn Experiment，"May 16，2012，https：//www. youtube. com/ watch？v = wSF82AwSDiU，为我们了解色情成瘾提供了入门材料，并论证了其与食物及药物成瘾在神经病理学上的共性。

24　Norbert Elias，*The Civilizing Process：Sociogenetic and Psychogenetic Investigations*，rev. ed.，trans. Edmund Jephcott（Oxford：Blackwell，2000）；Steven Pinker，*The Better Angels of Our Nature：Why Violence Has Declined*（New York：Viking，2011），chap. 3；Mark Regnerus，"Cheap Sex and the Decline of Marriage，"*WSJ*，September 29，2017；Sales，American Girls，197.

25　Anna North，review of *American Girls*，by Nancy Jo Sales，*NYT*，March 25，2016；Zoë Heller，"'Hot'Sex and Young Girls，"*NYRB* 63（August 18，2016）：22 – 23；Pinker，*Better Angels*，477.

26　Alter，*Irresistible*，4.

27　据世界卫生组织调查，每年有 1 620 万成年人死于烟草、酒精、高盐饮食和不运动。在这个数字的基础上，我又加上了 2014 年 270 万死于以下四种原因的人数：（1）开车分心（约占道路交通事故死亡总人数的 10%）；（2）未采取保护措施的婚外情或毒品注射引发的感染（保守估计，占艾滋病、梅毒和丙型肝炎死亡总人数的 50%）；（3）毒品过量死亡；（4）直接由糖尿病引发的死亡，例如肾脏衰竭。结果是，2014 年约有 1 890 万人死亡，其中大多数人是因"坏习惯"引发或加剧的问题而过早死亡。同年，死于"仇恨"——战争和谋杀——的人数为 62.4 万人，二者比例为 30∶1。这种算法存在局限。世界卫生组织的数据和我的估算都不是不容更改的，随着战争开始或结束，这一比例每年都会变化。但这些数据说明了，合法和非法的全球企业鼓励、促成的不健康习惯每年造成的死亡人数已经超过了世界上军队、暴君、土匪和争斗者造成的死亡人数。WHO, *Noncommunicable Diseases*, fact sheet, June 2017 edition, http://www. who. int/mediacentre/factsheets/fs355/en; "World Rankings—Total Deaths," 2014, http://www. worldlifeexpectancy. com/world-rankings-total-deaths（WHO data）; WHO, Diabetes, fact sheet, November 2017 edition, http://www.who.int/mediacentre/factsheets/fs312/en.

28　Kit Smith, "47 Incredible Facebook Statistics and Facts for 2016," *Brandwatch*, May 12, 2016, https://www. brandwatch. com/blog/47 - facebook-statistics – 2016; Alter, *Irresistible*, 5, 7, 10; Nir Eyal with Ryan Hoover, *Hooked: How to Build Habit-Forming Products*（New York: Portfolio / Penguin, 2014）, 131（"tribe"）; Tamara Lush, "At War with World of Warcraft: An Addict Tells His Story," *Guardian*, August 29, 2011. 读了本章草稿的学校教师谈到了数字强化和有效教学之间存在的相似性。例如，SRA阅读实验室就依靠同样的六个要素。边缘资本家不仅霸占了成瘾者的大脑，还霸占了学习的过程本身。

29　Nick Bilton, "Instagram Quickly Passes 1 Million Users," *NYT*, December 21, 2010（"hooked"）; Josh Constine, "Instagram's Growth Speeds Up as It Hits 700 Million Users," *TechCrunch*, April 26, 2017, https://techcrunch.com/2017/04/26/instagram-700-million-users; Ellen McCarthy, "Breaking Up with Your Smartphone …," *WP*, February 8, 2018（quotation）.

30　Eyal with Hoover, *Hooked*, 17, 39（"unleashed"）, 48（"quell"）.

31　Kashmir Hill, "10 Reasons Why Facebook Bought Instagram," *Forbes*, April 11, 2012, https://www. forbes. com/sites/kashmirhill/2012/04/11/ten-reasons-why-facebook-bought-instagram/#7366140bd1b1; David Batty, "Instagram Acts after BBC Finds Site Users Are Advertising Illegal Drugs," *Guardian*, November 7, 2013; "1 Million Porn Videos on Instagram Hidden in Arabic Hashtags: Report," *Times of India*, March 15, 2016.

32　Sherry Turkle, *Alone Together: Why We Expect More from Technology and Less from Each Other*（New York: Basic Books, 2011）; Nicholas Carr, *The Shallows: What the Internet Is Doing to Our Brains*（New York: Norton, 2010）; Nicholas Carr, "How Smartphones Hijack Our Minds," *WSJ*, October 7 - 8, 2017; Tamar Lewin, "If Your Kids Are Awake, They're Probably Online," *NYT*, January 20, 2010; Matt

Richtel, *A Deadly Wandering: A Tale of Tragedy and Redemption in the Age of Attention* (New York: William Morrow, 2014); Leonard Sax, *Boys Adrift: The Five Factors Driving the Growing Epidemic of Unmotivated Boys and Underachieving Young Men* (New York: Basic Books, 2007), chaps. 2 – 3; "Mexico," The World Unplugged, https://theworldunplugged.wordpress.com/countries/mexico.

33 Zadie Smith, "Generation Why?" *NYRB* 57 (November 25, 2010): 58; Carl Wilkinson, "Shutting Out a World of Digital Distraction," *Telegraph*, September 6, 2012 (Franzen); Adrian F. Ward et al., "Brain Drain: The Mere Presence of One's Own Smartphone Reduces Available Cognitive Capacity," *J. of the Association for Consumer Research* 2 (2017): 140 – 154.

34 "Time suck," Urban Dictionary, https://www.urbandictionary.com/define.php?term=time%20suck; Jean M. Twenge, "Have Smartphones Destroyed a Generation?" *Atlantic* (September 2017), https://www.theatlantic.com/magazine/archive/2017/09/has-the-smartphone-destroyed-a-generation/534198; Melinda Beck, "The Effects of Chronic Heavy Drinking on Brain Function Are Underdiagnosed," *WSJ*, December 21, 2015 (Koob).

35 Pinker, *Better Angels*, chaps. 3, 5, 9, and 10.

36 Ibid., 673, 682; Steven Pinker, *Enlightenment Now: The Case for Reason, Science, Humanism, and Progress* (New York: Viking, 2018), 12 – 13, 83 – 84; Robert Wright, "Progress Is Not a Zero-Sum Game," TED talk, February 2006, https://www.ted.com/talks/robert_wright_on_optimism#t – 524840.

37 Nir Eyal, "Opening Remarks," 2014 Habit Summit, https://www.youtube.com/watch?v=QxD3LQrJpBw; Haley Sweetland Edwards, "The Masters of Mind Control," *Time* 191 (April 23, 2018): 36.

38 Nir Eyal, "The Promise and Peril of Persuasive Technology," 2017 Habit Summit, https://www.youtube.com/watch?v=EuAYOhSKOwk.

39 "Tencent Announces 2016 Fourth Quarter and Annual Results," March 22, 2017, pp. 1, 3 – 4 (quotations), https://www.tencent.com/en-us/articles/15000591490174029.pdf; Timothy McDonald, "Honour of Kings: China's Most Vilified Online Game," BBC News, July 7, 2017, http://www.bbc.com/news/business-40516125.

40 Paul Lewis, " 'Our Minds Can Be Hijacked': The Tech Insiders Who

Fear a Smartphone Dystopia," Guardian, October 5, 2017; "Chamath Palihapitiya … on Money as an Instrument of Change," Stanford Graduate School of Business, November 13, 2017, https://www.youtube.com/watch?v=PMotykw0SIk&feature=youtu.be&t=21m21s.

41　Nick Bilton, "Steve Jobs Was a Low-Tech Parent," *NYT*, September 10, 2014; Alter, *Irresistible*, 2; "Chamath Palihapitiya"; Lewis, "Our Minds Can Be Hijacked."

42　Author interview with Leonard Stern, May 1, 2013.

43　Murray Melbin, *Night as Frontier: Colonizing the World after Dark* (New York: Free Press, 1987); Jane Brox, *Brilliant: The Evolution of Artificial Light* (Boston: Houghton Mifflin Harcourt, 2010), 30; "Crimes Related to Awakening Drugs a Worry," *Mainichi Shimbun*, TS translation in "Addiction—Incidence, Countries, 1976 – 1977," VF.

44　"Fly TWA Las Vegas" ad, "Facts about McCarran" (TS news release, n.d.), and "Aviation History in the Las Vegas Valley" (TS news film transcript, n.d.), p. 3, Aviation Vertical File, SC-UNLV.

45　David T. Courtwright, *No Right Turn: Conservative Politics in a Liberal America* (Cambridge, Mass.: Harvard U.P., 2010), 117 – 119, 252 – 256.

46　Bill Tancer, *Click: What Millions of People Are Doing Online and Why It Matters* (New York: Hyperion, 2008), 19 – 26, 110 – 114.

47　David T. Courtwright, Herman Joseph, and Don Des Jarlais, *Addicts Who Survived: An Oral History of Narcotic Use in America before 1965* (Knoxville: U. of Tennessee Press, 2012), 257 ("life"); Pinker, *Enlightenment Now*, 260 (Caravaggio, Callas); Google search April 2018.

48　Susan E. Foster et al., "Alcohol Consumption and Expenditures for Underage Drinking and Adult Excessive Drinking," *JAMA* 289 (2003): 989 – 995 (20 percent); John Carroll, "DOE Symposium" (TS, September 9, 1995), 5, box 1, JKP; Center for Media Education, "ABSOLUTe Web: Tobacco and Alcohol Industries Launch Into Cyberspace," *InfoActive* (Winter 1997): 1 – 16; Sarah Mart, Jacob Mergendoller, and Michele Simon, "Alcohol Promotion on Facebook," *J. of Global Drug Policy and Practice* 3, no. 3 (2009), http://www.eatdrinkpolitics.com/wp-content/uploads/AlcoholPromotionFacebookSimon.pdf; "How Alcohol Brands Are Advertising with Social Media Influencers," Mediakix, March 17, 2016, http://mediakix.com/2016/03/alcohol-advertising-social-media-influencers/#gs.HwTAiQU；Patricia A. Cavazos-Rehg et al.，"'Hey Everyone, I'm Drunk.' An Evaluation of Drinking-Related Twitter Chatter，" *JSAD* 76（2015）：635 – 639；Sarah A. Stoddard et al.，"Permissive Norms and Young Adults' Alcohol and Marijuana Use：The Role of Online Communities，" *JSAD* 73（2012）：968 – 975；Craig MacAndrew and Robert B. Edgerton，*Drunken Comportment: A Social Explanation*（Chicago：Aldine, 1969）.

49　"Commentator［sic］on Pornography, Illegal Publications，" *Beijing Renmin Ribao*, November 24, 1995, FBIS.

50　Michael Flood and Clive Hamilton，"Youth and Pornography in Australia：Evidence on the Extent of Exposure and Likely Effects，" discussion paper no. 52, Australia Institute, February 2003, 53, http://www.tai.org.au/sites/default/files/DP528.pdf；"Iceland Considers Pornography Ban，" *Telegraph*, February 13, 2013；Jeremiah Kiplangat，"Internet Unlocks a World of Sexual Fantasy，" *Standard Digital*, February 9, 2009, https://www. standardmedia. co. ke/article/1144006137/internet-unlocks-a-world-of-sexual-fantasy（"craved"）.

51　Kit R. Roane，"Prostitutes on Wane in New York Streets but Take to Internet，" *NYT*, February 23, 1998；John D. McKinnon，"Web Freedom's Role in Sex Trafficking，" *WSJ*, July 12, 2016（quotations）.

52　Robert Weiss，"Hyperstimulation and Digital Media：Sex and Tech Addictions，" Addictions Old and New Conference, University of Richmond, October 23, 2015, https://www. youtube. com/watch? v = 0HTtuewZePE；Gardiner Harris，"Cellphones Reshape Prostitution in India, and Complicate Efforts to Prevent AIDS，" *NYT*, November 24, 2012.

53　Sabrina Tavernise，"F.D.A. Warns 5 Producers of Powdered Caffeine，" *NYT*, September 1, 2015；Zolan Kanno-Youngs and Jeanne Whalen，"Gangs Cut Out Middlemen，" *WSJ*, June 9, 2017；Jeff Elder，"Icann, Regulators Clash over Illegal Online Drug Sales，" *WSJ*, October 27, 2014（estimate）；Anna Lembke，*Drug Dealer*, *M.D.*（Baltimore：Johns Hopkins U.P., 2016），78.

54　Bari Weiss，"Thank You for Smoking—Marijuana，" *WSJ*, March 15 – 16, 2014（Hartfield）. 我在 2017 年 11 月查询过，当时亚马逊德国站和法国站均有 Screeny Weeny 的补充液售卖。

55　David Weinberger，"Criminal Networks and Indoor Cannabis in Europe：

Has the Phenomenon Reached France?" *Drugs*, *International Challenges*, no. 1 (May 2011): 1 – 5; National Drug Intelligence Center, *Indoor Cannabis Cultivation Operations: An Intelligence Brief* (Washington, D.C.: U.S. Department of Justice, 2000), v, 1 – 13.

56　Yuval Noah Harari, *Homo Deus: A Brief History of Tomorrow* (New York: Harper-Collins, 2017).

第八章

1　Lydia Leavitt, "69gadget's OhMiBod Freestyle Review," *TechCrunch*, October 24, 2009, https://techcrunch. com/2009/10/24/69gadgets-ohmibod-freestyle-review.

2　William B. McAllister, pers. comm.

3　Charles E. Rosenberg, "Disease in History: Frames and Framers," *Millbank Memorial Fund Q.* 67 suppl. 1 (1989): 1. 一些读者提出了批评和问题，我将这些读者的名字列在了《致谢》中。

4　Robin L. Hornung and Solmaz Poorsattar, "Tanning Addiction: The New Form of Substance Abuse," Skin Cancer Foundation, August 2, 2013, https://www.skincancer.org/prevention/tanning/tanning-addiction.

5　Jerod L. Stapleton, Elliot J. Coups, and Joel Hillhouse, "The American Suntanning Association: A 'Science-First Organization' with a Biased Scientific Agenda," *JAMA Dermatology* 149 (2013): 523 – 524; Steven Reinberg, "1 in 5 Young Women Who Tan Indoors Get Addicted," WebMD, October 19, 2017, https://www.webmd.com/skin-problems-and-treatments/news/20171019/1-in-5-young-women-who-tan-indoors-get-addicted#1 (quotation).

6　"Metallurgy," *London Q. Review* [American ed.] 120 (July 1866): 53 – 54; Douglas Alan Fisher, *The Epic of Steel* (New York: Harper and Row, 1963), chaps. 11 – 12.

7　Jan Sundin and Sam Willner, *Social Change and Health in Sweden: 250 Years of Politics and Practice* (Solna: Swedish National Institute of Public Health, 2007), 25, https://www. diva-portal. org/smash/get/diva2: 17729 /FULLTEXT01.pdf.

8　Sully Ledermann, *Alcool, Alcoolisme, Alcoolisation, vol. 1: Données Scientfiques de Caractère Physiologique, Économique et Social* and vol 2: *Mortalité, Morbidité, Accidents du Travail* (Paris: Presses Universitaires de France, 1956, 1964); M. Craplet, "Policies and Politics in France:

'From Apéritif to Digestif,'" in *From Science to Action? 100 Years Later — Alcohol Policies Revisited*, ed. Richard Müller and Harald Klingemann（New York：Kluwer, 2004）, 127; Virginia Berridge, *Demons: Our Changing Attitudes to Alcohol, Tobacco, and Drugs*（Oxford：Oxford U.P., 2013）, 190－191; Alex Mold, "'Everybody Likes a Drink. Nobody Likes a Drunk'：Alcohol, Health Education and the Public in 1970s Britain," *Social History of Medicine* 30（2017）：612－636.

9　Ana Regina Noto et al., "The Hidden Role of the Alcohol Industry in Youth Drinking in Brazil," *JSAD* 76（2015）：981; Jean Kilbourne to Ace Bushnell, August 7, 1986, box 26, JKP（annuities）.

10　Richard H. Thaler and Cass R. Sunstein, *Nudge: Improving Decisions about Health, Wealth, and Happiness*, rev. ed.（New York：Penguin, 2009）, introduction and part 1.

11　Ibid., 49; Khushbu Shah, "How Cinnabon Tricks You with Its Cinnamon Smells," Eater, May 21, 2014, https：//www. eater. com/2014/5/21/6220567/how-cinnabon-tricks-you-with-its-cinnamon-smells.

12　Robert N. Proctor, *Golden Holocaust: Origins of the Cigarette Catastrophe and the Case for Abolition*（Berkeley：U. of California Press, 2011）, 398－403; Alix M. Freedman, "'Impact Booster'：Tobacco Firm Shows How Ammonia Spurs Delivery of Nicotine," *WSJ*, October 18, 1995; "Expert：Ammonia Added to Cigarettes," CNN, February 4, 1998, http：//www. cnn. com/US/9802/04/minnesota. tobacco/index. html?s=PM: US（10 million）; Anonymous, "Response to Wall Street Journal on Ammonia and Nicotine"（TS, October 13, 1995）, Truth Tobacco Industry Documents, https：//www. industrydocumentslibrary. ucsf.edu/tobacco/docs/#id=kndy0082（"flavorants," "naturally"）.

13　National Center for Responsible Gaming, *1998 Annual Report*, Gambling Vertical File—Associations：National Center for Responsible Gaming, SC-UNLV（checks）; Brett Pulley, "Study Finds Legality Spreads the Compulsion to Gamble," *NYT*, December 7, 1997; Eliza Strickland, "Gambling with Science," Salon, June 16, 2008, https：//www.salon. com/2008/06/16/gambling_ science.

14　Cristin E. Kearns, Laura A. Schmidt, and Stanton A. Glantz, "Sugar Industry and Coronary Heart Disease Research：A Historical Analysis of Internal Industry Documents," *JAMA Internal Medicine* 176（2016）：

1680 – 1685.

15　Amanda Reiman, Mark Welty, and Perry Solomon, "Cannabis as a Substitute for Opioid-Based Pain Medication: Patient Self-Report," *Cannabis and Cannabinoid Research* 2 (2017): 160 – 166.

16　"Anheuser-Busch Company Profile" (TS, 1997), box 1, JKP.

17　"Investors Win Big with Bet on Chinese Lottery Firm's Shares," *South China Morning Post*, updated ed., January 7, 2014, http://www.scmp.com/business/china-business/article/1399019/investors-win-big-bet-chinese-lottery-firms-shares.

18　*Pursue Perfection* (Copenhagen: Carlsberg Foundation, 2014), 25, 28.

19　"OxyContin Press Release, 1996," TS, reproduced in *Los Angeles Times*, May 5, 2016, http://documents.latimes.com/oxycontin-press-release-1996, 1, 2, 8, scare quotes in original.

20　这里的叙述借鉴了 Barry Meier, *Pain Killer: An Empire of Deceit and the Origin of America's Opioid Epidemic* (New York: Random House, 2018); Sam Quinones, *Dreamland: The True Tale of America's Opiate Epidemic* (New York: Bloomsbury, 2015); Christopher Glazek, "The Secretive Family Making Billions from the Opioid Crisis," *Esquire*, October 16, 2017, http://www.esquire.com/news-politics/a12775932/sackler-family-oxycontin; Andrew Kolodny et al., "The Prescription Opioid and Heroin Crisis: A Public Health Approach to an Epidemic of Addiction," *Annual Review of Public Health* 36 (2015): 559 – 574; Harriet Ryan, Lisa Girion, and Scott Glover, "OxyContin Goes Global— 'We' re Only Just Getting Started, '" *Los Angeles Times*, December 18, 2016; Jeanne Whalen, "U. S. Lifespans Fall Again," *WSJ*, December 21, 2017; and Keith Humphreys, Jonathan P. Caulkins, and Vanda Felbab-Brown, "Opioids of the Masses: Stopping an American Epidemic from Going Global," *Foreign Affairs* 97 (May / June 2018): 118 – 129。

21　Patrick Radden Keefe, "Empire of Pain," *New Yorker* 93 (October 30, 2017): 34 – 49, quotation p. 36.

22　Ibid., 43 (whales).

23　Jeanne Whalen and Laura Cooper, "Private Equity Invests in Rehab Centers," *WSJ*, September 6, 2017; Leslie Scism and Nicole Friedman, "Smartphone Use Lifts Car-Insurance Rates," *WSJ*, February 21, 2017.

24　Micha Berman et al., "Estimating the Cost of a Smoking Employee,"

Tobacco Control 23（2014）：428 – 433.

25　Jon Evans，"Drug Testing：Technologies and Global Markets," *BCC Research*，May 2017，https：//www. bccresearch. com/market-research/pharmaceuticals/drug-testing-technologies-markets-report-phm013g. html；"Weight Management Market Analysis," *Grand View Research*（February 2017），https：//www. grandviewresearch. com/industry-analysis/weight-management-market.

26　Denise Grady，"Lung Cancer Patients Live Longer with Immune Therapy," *NYT*，April 16, 2018（＄100，000）；C. M. Durmand et al.，"The Drug Overdose Epidemic and Deceased-Donor Transplantation in the United States：A National Registry Study," *Annals of Internal Medicine* 168（2018）：702 – 711；Jeanne Whalen，"After Addiction Comes Families' Second Blow：The Crushing Cost of Rehab," *WSJ*，March 8，2018；Elisabeth Rosenthal，"The ＄2. 7 Trillion Medical Bill," *NYT*，June 1，2013.

27　Ronald P. Formisano，*The Tea Party: A Brief History*（Baltimore，Md.：Johns Hopkins U.P.，2012），87（"benefits"）.

28　Salil Panchal，"Ragpickers—Biggest Drug Addicts' Group," *Times of India*，August 20，1990.

29　Bruce Alexander，*The Globalisation of Addiction: A Study in Poverty of the Spirit*（Oxford：Oxford U.P.，2008），"addictive faith" p.258. 亚历山大在此详细阐述了他的观点：http：//www.brucealexander.com。

30　Quinones，*Dreamland*.

31　*Catechism of the Catholic Church*（Ligouri，Mo.：Ligouri Press，1994），551 – 552.

32　Laurie Goodstein，"Evangelicals Fear the Loss of the Teenagers," *NYT*，October 6，2006. 极端正统派的犹太人也面临着类似的挑战。Yair Ettinger，"Gerrer Hasidim Declare War on Computers," *Haaretz*，May 21，2007.

33　Ron Dicker，" 'Nanny Bloomberg' Ad …," *Huffington Post*，December 6，2017，https：//www.huffingtonpost.com/2012/06/04/nanny-bloomberg-ad-in-new_n_1568037. html；Lester Wan，Elaine Watson，and Rachel Arthur，"Sugar Taxes：The Global Picture in 2017," Beveragedaily. com，December 20，2017，https：//www. beveragedaily. com/Article/2017/12/20/Sugar-taxes-The-global-picture-in-2017；Mike Esterl，"Coca-Cola Deepens Its Push into Africa," *WSJ*，February 1，2016；Andrew

Jacobs, "In Sweeping War on Obesity, Chile Slays Tony the Tiger," *NYT*, February 7, 2018.

34　Dusita Maneemuang, "Call to Overturn Ban on E-cigarettes in Thailand," *Asia Times*, http://www. atimes. com/article/call-to-overturn-ban-on-e-cigarettes-in-thailand/ (thirty); William DeJong and Jason Blanchette, "Case Closed: Research Evidence on the Positive Public Health Impact of the Age 21 Minimum Legal Drinking Age in the United States," *JSAD* supplement no. 17 (2014): 108 - 115.

35　关于治疗效果和最低单价的代表性研究包括 Medicine, *Treating Drug Problems*, ed. Dean R. Gerstein and Henrick J. Harwood, 2 vols. (Washington, D.C.: National Academy Press, 1990, 1992), and Sadie Boniface, Jack W. Scannell, and Sally Marlow, "Evidence for the Effectiveness of Minimum Pricing of Alcohol: A Systematic Review and Assessment Using the Bradford Hill Criteria for Causality," *BMJ Open* 7 (2017), http://bmjopen. bmj. com/content/bmjopen/7/5/e013497. full.pdf。

36　Robert J. MacCoun and Peter Reuter, *Drug War Heresies: Learning from Other Vices, Times, and Places* (Cambridge: Cambridge U.P., 2001).

37　Substance Abuse and Mental Health Services Administration, *TEDS Report*, August 13, 2013, https://www.samhsa.gov/data/sites/default/files/MarijuanaAdmissionsAged18to30EarlyVsAdult/MarijuanaAdmissionsAged18to30EarlyVsAdult/Marijuana%20AdmissionsAged18to30EarlyVsAdult. htm; Jonathan P. Caulkins, "The Real Dangers of Marijuana," *National Affairs*, no. 26 (Winter 2016): 21 - 34.

38　Simon Chapman, "Civil Disobedience and Tobacco Control: The Case of BUGA UP," *Tobacco Control* 5 (1996): 179 - 185. 关于揶揄的力量，参见 Steven Pinker, The Better Angels of Our Nature: Why Violence Has Declined (New York: Viking, 2011), 163 - 165, 247 - 248, 633 - 634。

39　Peter Orszag, "Putin's Other War: Fighting Russian Binge Drinking," *Chicago Tribune*, August 12, 2015; Jon Rogers, "Putin's Plan to Stub Out Smoking," *Express*, January 10, 2017; Mike Ives, "Methamphetamine Abuse Colors Politics in the Philippines," *NYT*, October 13, 2016 ("zombies"); Shan Li, "Beijing Tightens Screws on Makers of Videogames," "Game Freeze Stretches On," and "Tencent Tells Young Gamers to Hit 'Pause,' " *WSJ*, September 1 - 2, October 25, and

November 6, 2018.

40　Mark A. R. Kleiman, *Against Excess: Drug Policy for Results* (New York: Basic Books, 1992), 19, 69, 387.

致谢

　　2001 年，我出版了《上瘾五百年：烟、酒、咖啡和鸦片的历史》，这是一部精神活性药物使用、商业和管制的全球史。在接下来的 17 年里，我开始相信瘾品史是更宏观的大脑奖赏和习惯性商业史的一部分。读了丹尼尔・洛德・斯梅尔的《论深度历史与大脑》（*On Deep History and the Brain*）和加里・S.克罗斯和罗伯特・N.普罗克特的《包装好的乐趣：技术和营销如何彻底改变欲望》（*Packaged Pleasures: How Technology and Marketing Revolutionized Desire*）后，我更坚信了这一观点。我也受到了娜塔莎・道・舒尔的《运气的诱饵：拉斯维加斯的赌博设计与失控的机器人生》（*Addiction by Design: Machine Gambling in Las Vegas*）和迈克尔・莫斯的《盐糖脂：食品巨头是如何操纵我们的》（*Salt Sugar Fat: How the Food Giants Hooked Us*）影响。这些作品以及其他作品清晰表明，数字化赌博和十分美味的食物拥有类似瘾品的作用，这一观点与神经科学和行为经济学领域的研究不谋而合。心理学方面的作品，例如乔治・阿克洛夫和罗伯特・席勒的《钓愚：操纵与欺骗的经济学》（*Phishing for Phools: The Economics of Manipulation and Deception*）和亚当·奥尔特的《欲罢不能：刷屏时代如何摆脱行为上瘾》（*Irresistible: The Rise of Addictive Technology and the Business of Keeping Us Hooked*）使我更坚信了这件事的本质是边缘资本家对抗消费者有缺陷的大脑。

为了叙述这件事，我决定写一部享乐、恶习和成瘾的跨学科历史。我在书的开始将叙述的框架定为一次自然且不断加速的探索，以期改善人类的状况，在晚期现代性的条件下，人类的状况展现出了更不自然、更邪恶的一面。在探索的路上，我认真思考了尤瓦尔·赫拉利的《人类简史：从动物到上帝》（*Sapiens: A Brief History of Humankind*），接受了奢侈品陷阱这个概念；伊恩·霍德的《彼此纠缠：人与物关系的考古学》（*Entangled: An Archaeology of the Relationships between Humans and Things*），这本书使我更加全面地了解了享乐商品兼有解放人与奴役人的本质；以及斯蒂芬·平克的两本人类进步史《人性中的善良天使：暴力为什么会减少》和《当下的启蒙：为理性、科学、人文主义和进步辩护》（*Enlightenment Now: The Case for Reason, Science, Humanism, and Progress*）。正如第三章和第七章中提到的，我开始将自己的叙述看作保留了人性中恶劣一面的平克。我们人性中的邪恶天使始终依附于善良天使。

历史学家约翰·伯纳姆用另一种搭顺风车启发了我。在《坏习惯：美国历史上的饮酒、吸烟、吸毒、赌博、不端性行为和脏话》（*Bad Habits: Drinking, Smoking, Taking Drugs, Gambling, Sexual Misbehavior, and Swearing in American History*）一书中，伯纳姆解释了副书名中的恶习在政治领域的衰败和在商业领域的复兴。但他的解释只限于美国，而且书籍出版时加工食品和数字技术还没有成为成瘾讨论的焦点。我发现了一个更新伯纳姆作品并将其全球化的契机，因此，我决定将本书作为续篇来写，它不仅是《上瘾五百年》的续篇，也是伯纳姆《坏习惯》的续篇，我以副标题向大师致敬。

另一个契机是杰西卡·R.普莱利、罗伯特·克拉姆和哈拉德·费希尔-蒂内恰好编辑了文集《全球反恶习运动，1890—1950年：打击酒类、毒品和"不道德行为"》（GAA）。第四章很大一部分要归功于这几位编辑。第五章通过描写第二次世界大战期间及战后的亲恶习运动，扩充了文集的内容。我认为，无对立不成文，尤其是当对立面似乎占据上风时。

我深信，第六章和第七章以适当的方式拓宽了国际酒精与毒品史学会的研究范围。国际酒精与毒品史学会成立于1979年，最初是一个酒类和戒酒史研究小组，逐渐发展成了一个研究内容包括合法和非法瘾品的国际性学术组织。除此之外，我还要再加上其他习惯性物质和行为，我在学会会议上发表的论文中提到了这个观点，并在这里通过将酒精和毒品重新纳入更广泛的享乐、恶习和成瘾史来进行详细阐述。

第八章《反对过量》向马克·A.R.克莱曼致敬。我在苦苦思考"要做什么"这个问题时重读了他的《反对过量：有成果的毒品政策》（Against Excess: Drug Policy for Results）。我发现他关于"勉强容忍"毒品政策的建议有很多都适用于更广泛的商业恶习和新型成瘾问题。罗伯特·麦考恩和彼得·路透不会对此感到惊讶，他们的《毒品战争邪说：从其他恶习、时代和地方中学习》（Drug War Heresies: Learning from Other Vices, Times, and Places）一书探讨了毒品监管和对赌博、卖淫等活动的监管的相似性。借用另一位拥有史学思维的分析家乔纳森·考金斯的一句话，我们面临的不仅仅是一个毒品问题。我们面临的是"具有成瘾倾向的诱人商品"的问题。本书的核心论点就是，这些商品形成了一个跨学科调查和认知的统一领域。

我不知道自己是否成功说服了任何人认同这个论点，但我在努力尝试的过程中，得到了许多帮助。麦克·阿科德、彼得·安德烈亚斯、丹尼尔·伯格、艾莉森·布鲁伊、克莱尔·克拉克、安德鲁·考特莱特、凯斯·汉弗莱斯、戴维·贾菲、周·凯利、詹妮弗·利伯曼、威廉·麦卡利斯特、戴维·麦卡利斯特、谢尔比·米勒、埃里克·莫勒、詹姆斯·P.奥尔森、罗汉、黛博拉·路德希勒、丹尼尔·洛德·斯梅尔和雷格·沃德利为多版草稿提出了建议，研究生卡拉·巴克、尼克·伊奥里奥、维多利亚·琼斯、罗伯塔·米勒、凯莉·摩根、柯特妮·帕普奇津斯基也给出了建议。我的编辑凯瑟琳·麦克德莫特全程协助我完成了整本书。路易斯·E.罗宾斯对书稿进行了细致的润色，麦克·卢塞姆负责书籍的内部设计。

这个项目的外界资助来自国家基金会人文公共学者奖和内华达大学拉斯维加斯分校游戏研究中心的奖金。丹尼尔·萨克帮助我申请了前者，戴维·G.施瓦茨则帮助我申请了后者。第二章、第五章和第六章建立在我在内华达大学拉斯维加斯分校《内华达大学拉斯维加斯分校赌博研究中心：专题报告系列》（*UNLV Center for Gaming Research: Occasional Paper Series*）第 25 卷（2014 年 5 月）上发表的论文《向拉斯维加斯学习：赌博、技术、资本主义和成瘾》（"Learning from Las Vegas: Gambling, Technology, Capitalism, and Addiction"）中首次提出的一些观点的基础上。我很感激有机会在该期刊上开始研究这些概念。

里士满大学的道格拉斯·索瑟尔·弗里曼教授职位也为我提供了额外的支持。这一职位为2015年10月22日至23日举行的"新旧瘾症"会议提供了慷慨资助。我引用了数篇该会议的报告，并在休·韦斯特、黛博拉·戈沃鲁克和马克·克劳莱克的帮助下，将编辑后的版本放在网上供人参考。

我工作的学校北佛罗里达大学提供了研究经费和奖金补助。大卫·芬纳、查尔斯·克洛斯曼、大卫·舍弗勒和乔治·雷恩伯特在假期和课下协助我，玛丽安·罗伯茨帮助我安排了旅行计划。伊丽莎白·库里和詹妮弗·比布在卡彭特图书馆陪伴着我；艾丽莎·克拉多克替我从遥远的地方收集研究资料。迈克尔·博伊尔斯帮助我处理了插图事宜。我感谢他们以及在我探索过程中帮助过我的其他行政人员、同事、档案管理员、图书管理员和学生们。在书写享乐史的过程中，竟然少有乐趣可言。不过，能够接受他人的善意和慷慨，并因此体会到纯粹的感激之情，这便已经足够。

图片授权许可

人名对照表

A

阿道夫·艾希曼 Adolf Eichmann
阿尔·卡彭 Al Capone
阿尔·史密斯 Al Smith
阿尔贝·基什内尔 Albert Kirchner
阿尔格特·尼斯卡 Algot Niska
阿尔维德·卡尔森 Arvid Carlsson
阿利亚特国王 King Alyattes
阿莉塞·施瓦策尔 Alice Schwarzer
埃德蒙·迈泽尔 Edmund Meisel
埃米利奥·波特斯·希尔 Emilio
  Portes Gil
艾伯特·斯特里斯贝里 Albert
  Stridsberg
艾蒂安·德·拉·波埃西 Étienne
  de la Boétie
艾伦·法兰西斯 Allen Frances
艾萨克·牛顿 Isaac Newton
爱德华·维亚尔 Édouard Vuillard
爱弥尔·左拉 Émile Zola
爱娃·布劳恩 Eva Braun
安迪·沃霍尔 Andy Warhol

安妮·弗兰克 Anne Frank
奥古斯特·埃斯科菲耶 Auguste
  Escoffier
奥古斯特·卢米埃尔 Auguste
  Lumière
奥利弗·克伦威尔 Oliver Cromwell
奥普拉·温弗瑞 Oprah Winfrey

B

巴勃罗·埃斯科瓦尔 Pablo Escobar
巴勃罗·毕加索 Pablo Picasso
巴特·霍贝尔 Bart Hoebel
芭芭拉·史翠珊 Barbra Streisand
班克西 Banksy
保罗·塞尚 Paul Cézanne
保罗·塞斯考 Paul Sescau
鲍勃·霍普 Bob Hope
比尔·爱丁顿 Bill Eadington
比尔·哈拉（威廉·F.哈拉昵称）
  Bill Harrah
彼得·弗兰克潘 Peter Frankopan
彼得·路透 Peter Reuter

赫尔曼·戈林 Hermann Göring

亨利·德·图卢兹·罗特列克 Henri de Toulouse-Lautrec

亨利·福特 Henry Ford

华里丝·辛普森 Wallis Simpson

霍华德·罗克（虚构人物）Howard Roark

J

基思·理查兹 Keith Richards

吉多·希拉尔迪 Guido Girardi

吉尔伽美什 Gilgamesh

吉罗拉莫·卡尔达诺 Girolamo Cardano

吉米·查特斯 Jimmie Charters

加里·S.克罗斯 Gary S.Cross

贾雷德·戴蒙德 Jared Diamond

贾斯汀·哈特菲尔德 Justin Hartfield

贾斯汀·罗森斯坦 Justin Rosenstein

杰克·迈尔斯 Jack Miles

K

卡蒂普·切莱比 Kātib Chelebi

卡尔·马克思 Karl Marx

卡拉瓦乔 Caravaggio

卡利斯托（虚构人物）Callisto

卡罗琳·戴维斯 Caroline Davis

卡萨诺瓦 Casanova

卡斯·桑斯坦 Cass Sunstein

卡斯柏莱斯·梵·豪滕 Casparus van Houten

凯利·布朗奈尔 Kelly Brownell

凯瑟琳·赫希 Catherine Hershey

凯特·布什内尔 Kate Bushnell

凯特琳·莫兰 Caitlin Moran

克劳狄一世 Claudius

克里斯·安德森 Chris Anderson

克里斯蒂安·惠更斯 Christiaan Huygens

克里斯托夫·W.胡费兰 Christoph W. Hufeland

克里斯托弗·哥伦布 Christopher Columbus

库尔特·冯内古特 Kurt Vonnegut

昆拉德·梵·豪滕 Coenraad van Houten

L

拉尔夫·乔塞林 Ralph Josselin

雷蒙德·萨克勒 Raymond Sackler

里士满·P.霍布森 Richmond P. Hobson

理查德·费曼 Richard Feynman

理查德·塞勒 Richard Thaler

林登·约翰逊 Lyndon Johnson

鲁道夫·林特 Rodolphe Lindt

路易十四 Louis XIV

路易丝·韦伯 Louise Weber

路易丝·维利 Louise Willy

路易斯·卢米埃尔 Louis Lumière

罗伯特·亨特 Robert Hunter

罗伯特·赖特 Robert Wright

罗伯特·林 Robert Lin

罗伯特·麦考恩 Robert MacCoun

罗伯特·N.普罗克特 Robert N. Proctor

罗伯特·斯科布尔 Robert Scoble

罗伯特·韦斯 Robert Weiss

索引

（索引中的页码为原书页码，即本书页边码，斜体页码指插图）

图书在版编目（CIP）数据

　　成瘾时代 ： 坏习惯如何变成大生意 ／（美）戴维·
T.考特莱特著 ； 刘天欣译. -- 上海 ： 上海教育出版社，
2025. 7. -- ISBN 978-7-5720-3147-2

　　Ⅰ．C913

中国国家版本馆CIP数据核字第20246XM572号

上海市版权局著作权合同登记号：图字09-2021-0276号

特约策划　　孙三吉

责任编辑　　王晓妍

装帧设计　　那　轶

营销支持　　徐恩丹

Chengyin Shidai: Huai Xiguan Ruhe Biancheng Da Shengyi

成瘾时代：坏习惯如何变成大生意

[美] 戴维·T.考特莱特　著

刘天欣　译

出版发行　上海教育出版社有限公司
官　　网　www.seph.com.cn
地　　址　上海市闵行区号景路159弄C座
邮　　编　201101
印　　刷　上海展强印刷有限公司
开　　本　890×1240　1/32　印张 11.75
字　　数　263 千字
版　　次　2025年7月第1版
印　　次　2025年7月第1次印刷
书　　号　ISBN 978-7-5720-3147-2/K·0037
定　　价　78.00 元

如发现质量问题，读者可向本社调换　　电话：021-64373213